权益证明

The Making of Ethereum
and the Philosophy of Blockchains
PROOF of STAKE

以太坊的诞生和区块链哲学

[加]维塔利克·布特林(Vitalik Buterin)著
陈永伟 译

中信出版集团│北京

图书在版编目（CIP）数据

权益证明 /（加）维塔利克·布特林著；陈永伟译
. -- 北京：中信出版社，2023.3
书名原文：Proof of Stake: The Making of Ethereum and the Philosophy of Blockchains
ISBN 978-7-5217-5342-4

Ⅰ. ①权… Ⅱ. ①维… ②陈… Ⅲ. ①区块链技术
Ⅳ. ① F713.361.3

中国国家版本馆 CIP 数据核字（2023）第 021928 号

PROOF OF STAKE: THE MAKING OF ETHEREUM AND THE PHILOSOPHY OF BLOCKCHAINS by VITALIK BUTERIN, EDITED BY NATHAN SCHNEIDER
Copyright © 2022 BY VITALIK BUTERIN, 2022 INTRODUCTIONS AND NOTES BY NATHAN SCHNEIDER
This edition arranged with SEVEN STORIES PRESS, INC through BIG APPLE AGENCY, LABUAN, MALAYSIA.
Simplified Chinese translation copyright © 2023 by CITIC Press Corporation
ALL RIGHTS RESERVED
本书仅限中国大陆地区发行销售

权益证明
作者：　［加］维塔利克·布特林
译者：　陈永伟
出版发行：中信出版集团股份有限公司
　　　　（北京市朝阳区东三环北路 27 号嘉铭中心　邮编　100020）
承印者：　宝蕾元仁浩（天津）印刷有限公司

开本：787mm×1092mm 1/16　　印张：25　　字数：258 千字
版次：2023 年 3 月第 1 版　　　印次：2023 年 3 月第 1 次印刷
京权图字：01-2023-0935　　　　书号：ISBN 978-7-5217-5342-4
定价：98.00 元

版权所有·侵权必究
如有印刷、装订问题，本公司负责调换。
服务热线：400-600-8099
投稿邮箱：author@citicpub.com

献给我的母亲和父亲，
迷人而慈祥的双亲，
企业家和网络模因领主。

目　录

序　　/ 3
译者导读　　/ 9

第一篇　预挖矿

市场、机构和货币　　/ 3
以太坊　　/ 12
自我执行合约与事实法　　/ 28
论孤岛　　/ 37
超理性与DAO　　/ 50
区块链技术的价值　　/ 63

第二篇　工作量证明

为什么加密经济学和X风险研究人员应该更多相互倾听　　/ 84
一种权益证明的设计哲学　　/ 89
去中心化的含义　　/ 96

区块链治理笔记　　　/ 108

论合谋　　　/ 129

论言论自由　　　/ 147

作为责任的控制　　　/ 157

圣诞特辑　　　/ 162

第三篇　权益证明

作为指导原则的可信中立　　　/ 174

好的协作和坏的协作　　　/ 184

预测市场：来自选举的故事　　　/ 196

最重要的稀缺资源是正当性　　　/ 219

反对基尼系数的过度使用　　　/ 237

超越代币投票的治理　　　/ 247

信任模型　　　/ 269

加密城市　　　/ 275

灵魂绑定　　　/ 291

附　录

以太坊白皮书：下一代智能合约和去中心化应用平台　　　/ 302

术语表　　　/ 351

序

内森·施奈德

在19岁开始致力于为互联网建设新的经济基础设施,并成为一名借宿在朋友沙发上的亿万富翁之前,维塔利克·布特林的理想是写作。布特林在儿时和父亲一起从俄罗斯移民到了加拿大,他对比特币的好奇也源于父亲的鼓励。他并没有购买、借贷,或者挖掘自己的加密货币,而是于2011年在论坛上发帖问:如果他撰写关于比特币的文章,有人会用比特币来为此买单吗?

结果确实有人这么做了。于是,布特林得以继续写作,甚至与人合作创办了《比特币杂志》(Bitcoin Magazine),这是一份同时以印刷版和电子版发行的精美刊物,其中详细介绍了比特币这个当时依然小众而晦涩的亚文化。这一难以使用的全新网络货币完全吸引了布特林的注意,他对比特币的关注甚至超过了对其第一年大学生活的关心。从自封为记者开始,他的想法就在与人们的不断交流中发展。但在这些散见于博客、论坛和推特的各种文章中,他更多的是表达自己的观点,也部分得益于这些观点,他拥有了一批由其发明的以太坊带来的忠实读者。如果以太坊及其同类产品能如其所愿成为无所不在的基础设施,那么布特林的想法就需要得到更广泛的理解（以及质疑）。

本书是对作为作家的维塔利克·布特林的介绍。

2008年，当金融危机的风暴席卷全球时，化名为中本聪（Satoshi Nakamoto）的神秘人宣布了比特币的原型，其目标是创建一种由加密计算机网络而不是由政府或银行创造的货币。它后来被称为加密货币。数字采矿、有限的供给、可能是安全和私人的现金交易……这个系统实在让自由主义的淘金者和技术人员感到痴迷。最初，布特林对比特币的感觉同所有它的早期受众一样。然而，随着他对比特币痴迷的加深，到2013年底，他开始认识到，比特币的基础，即区块链技术，可能是更宏大事业的基础：一种创建互联网原生组织、公司和整个经济的方式。于是他将这些认识记录下来。当最初的以太坊白皮书（见本书附录）在当年年底出现时，它的光照亮了当时仍然很小的加密货币世界。在以太坊中将不再依靠旧世界的公司、投资者和法律来管理服务器，而是默认由用户自己管理。与比特币的黄金和矿山隐喻不同，以太坊的文化与布特林最喜爱的T恤美学一脉相承，机器人、独角兽和彩虹是首选吉祥物。

自2015年以太坊上线以来，已经出现了不少相互竞争的区块链，每条链都能以不同的方式做类似的事情，但以太坊依然是其中最大的。尽管以太坊的货币以太币（ether或ETH）的总价值远低于比特币，但如果你把以太坊之上的所有产品和社区通证的价值加起来，它在这个奇怪的新经济中所占的份额就是最大的。在该项目的早期实验中，无论布特林本人是否喜欢，他都成了以太坊的"仁慈独裁者",这并非源自某个正式的职位,而是源自他向人灌输的信任。对建立这种信任而言,本书收集的这些作品是至关重要的。

在这个过程中,布特林一直处于一种矛盾的境地。他希望能够彻底重构人类进行自我组织的方式,但同时也对人们将如何使用这种力量信守严格的不可知论。正如后面的一篇文章提到的"可信中立"是一种系统设计的原则,但这一原则也正好描述了布特林作为领导者扮演的角色。尽管他尽了最大努力,但从以太坊基金会最早的人事决定到最新的高风险软件更新,他的领导一直与以太坊本身难解难分。虽然以太坊和其他类似的系统都是根据人性自私的假设设计的,但他是一个苦行僧,除了实现以加密为动力的未来之外,他似乎从来都不为自己着想。

不过,这并不能保证未来会如人所愿。2014年初,布特林在迈阿密比特币会议上首次介绍以太坊,在描述了一系列可以用以太坊创造的奇迹后,他在结束讲话前提到了"天网",那个电影《终结者》中突然攻击其人类创造者的人工智能。这是一个他时常重复的笑话,但和很多老生常谈的笑话一样,它其实是一种警告。以太坊兼具乌托邦和反乌托邦的潜力,以及介于两者之间的一切:

- 它通过限制虚拟通证的可得性来制造人为稀缺;与此同时,它也让社区能够产生可以使用和控制的充足资本。
- 它将那些不能或不愿购买、交易高风险互联网资金的人拒之门外;与此同时,它也推动了新型治理体系的发明,该体系能够以前所未有的包容性来共享权力。

- 它耗费了大量能源，只是为了维持自身的功能；与此同时，它也为碳和污染的定价提供了新途径（而这一点是政府拒绝做的）。

- 它产生了以奢侈著称的暴发户，他们聚集在避税天堂，而弃本地于不顾；与此同时，它也是一个由用户拥有的无边界金融系统，任何拥有智能手机的人都可以使用。

- 它回报了那些技术娴熟、早早进入市场的精英；与此同时，它也为削弱占主导地位的科技公司提供了一个真正的机会。

- 它在创造出有用实物的实体经济之前，就产生了一个投机的金融体系；但它远非股票市场可比，在它那里，所有权属于创造价值的人。

- 它在表面价值不大的数字收藏品上花费了巨额资金；但其结果是催生了支持开放获取文化的新商业模式，它可以免费提供开发和分享。

- 它承诺以牺牲后来者的利益为代价，让早期用户变得富有；但它也为这几代用户提供了"基本构件"，而如何使用这些构件，就取决于建设者们。

阅读以下内容的读者必须牢记这些矛盾，并与之斗争，为自己和社区来决定哪些选项应该胜出。这些矛盾可能令人烦恼和痛苦，但也会激励人们。它们仍在争议中，尚未定型。

比特币、以太坊等基于区块链的系统的核心是共识机制。它是一个过程，通过这个过程，计算机就一组通用数据（无论是交易列表，如比特币，还是以太坊世界计算机的状态）达成一致，并保护其免受操纵。没有中央权威的共识并不容易。比特币使用一种被称为工作量证明（Proof of Work，PoW）的机制，它要求很多计算机花费大量的算力来解答数学问题，而所有这些都是为了证明人们在保持系统安全方面的投入。这些电脑背后的人被称为"矿工"，他们会因此获得报酬，这些矿工消耗了堪比国家规模的电力，也产生了与消费水平相匹敌的碳排放。由于当时缺乏功能上可替代的方案，以太坊也采用了工作量证明。

但甚至早在这种工作量证明机制上线之前，布特林就已经在讨论，一旦他的团队解决了问题，就要转向另一种机制：权益证明（Proof of Stake，PoS）。在权益证明中，用户通过持有通证而不是计算能力来证明自己身在其中的利益，能源消耗由此最小化。如果通证持有者试图破坏系统，他们就会失去用于质押的通证。

在本书中，共识机制和系统设计一样都是隐喻。它们唤起了这些文章描绘的劳动、承诺、信念和协作。同时它们也体现了各种矛盾：创新和浪费、民主和财阀统治、充满活力的社区和无情的不信任。与机制本身一样，这些隐喻抵制理想主义，指向必需的妥协，即使这些妥协只能让理想世界的一部分在现实世界中实现。

本书集结的文章均由布特林亲自挑选，这些文章呈现了他独特的一面：集社会理论家和活动家于一身，一个知行合一、三思而后行的人。以年轻化、男性化和特权为基调的加密文化似乎与参与者们声称要解决的问题相去甚远。布特林反思了这种文化。有时他的反思可能是技术性的，但相比于他的其他作品，其中有许多是针对其他开发人员的，在这本书中，布特林较少使用技术。技术部分是对读者掌握它们的奖励；即便使用公式，他也尽量做到友好、清晰、有趣。

为了保持文体的一致性，这些文章经过了适当的编辑，删除了在自成体系的书籍中无法访问的超链接。由于这些文章最初是为具有共同亚文化的读者撰写的，所以，对一些加密领域之外的读者不熟悉的文献，编辑都给出了注释。

随着加密货币进入主流经济生活，关于这个"精灵"如果能被重新装回瓶子，那么是否需要将其装回的争论愈演愈烈。也许通过阅读本书，那些最初关心"是否"的人会和布特林一样，将关注的焦点转向"如何"这个日益重要的问题。如果这真的是一个新基础设施时代的开始，那么我们现在围绕加密技术而形成的政治和文化习惯将在以后产生巨大的影响。正如布特林的反思表明的，"如何"仍然是一个有待解决的大问题。

译者导读

现在呈现在大家面前的这部《权益证明》是以太坊创始人维塔利克·布特林的一本自选文集，全书收录了他从2014年到2021年间撰写的重要文章。可以说，本书既是一部记录布特林思想发展的简史，又是一部研究以太坊发展的一手文献。

布特林其人

相信大多数关注区块链的朋友都会对人称"V神"的布特林有所耳闻，这里仅对他做一个简单的介绍。1994年1月31日，布特林出生于俄罗斯莫斯科州的科洛姆纳，父亲迪米特雷·布特林是一位计算机科学家。受父亲的影响，布特林自幼就对数学和计算机表现出浓厚的兴趣，据说在四岁时，他已经可以使用电脑，并进行一些简单的编程。六岁时，布特林随父母移居加拿大，并进入当地小学的天才班学习。在中学阶段，布特林在数学、经济学和编程方面的天赋展露无遗，但与此同时，他并不太热衷于参加同龄人的各种活动。除了学习外，他最大的兴趣是玩《魔兽世界》。从2007年到2010年，他都沉迷于此。2011年，《魔兽世界》的运营商削弱了布特林最喜欢使用的术士角色的"虹吸生命"法术，让这位"网瘾少年"痛苦不已。经再三与游戏运营商交涉无果后，他悟出了一个道理：在《魔兽世界》这样中心化运营的网络产品中，用户根本没有发言权，而要夺回用户的权利，就必须实现网络的去中心化。正是在那时，布特林从自己的父亲那里了解到比特币，这个去中心化网络马上就让刚刚被中心化平台伤害的他着了迷。于是，他很快就成为比特币的研究者和义务宣传员，并和几位朋友一起创立了《比特币杂志》。中学毕业后，布特林进入滑铁卢大学学习。大学期间，他担任了密码学家伊恩·戈德堡的助理，并从戈德堡那里学会了更多的密码学知识。随着对比特币及其背后的区块链知识有了更深入的了解，布特林逐渐认识到比特币虽然是一个伟大的发明，却有很多难以克服的缺陷，而要修正这些缺陷，就需要有一个全新的区块链网络。在这种观念的驱使下，布特林于2013年发布了以太坊白皮书。随后，他果断辍学，在2014年和加文·伍德一起创办了以太坊，并推动以太坊网络在2015年底正式启动。转眼之间，七年多的时间已经过去，现在的以太坊不仅完成了从1.0到2.0的升级，还成长为区块链世界最大的开源公链，而在此背后，作为创始人和"主脑"的布特林显然功不可没。

分章导读

本书收录的二十三篇文章被分为三篇，分别被命名为"预挖矿""工作量证明""权益证明"。对区块链比较熟悉的朋友应该知道，这三个都是与区块链相关的技术名词。其中，"预挖矿"指的是在区块链正式运行之前发行通证,以此进行融资。工作量证明是区块链共识机制的一种,它要求区块链用户通过耗费算力来争夺记账权。早先的区块链项目,如比特币,以及初期的以太坊都采用了这种共识机制。权益证明则是另外一种共识机制,它要求用户通过质押资产来获得记账权。相比于工作量证明,权益证明不仅更为高效、更为节能,而且还具有更能抵御风险等特征。[①]在最初建立以太坊时,布特林就曾经设想过这种更好的共识机制,但限于当时的条件,他还是先选择了工作量证明机制。不过,在以太坊略成规模之后,布特林就推动了从工作量证明向权益证明机制的转变。到2022年的以太坊升级,这个转变已经完成。

  用以上三个名词作为三篇的标题,正好对应了以太坊经历的三个阶段。具体而言,"预挖矿"篇收录的主要是从布特林构思以太坊开始,到以太坊正式上线前的文章;"工作量证明"篇收录的主要是以太坊创立之初,以工作量证明作为共识机制时期的文章;而"权益证明"篇收录的则主要是以太坊开始从工作量证明转向权益证明时期的文章。

  下面是对这些文章的详细导读。

[①] 关于共识机制、工作量证明机制、权益证明机制的详细介绍,可以参考我写的《区块链通识:关于区块链的111个问题》(2020年,格致出版社)。

第一篇　预挖矿

《市场、机构和货币：一种新的社会激励方法》

在这篇文章中，布特林介绍了加密货币的激励作用。传统的经济学理论告诉我们，激励生产活动的方案主要有两种：一是市场，二是机构。但布特林则认为，随着比特币的出现，加密货币将会成为一种新的激励手段。

加密货币为什么能成为一种激励手段呢？其奥秘来自一项长期被忽略的货币职能，即铸币税。我们知道，在货币银行学的教科书上，货币的基本职能主要包括交换媒介、价值存储，以及价值尺度。但事实上，从货币的发展史看，铸币税也是一种不可忽视的货币职能。什么是铸币税呢？简而言之，就是货币的市场价值与其内在价值的差额。最初，人们使用的是金属货币，因此铸币税是很少的；随着法定货币的出现，铸币税开始越来越多。直到现在，纸币本身的价值已经接近于零，因此铸币税就接近货币面值的全部。在法定货币体系下，所有的铸币税都会成为国家的收入，因而它只能通过国家的行为来间接影响人们的行为。但是，当加密货币出现后，这种情况就发生了改变。借助区块链等技术，一个社区内部的人可以发行自己的加密货币。这些加密货币有市场价值，同时其内在价值又很低，因此它就可以带来丰厚的铸币税。

在布特林看来，由此产生的铸币税可以在社区范围内作为一种有力的激励手段。它不仅可以用于社区范围内的商业活动，还可以作为"社会币"用于支持社区内的公共品建设。这样，只要整个社区设定好加密货币的发行规则，就能够以一种去中心化的方式激励社区内的人们更好地合作，并创造出更大的共同价值。

《以太坊：下一代加密货币和去中心化应用平台》

在这篇文章中，布特林分析了比特币网络存在的缺陷，并提出了建立以太坊的设想。在比特币出现后，很多人都认识到，比特币不仅可以作为一种简单的加密货币来使用，其本身的区块链网络还可以作为一种基础设施。在此基础上，人们可以开发各种应用。在这一理念的指导下，就出现了染色币等一批基于比特币网络的应用。

布特林在观察了这些应用之后发现，在比特币网络上构建应用的想法虽然不错，但是很低效。这是因为比特币自身的可扩展性很低，无法承载太多在它之上运行的应用。基于这种现象，布特林认为，可以用区块链来构建一个专门的基础网络，并用它支持各种应用的发展。现在的我们知道，布特林设想中的这个新网络就是后来的以太坊。

需要指出的是，尽管在写作这篇文章时，布特林还没有创立以太坊，但是他已经对以太坊未来多年的发展给出了方向。例如，他当时已经提出，以太坊的未来会将共识机制从当时流行的工作量证明机制转向权益证明机制。虽然这些想法在当时看来是异想天开、不切实际的，但多年后再回头看这些观点，却发现它们竟然如此高瞻远瞩。

《自我执行合约与事实法》

在这篇文章中,布特林向读者介绍了智能合约的概念,并对智能合约可能的应用进行了畅想。所谓智能合约,简而言之就是建立在区块链上的、基于程序自动执行的合约。缔约各方可以事先把合约写入程序,只要触发了合约中提及的条件,合约就会自动执行。

在布特林看来,智能合约有巨大的应用前景。例如,智能合约可以和事实货币相结合,构造出一种新的财产形式。这里,所谓的事实货币不同于现在大家熟悉的法定货币,它没有政府的支持,本身只是一个资产负债表。如果人们可以设定基于这些资产负债表的智能合约,那就可以将表上的资产在不同人之间进行转账。这样,这个只存在于表上的财产就可以具有我们熟悉的财产那样的功能。

需要指出的是,尽管智能合约的使用非常便利,但由于区块链和物理世界并不直接相通,因此在有些时候会产生一些争议。为了应付这种情况,布特林构思了一种基于智能合约的法官制度。法官们只需要对一些事实情况做出判断,智能合约就会生成最终的裁决意见,并自动执行。通过这一制度,就可以有效处理各种与智能合约相关的争议问题。

《论孤岛》

在比特币出现六年之后,整个加密生态圈出现了百花齐放的局面,众多的区块链和链上应用纷纷出现。然而,随着生态的繁荣,加密圈也陷入分裂,各项目之间的理念、愿景开始出现巨大的差异。在比特币最高纲领主义者看来，这种分裂和繁荣已经违背了由比特币开创的加密精神，是一种不忠和背叛，其后果是让不同项目变成一个个孤岛。对此，布特林在《论孤岛》一文中评论了这一观点。

在布特林看来，加密生态圈的分裂是由于缺乏共识。人们在很多问题上都有不同的理解，并且对解决这些问题的方法也有自己的探索。对于由此产生的差异，应当予以接受，而不应该像比特币最高纲领主义者那样简单予以否定。但与此同时，布特林也认为不同项目之间的互不相干不利于加密领域的发展，而在各种分裂项目的背后，其实还存在着很多共识性的东西。因此，他建议人们以模块化的方式设计自己的项目，并融入生态系统，让整个系统变成一个统一的整体。他的这种理念，在很大程度上影响了后来以太坊应用生态的发展。

《超理性与DAO》

随着区块链技术的发展，去中心化自治组织，也就是所谓的DAO越来越受到人们的青睐。对于DAO的产生和流行，人们给出了很多解释，而在《超理性与DAO》一文中，布特林则从超理性的角度对此给出了一个全新的解释。

众所周知，在现实中，有很多因素会阻碍人与人之间的合作。一个典型的例子就是所谓的"囚徒困境"：在这种情况下，虽然从社会最优的角度看，人们之间维持合作是最优的，但是人们如果基于自己的个人理性，就会做出背叛的决定，从而让合作无法进行。这就告诉我们，单纯的理性不足以维持合作。

针对这一情况，布特林提出了超理性的概念。这个概念有点类似于博弈论中的"以牙还牙"策略，但并不完全相同：它要求人们在考虑是否与人合作时，先判别其类型，如果发现他是讲道德的，就采取合作战略；如果发现他是不讲道德的，就采取背叛战略。

很显然，超理性能否很好地发挥作用，将取决于识别潜在合作者的类型。对于个人，这一点可以通过观察他日常的行为来实现，但是对于组织，实现这一点就要难得多。布特林认为，传统中心化组织的复杂性会让人们难以认识到它的真面目，甚至连组织内部的不同部门之间，都难以知道彼此的真相，这就影响了超理性作用的发挥，从而让合作难以有效进行。虽然现在的很多技术可以帮助人们观察组织中所有部门、所有人的行为，但这又会带来侵犯隐私等问题。针对这样的情况，布特林认为DAO天然比传统的中心化组织具有优越性。由于DAO的运行规则都是公开的，所有人都在智能合约的指引下行事，因此希望与一个DAO合作的人可以很容易在不侵犯组织内部人隐私的前提下知道DAO本身的情况，并由此决定是否与它进行合作。由此，布特林就从超理性的角度论证了DAO存在的合理性。

《区块链技术的价值》

随着区块链技术的发展，很多基于区块链的应用纷纷兴起。但总体来说，这些应用都是相对小众的。这让人们不禁要问：区块链到底什么时候能够产生一个拥有大量用户的杀手级应用？在《区块链技术的价值》一文中，布特林回应了这个问题。

布特林认为，基于"低垂的果实"理论，区块链可能并不会产生杀手级应用。但是，这并不代表区块链技术是没有价值的。在他看来，所谓的杀手级应用，只是对拥有某一需求的特定人群的应用，从表面上看，它的用户群体可能很大，产生的价值可能很高。但是，与广大的长尾需求相比，这些"头部"需求产生的总价值或许是很小的。区块链的真正价值，是要作为"世界计算机"，让更多长尾应用在链上生长，从而满足广大的长尾用户的需求。布特林认为，对于那些经济、金融和互联网基础设施难以运行的国家和地区，区块链将具有尤其重要的价值。

由于布特林认为区块链的最大价值是作为基础设施、容纳广大不同品类的应用，所以他认为区块链技术的未来发展方向就是要让人们能够以更低的成本来使用它。熟悉以太坊历史的朋友不难看到，以太坊后来的很多实践，如从工作量证明机制转向权益证明机制，就是基于这一判断实施的。

第二篇　工作量证明

《为什么加密经济学和X风险研究人员应该更多相互倾听》

这篇短文是布特林对不同领域的研究人员发出的一份合作倡议。随着区块链技术的日渐成熟，越来越多来自其他研究领域的人都开始将目光投向区块链，希望用区块链来解决这些领域的问题；而与此同时，从事加密经济学研究的人员也开始尝试为区块链寻找现实的应用场景。布特林认为，这两类研究人员虽然有不同的出发点和诉求，却有着很多共同点，他们的研究也有很多交集，因此他们不应该各自行事，而应该相互倾听、互相合作，从而让共同的事业获得更好更快的发展。

《一种权益证明的设计哲学》

在这篇短文中，布特林解释了自己对权益证明机制的偏好。这种偏好来自"密码朋克"的一个基本哲学信条，即用技术保护个人的自主性。

在现实中，破坏总是比建设容易。比如，我们建设一座城堡可能要很多年，但是用炮火摧毁它可能只需要几分钟；我们建设一个网络系统可能需要很多年，但黑客用病毒摧毁它可能只需要几秒钟。密码朋克主义者的目标就是要利用技术手段打破这种不对称性，从而帮助处于弱势的被攻击者一方。

比特币系统尝试用工作量证明来做到这一点。在比特币系统中，如果有人试图通过"51%攻击"对系统发动攻击，则需要承担大量的算力成本。然而，这套防守机制的成本是巨大的，导致其运作效率十分低下。不仅如此，在工作量机制下，从攻击中恢复系统会需要很高的成本。虽然从理论上讲，人们可以通过分叉对攻击者进行反击，但由于这种反击的成本高昂，所以在面对连续的攻击时，弱势一方根本无力抵抗。也就是说，工作量机制并没有从根本上改变攻守双方的力量对比。

相比之下，权益证明机制则可以在一定程度上做到这一点。在权益证明机制下，如果有人要发动"51%攻击"，那么他就需要质押大量的资产，这会让攻击者付出很大的机会成本。因此，只有当攻击后的利益分配方案有利于他，并且大家最终都屈服于这个方案时，攻击才可能有利可图。不过，由于人们进行分叉的成本比在工作量机制下低得多，所以如果一个方案并不符合大多数人的利益，它就很难得到人们的认同，更难以此获利。从这个角度看，权益证明机制就成了一种比工作量证明机制更能保护被攻击者一方利益的机制，因而它也更加符合加密朋克精神的设计哲学。

《去中心化的含义》

在区块链和加密货币相关的研究中，"去中心化"是一个非常重要的概念，但这个概念本身十分模糊，不同的人对这个概念有不同的解释。在《去中心化的含义》一文中，布特林详细解读了去中心化的定义、作用等问题。

在布特林看来，可以从三个维度，即架构维度、政治维度，以及逻辑维度判断中心化/去中心化。判断架构是否去中心化的标准是看系统究竟由多少机器组成，可以容忍多少机器损坏；判断政治是否去中心化的标准是看系统从根本上由多少人控制；而判断逻辑是否去中心化的标准则是看系统究竟是一个单一整体，还是松散的群体，是否可以被拆分成相对独立的单元。现实中，不同的组织或事物可能是在某些维度上中心化，而在另一些维度上去中心化。当然，这三个维度之间的中心化是相互关联的。架构上的中心化可能导致政治上的中心化，而逻辑上的中心化则可能导致架构上的中心化。

布特林认为，去中心化有很多实用价值。例如，它可以让系统有更好的容错能力，能够让系统更好地抵抗攻击，并且可以防止合谋带来的风险。所有这些特征，都可以保证系统更加稳定地运行。

《区块链治理笔记》

在加密行业的发展过程中，如何进行区块链治理一直是一个重要问题。在《区块链治理笔记》一文中，布特林深入阐述了这一问题。

目前，关于治理问题，有两种不同的观察视角：决策函数视角和协调视角。前者将治理过程视为一个函数，输入不同的利益相关者，就会得出不同的决策结果；而后一种视角则尝试从分层的观点来看待治理问题。其中，治理的第一层决定了一些底层的规则；而第二层则根据规则，协调不同利益相关者的诉求。在布特林看来，用协调视角看待治理过程是更为有益的，但用这个视角看待治理问题的关键就是要弄清究竟每一层应该选择怎样的治理方法。

从总体上看，现在的链上投票治理有两种模式：紧密耦合投票和松散耦合投票。前者主张对链上投票的结果采用一种中心化的执行方式，如果对结果不认同，则只能采用分叉的方式另外建立一条链；后者主张对投票结果采用一种柔性的执行方式，用户可以自行决定是否执行投票结果（如是否下载某一功能补丁）。在实践中，有不少人高估了第一种模式，而比较轻视第二种模式。布特林并不赞同这一观点，他认为，这两种治理模式各有利弊，比如松散耦合投票可能更容易产生贿赂问题，但可以减轻非代表性问题，而紧密耦合投票则相反。因而，在治理区块链时，应该根据实际情况对两个层面的治理模式进行良好的设计。一般地，第一层可以采用紧密耦合，而第二层则可以采用松散耦合。

一些人认为，可以用数字宪法来保存组织的核心属性。布特林认为，这种想法虽好，但考虑到很多规范都可以通过各种方法加以规避，因此这些属性只应该被写在第二层，而不应该被写在第一层。

针对一些人主张用核心开发者共识取代链上投票治理的设想，布特林也表示反对，认为这是象牙塔精英不顾用户体验的一种空想。相比于这种想法，他更倾向于一种被称为"多因素共识"的治理思路，即对不同的协调标志、不同的机制和组织进行投票，最终的决定取决于所有这些因素结合而产生的结果。

《论合谋》

基于区块链的社区的正常运作很大程度上取决于社区成员的参与，而部分成员的合谋攻击则可能对这种参与造成很大影响，从而破坏社区的运作。在实践中，合谋可以表现为很多形式，包括：一些用户注册虚拟身份，进行虚假投票；社区中的财阀通过收买用户进行投票；某些用户通过贿赂其他用户进行投票等。如何应对这些合谋行为造成的破坏，就成了一个重要的问题。在《论合谋》一文中，布特林深入分析了这个问题。

在布特林看来，应对合谋问题的思路主要有两种。

第一种是"无身份"和"合谋安全"的博弈；第二种则是直接对身份和合谋抵抗问题进行攻关。所谓"无身份"就是要让用户参与活动的凭证不再是他的身份，而是依靠算力、质押的财产，或者其他有价的东西。其基本逻辑就是要提高攻击的成本，从而吓阻攻击者。比如，像中本聪设计的工作量证明机制中，最终的决定权标准就是算力。即使有人可以造出很多假账户，或者说服很多用户支持他，如果不能获得足够的算力，也不能对系统造成实际的攻击。而在权益证明机制中，人们拥有的投票权则依靠质押的资产。只有账户，没有真金白银质押，也不能发动攻击。但是这种应对合谋的方式依然存在很多漏洞。比如人们可以通过租赁来获得大量通证，然后通过质押它们进行投票，在投票结束之后再归还通证。理论上，这可以让攻击做到没有成本。

第二种思路是直接从身份入手，对合谋进行抵抗。在布特林看来，现在人们之所以可以进行合谋，是因为在决策时系统无法核验其身份的单一性。因此，通过更为严格的验证机制，如文中所说的"身份系统"机制，就可以有效地解决这样的问题。如果我们从现在回顾布特林当时的论述，就会发现这可能是他后来提出的"灵魂绑定"思想的早期来源。

《论言论自由》

在《论言论自由》一文中，布特林讨论了欧美国家言论自由的边界问题。在他看来，人们是否可以自由地发表言论和观点，主要取决于他所在的场合。具体来说，在公共空间，应该允许言论的自由表达，让不同的观点都发出自己的声音；但是在私人空间，则允许开展言论审查，控制不合规范的言论。需要指出的是，布特林在文中指出的公共空间和私人空间与我们通常意义上认知的有所不同。他认为，即使有些空间是由私人运营的，但是如果它是公众运作的，其价值来自公众，那么它就是公共空间，在这样的空间应该允许言论自由。

《作为责任的控制》

在《作为责任的控制》这篇短文中，布特林讨论了监管形势的变化对互联网发展趋势带来的重要影响。在互联网发展的早期，针对网络平台的监管是十分宽松的，因而像脸书、谷歌等公司都致力于掌控自己所能接触到的一切。比如，它们会大规模搜集用户的个人信息和隐私数据，会对用户设定很多规则。原因很简单，从事这一切对它们而言是有收益而没有成本的。但是，近年来，随着互联网领域的监管日益严格，控制已经逐渐从一种收益变成一种成本。这种趋势使现在的网络平台更加希望减少自己的控制范围，从而减少自己的责任。在布特林看来，这个趋势是有利于密码朋克的，因为他们崇尚的去中心化思路天然地不追求控制，所以在严格的监管政策下，它们可能会获得比中心化网络平台更大的优势，从而迎来发展的良机。

《圣诞特辑》

本文可能是全书中最为轻松的章节。在这一章中，布特林向读者介绍了有意思的小游戏。尽管这些游戏十分简单，但都具有十分精巧的数学构造，并且对现实颇具启发意义。比如，"1.58维象棋"就向人们展示了在低维空间中防守要比进攻容易得多，这似乎隐喻了一种通过降维来提升系统抗攻击能力的思想。

第三篇　权益证明

《作为指导原则的可信中立》

在这篇文章中，布特林探讨了机制设计中的一个重要原则，即可信中立。

在布特林的语境中，机制就是算法加激励，它规定了人们在从事各种活动后可以得到什么。人们可以通过设计一个特定的机制来达到自己的目标。如果要让这个机制行之有效，那么它必须保证高效并且激励相容。我们日常看到的市场、拍卖、民主以及区块链，归根到底都是一套特殊的机制。

布特林认为，在机制设计的过程中，可信中立应该是一条重要的原则。所谓可信中立，首先应该是中立的，也就是说它应该对所有人一视同仁，而不对特定人群进行歧视；其次，这种中立应当是一种"共同知识"，是被所有人知道并且相信的。由于可信中立具有公平性，所以它很容易被更广泛的人群接受，因而满足这个原则的机制在运作中遇到的阻力也就更小。布特林用这个观点审视了很多机制，例如产权制度。对于这一制度，法学家和政治学家习惯于从天赋人权的角度解释它的合理性，而布特林则认为，它的合理性来自其可信中立。由于它是可信中立的，所以就更容易被人们接受，就能更高效地运行。

要保证一个机制是可信中立的，可能需要很多条件。在文中，布特林强调了四点：（1）不将特定人群或结果写入机制；（2）开源且执行过程可以公开检验；（3）保持简洁；（4）不要经常更改。

当然，作为一个务实主义者，布特林在强调可信中立的重要性时，也强调了有效性的重要。他认为，要做到彻底的可信中立是困难的，因此相比于苛求完美，一旦发现机制不够可信中立就弃之不用，在一些方面选择适当的妥协是必要的。

《好的协作和坏的协作》

在通常的认识中，协作，即人们为共同利益而一起努力是一种正面的行为。但在《好的协作和坏的协作》中，布特林挑战了这种认识。在他看来，协作既有可能是好的也有可能是坏的，这最终取决于参与协作的人的数量。如果世界上所有人都各自行事，不进行任何协作，那么整个社会就会成为所有人反对所有人的"霍布斯丛林"；而如果所有人都彼此协作，那么就可能达到最好的结果；但是如果只有一部分人互相协作，这就是合谋，它对社会的危害可能是巨大的。

为了防止合谋产生的负面后果，布特林建议用去中心化加以应对。他非常强调区块链技术在反合谋过程中的作用：由于区块链的算力从理论上讲是非常分散的，因此它可以比传统的中心化企业更好地抵御合谋的风险。需要指出的是，布特林的这一观点也受到一定的质疑。例如，有人以比特币为例，认为整个比特币网络的大部分算力事实上就是被几个矿池掌握的，而这几个矿池经营者之间的关系又非常密切，因而它很难在真正意义上达到反合谋的目的。针对这一点，布特林给出了反驳，他认为，即使如此，道德障碍、内部谈判失败、反协作以及背叛风险等因素的存在，也可以让区块链比中心化企业在反合谋这一点上表现得更好。

在强调去中心化的基础上，布特林提出了两条反合谋的原则：一是反协作；二是"共担责任"。所谓反协作，就是要设法制造一些可以反对协作的措施，来保证少部分人利用合谋进行不法行为。而"共担责任"就是要让所有人都为自己的决策负责。当然，合谋的参与者也必须为他们的行动付出代价。布特林特别强调了分叉的作用。在他看来，这是符合以上两个原则的。如果在一个区块链中，一部分算力掌控者通过51%攻击来实施某些不被广大社区成员认同的方案，那么社区成员就可以通过分叉进行抗议。这样，攻击者虽然付出了成本，但不会从攻击中获得任何收益。

最后，布特林还提出了一种结构化协作的思路，即通过技术来保证哪些协作可以进行，而哪些不可以。他列举了很多可以促成这一思路实现的技术。虽然在他看来，目前没有任何一项单一的技术可以保证抵御合谋，但将这些技术组合在一起使用就可以有效降低合谋带来的危害。

《预测市场：来自选举的故事》

这篇文章是布特林作为一名普通用户给预测市场写的一份体验报告。

所谓预测市场，是一个让公众根据自己的判断，对事件的未来走向进行投注、对赌的场所。有不少研究认为，预测市场可以作为对未来预测的一个重要参考。其逻辑有点类似于金融学中的有效市场理论：当人们需要为自己的判断承担代价时，他们就会对判断十分慎重，从而会认真地搜集各种信息，因此最后预测市场上的下注状况就蕴含着关于未来走向的丰富信息。

对于预测市场的设想，布特林一直推崇有加。在美国大选期间，由于他对于大选的走向和网友产生分歧，因此就决定用预测市场来测试一下自己的观点，顺便测试一下预测市场的运作效率。通过测试，他证明了预测市场在预测未来方面确实有很高的效率，其准确性甚至超过了一些专家。

不过，在测试的过程中，他也发现了这个市场存在的一些问题，比如人们对预测市场上的智能合约依然缺乏信任、进入市场所需的资本成本依然较大、技术门槛依然较高等。但在他看来，作为一个演化的市场，当预测市场的价值逐渐被人们认识，这些问题都可以逐渐得到解决。

《最重要的稀缺资源是正当性》

在这篇文章中，布特林抛出了几个非常有意思的问题：为什么有的人可以买下一个论坛，却不能获得论坛成员的认同？为什么以太坊可以获得大额的捐赠，而其他的一些加密项目不能？在布特林看来，在这些问题背后，都涉及一个十分重要的概念——正当性。

那么什么是正当性呢？从博弈论角度看，它是一种高阶的接受。一个事物具有正当性，说明社会上的人都愿意接受它，并且希望别人也接受它。比如，在古代，我们说一个国家的国君有正当性，就是指其臣民都认可他是君主，同时希望其他臣民也接受他是君主这个事实。

在现实中，正当性可以有很多来源。例如，它可以来自暴力、来自连续性（继承）、来自过程、来自绩效、来自参与性……对于各种加密项目而言，它们的正当性就来自这些项目倡导的理念被它的用户认可。而具体到以太坊，其正当性的来源就是对自由和去中心化的珍视。

布特林指出，虽然在以太坊这个生态中，很多公共品依然是中心化的，依然受到权威控制，但是，现在已经出现了很多变化。例如，像Gitcoin等去中心化的公共融资平台的建立，就为维护去中心化的理念创造了条件。类似产品的不断涌现，将会帮助以太坊保证自己的正当性。

最后，布特林还讨论了用正当性来支持以太坊之外的公共品提供的问题。在他看来，NFT（非同质化通证）的出现似乎为此提供了一些条件。一些具有正当性的项目可以通过发行NFT来变现，从而支持项目。当然，要让这一观点可行，这些项目就必须坚守自己的理念，确保自己的正当性，唯有如此才能让发行的NFT有足够高的价值。

《反对基尼系数的过度使用》

在现实中，有很多人都对加密世界出现的财富分配不平等问题存在着非议。他们的一个重要论据是，目前很多加密社区的基尼系数已经非常高，这表明一小部分用户已经掌握了社区中的大部分财富。在《反对基尼系数的过度使用》一文中，布特林对这种非议表达了一些不同的意见。

布特林认为，虽然在刻画现实世界的财富分配状况时，基尼系数是一个不错的指标，但是其固有的问题也是不可忽视的。在很多时候，同样的基尼系数背后代表的财富分配状况可能是截然不同的。为了说明这点，布特林构建了两个反乌托邦情形。在反乌托邦A中，一半人口平均分享所有资源，其他人什么都没有；在反乌托邦B中，一个人拥有一半的资源，其他人平分剩余的一半。容易计算，这两种状况的基尼系数都是0.5，但它们代表的显然不是一样的情况。其中，反乌托邦A可能会造成大规模饥荒，而反乌托邦B则不会造成饥荒，但可能会由于财富的过度集中而导致政治上的极权。

而当把基尼系数用到刻画互联网社区，或者加密社区时，这种问题就会更加显著。在现实中，如果一个人的财富为0，那么他就是一个赤贫者，显然他的生活会十分窘迫；而如果他在加密社区中的财富为0，可能只是意味着他没有购买社区发行的通证，而这并不那么影响他的生活。从这个意义上看，其实基尼系数和生活状况的对应关系并不会那么密切。也就是说，即使一个加密社区的基尼系数很高，也不会出现上述反乌托邦A的情况。但是，在社区中，出现反乌托邦B的情况是完全有可能的。布特林认为这需要关注，但如果仅依靠基尼系数，则很难判断加密社区是否出现了类似的情况。

针对上述问题，布特林建议在讨论互联网和加密社区时谨慎使用基尼系数，而可以选用像泰尔指数、赫芬达尔-赫希曼指数或者中本聪系数等指标，这样将更有利于发现社区中存在的真正问题。

《超越代币投票的治理》

在这篇文章中，布特林深入分析了基于代币投票的去中心化治理的利弊。

在布特林看来，去中心化治理是非常必要的，这源于它有助于解决两个问题：资助公共品，以及协议的维护和升级。从根本上讲，这两个问题都是公共品的提供问题，因而需要听取公众的意见，而让社区成员用代币对这些问题投票显然是听取意见的最直接方式。这种治理模式以用户质押的代币为依据来分配投票权，这就保证了人们需要为自己的投票承担代价，从理论上讲，这可以让人们对自己的投票更负责。

不过，这种治理模式本身也存在着风险。比如，"巨鲸"的控制、不同群体之间的利益冲突，以及投票制度本身的问题等，都可能使治理效果受到影响。不仅如此，部分社区成员还可能通过合谋来干扰投票结果。

针对这些现实中的问题，布特林对基于代币投票的治理提出了几个改进方案。

第一种方案是有限治理。这种治理思路强调仅对应用程序而非基础层使用链上治理，将治理限制为固定的参数选择。与此同时，还要延迟从投票表决到执行的时间，并且让分叉变得更加容易。通过这些手段，就可以有效防止治理被少数人破坏的可能，并且减少受到攻击时的损失。

第二种方案是非代币驱动的投票。简而言之，就是不再按照质押的代币，而是按照用户来分配投票权。容易看到，这种投票治理模式可以有效遏制"巨鲸"把持等问题，但它本身的挑战也是巨大的。那就是必须保证每一个社区账号背后对应的都是单独的用户，否则投票就失去了公平性。在布特林看来，这一点，可以用人格证明、参与证明等技术手段来解决。

第三种方案是"共担责任"。这个方案建议将人们的利益更多地与投票绑定，从而让他们更多地承担自己的投票所造成的后果。比如，在为某个公共项目的融资进行投票时，可以让投赞成票的人同时购买未来认购该公共品通证的期权。这样，如果这个公共项目未来真的发展好了，其通证价格就会上涨，期权持有者就会获益；反之，他们手里的期权就会贬值。通过这种设计，只有那些真正看好项目的人会投赞成票，而不看好项目的人则不会乱投票。

除了这三大类方案之外，布特林还认为一些混合型的方案也可能有所帮助，它们都可以在未来有效补充基于代币的投票治理。

《信任模型》

"信任"是区块链的文献经常提及的一个词，但这个词的概念本身有很大的模糊性，因而会导致人们在讨论相关问题时产生很多不必要的争议。在《信任模型》一文中，布特林对信任给出了自己的定义：信任是对他人行为的假设。根据这一定义，所谓我们信任一个人，就是假设他一定会做，或者一定不会做某事。

具体到区块链的语境下，布特林建议将信任问题分为四个维度：（1）你需要多少人按照你的预期行事？（2）有多少人按照你的预期行事了？（3）这些人的行为需要什么样的动机？他们需要利他主义，还是仅仅追求利润？他们需要彼此之间不进行协作吗？（4）如果违反这些假设，系统会失灵到什么程度？布特林建议，在分析具体问题时，不应该笼统地讨论信任问题，而应该将信任问题分解到以上维度，具体地加以讨论。

《加密城市》

《加密城市》主要讨论了以区块链为代表的加密技术在城市场景中应用的可能性。布特林认为，目前的城市治理存在着很多问题，如城市公共品融资、市民偏好的搜集等，都可以借助加密技术得到破解。

在文中，布特林给出了将加密技术应用于城市的很多案例。这些案例可分为两类：一类是一些既有的城市对加密技术的应用；另一类则是试图用加密技术和加密朋克的思想创建新的城市。

其中前一类应用包括里诺、迈阿密等城市的实践。这些实践包括通过发行关于地标建筑的NFT来为财政融资、用区块链技术使政府财务和决策流程更为透明化，以及发行城市币供市民在城市范围内使用等。后一类应用则包括CityDAO等更为激进的实践。在这类用例中，信奉加密朋克思想的人筹资购置了土地，并尝试借助区块链思想，将哈伯格税、二次方融资等激进的经济思想在这些全新的土地上实现。

这里需要指出的是，布特林本人非常推崇哈伯格税和二次方融资这两个"激进市场"理论，并在很多场合提及。但在本文中，他并没有对这两个概念做过多展开，为了帮助读者理解，我在这里做一些简单的补充。

哈伯格税最早可以追溯到19世纪美国经济学家亨利·乔治在《进步与贫困》中提出的土地涨价归公思想。后来，孙中山在"三民主义"中采纳了这一观点。考虑到土地价格变动非常频繁,评估成本很高,孙中山提出了一种自评税收的机制作为配套。具体而言,这个机制要求土地所有者自行申报土地的价格,并将此作为纳税标准。与此同时,如果政府要征收土地,那么土地所有者就必须按照这个申报的价格出售土地。在这种机制下,土地所有者如果报高了价格,那么他就需要缴纳更高的税收;而如果报低了价格,就可能面临被政府以低价征收土地的风险。权衡利弊,他将会选择如实报价。这样,政府就可以随时了解土地的真实价格状况,并对其收税。1962年时,经济学家哈伯格在论文中将孙中山的这一思想以更为数学化的形式表达了出来,因此后来学界就将这种自评税收机制称为"哈伯格税"。[1]2018年,经济学家埃里克·波斯纳和格伦·韦尔出版了《激进市场》一书。[2]在书中,他们认为造成贫富分化、生产效率低下等很多问题的关键就在于现行的产权制度事实上消灭了市场,也就是说,当人们拥有了对一物的产权后,就在事实上造成了对该物的垄断,从而阻碍了将该物配置给能更好地使用它的人。针对这一现象,他们建议借鉴哈伯格税的思想,建立一套对物品实时自评报价、实时拍卖流通的经济体制。尽管这种思想在主流经济学界的影响并不大,但在加密圈中颇为流行。目前,它已经被应用于包括域名拍卖等很多

---

[1] Harberger, A., 1962, The Incidence of the Corporation Income Tax, *Journal of Political Economy*, 20(3), 215–240.

[2] Posner, E., and Weyl, G., 2018, Radical Markets: Uprooting Capitalism and Democracy for a Just Society, Princeton University Press.

领域。

和哈伯格税一样,二次方融资理论也是一种备受加密圈欢迎的激进市场方案。[①] 这种融资方案要解决的问题是公共资金应该选择支持哪些公共项目,以及给予多少支持。我们知道,在现实中,政府预算(或者某个DAO的基金)是有限的,但是需要它支持的公共项目很多,这时如何分配这些预算就成了一个关键问题。二次方融资理论对此给出的方案是:让项目先进行私人融资,再根据私人融资的情况分配"配资池"中的资金。而在分配资金的过程中,私人融资得到的总量,以及私人融资过程中为某个项目捐赠的人数都会影响最终的配资比例。具体来说,每个项目得到的配资量与它从每一个捐赠者那里获得的赞助的平方根之和的平方成正比。这个观点可以用公式表示为:对于项目 i,其得到的配资金额就是:$v_i \left(\left(\sum_j \sqrt{c_j} \right)^2 \right)$,其中 c_j 代表项目从捐赠者 j 那里得到的捐赠,c_i 表示项目 i 得到的总捐赠。举例来说,假设配资池中共有10 000元资金待分配,且有A、B、C三个项目需要配资。在私人融资过程中,A项目得到5人的捐赠,每人捐赠量为200元;B项目得到2人的捐赠,每人捐赠量为500元;C项目得到20人的捐赠,每人捐赠量为50元。用以上配资公式容易算出,A项目得到的配资额为1 851.85元,B项目得到的配资额为740.74元,C项

[①] Buterin, Vitalik, Zoë Hitzig, and E. Glen Weyl. 2019,"A Flexible Design for Funding Public Goods," *Management Science* 65(11): 5171-5187.

目得到的配资额为7 407.41元。目前,二次方融资在不少区块链项目中得到了应用,例如著名的开源融资平台Gitcoin就用它来进行资金分配。

需要指出的是,尽管哈伯格税和二次方融资都是在加密世界中影响很大的理论,但它们在现实世界中的知名度和应用都要小得多。因此,加密城市或许会成为这些新的激进思想的试验场。通过观测这些加密城市项目的运作,可能会大幅拓展我们对这些新经济理论的理解。

《灵魂绑定》

在这篇文章中,布特林提出了"灵魂绑定"这个新的概念,并探讨了灵魂绑定的潜在应用。

所谓灵魂绑定,其实就是一种不可转让的NFT技术。对于NFT,想必各位读者已经很熟悉了,现在的很多艺术品都被制作成了NFT,从而在市场上进行转卖。那么布特林又为什么要提出不可转让的NFT呢?答案是用它来验证某种身份或者经历。事实上,在现实中,我们有很多不允许转让的东西,比如身份证、学历证等,这些都是标识我们的身份或者经历的,别人不能买,买了也不能用。而灵魂绑定其实只是将这些证件用区块链技术搬到加密世界。

很显然,灵魂绑定技术可以帮助我们解决很多问题。例如我们在前文中曾多次提及投票过程中难以核验身份的问题,而如果使用灵魂绑定作为投票凭证就可以有效解决这一问题。不过,灵魂绑定最大的作用还是激励我们花费精力去做一些事。比如,我们之所以会花费很多时间攻读一个学位，并对最后获得的学位证书十分珍视，就是因为我们知道它是买不来的。同样，在加密世界中，一些特殊经历的灵魂绑定通证也会成为人们完成某些工作的巨大激励。

值得一提的是，这篇小短文只是布特林对灵魂绑定问题的初步思考。后来，他和韦尔一起又写了一篇专门的论文，非常详细地阐述灵魂绑定的思想和应用。[①]如果读者对这一思想感兴趣，可以进一步阅读这篇论文。

有意思的是，布特林关于灵魂绑定的思想其实来自那款曾经让他沉迷、受伤、觉悟的游戏《魔兽世界》，甚至"灵魂绑定"这个名词也是直接借鉴自这款游戏。从这个角度看，布特林选择将《灵魂绑定》作为全书的最后一篇文章，或许也是对自己过去的一段追忆吧！

结语

客观地说，虽然《权益证明》一书包含了布特林本人的大量思想精华，是希望了解以太坊和区块链的人不得不读的一本好书，但由于书中的文章大多出自他的博客，写作风格随意、行文思路跳跃，加之书中包含大量计算机科学、经济学和其他学科的名词、典故，因此阅读本书绝不是一件容易的事。事实上，作为译者，我曾很多次遇到阅读某段文字多遍而不知所言的情况，因而甚至

[①] Weyl,G., Ohlhaver, P., and Buterin,V., 2022, Decentralized Society: Finding Web3's Soul, https://papers.ssrn.com/sol3/papers.cfm?abstract_id=4105763.

一度十分后悔接下了这项翻译任务。

　　为了帮助读者可以更为容易地阅读本书，减少在理解布特林思想时的痛苦，我写下了这篇近1.6万字的导读，并在书中加入100多处译者注。不过，限于本人的知识储备和理解能力，导读和译者注中难免会出现一些错误，也未必能完全符合布特林这位天才本人的原意。因此，读者在阅读的过程中对这些文字也应该谨慎使用。如果发现错误或不当之处，也请大家不吝指正！

陈永伟

2023年2月12日于杭州

第一篇 预挖矿

布特林在2014年1月的一篇博文中称,他"于11月寒冷的一天,在旧金山"写成了以太坊白皮书,这是在历经了长达数月的思考和令人沮丧的工作后得到的成果。[①]在这几个月里,他既是《比特币杂志》的编撰者,又是几家比特币初创公司的创建者,不断游走在新罕布什尔州的自由主义者、苏黎世的外籍人士、特拉维夫的程序员以及卡拉夫(巴塞罗那附近一个破败的工厂综合体中的"后资本主义殖民地")的居民之间。比特币最初是以白皮书的形式发布的,此后的加密项目都采用了同样的发布形式:在软件发布之前,就会先发布一份宣言和技术规范文件。这种形式

[①] Vitalik Buterin, "Ethereum: Now Going Public," *Ethereum Foundation Blog*, January 23, 2014.

非常适合布特林在 2013 年时"既是作家又是公司创建者"的职业道路。《以太坊：下一代加密货币和去中心化应用平台》极好地总结了白皮书的完整内容，本书文后附有该白皮书。当时距离以太坊的首次发布还有一年半的时间，但布特林已经在反复思考以太坊 2.0 和权益证明了，而这到了 2022 年才得以实现。

预挖矿指的是在区块链公开之前创建通证。按照以太坊白皮书，布特林和他的早期合作者通过销售预挖的以太币筹集了 1 800 万美元。这创下了当时在线众筹活动的最高纪录，但在那以后，以太坊上的项目筹款已经超过了以太坊平台本身。布特林面临着来自更年长、更有经验的合作者的压力，这些合作者想要一家营利公司，但他始终坚持以非营利基金会的方式创建以太坊。但这不是慈善，如果一切运作顺利，那他和他的联合创始人将会从预售代币的价值中获得巨大收益。

这些文章追溯了布特林从一个网络自由主义的拥趸向一个务实而兼容并包的基础设施建设者转变的过程。起初，他为当时风生水起但很少存活到现在的比特币项目而欢呼。后来，在更具反思精神的《论孤岛》一文中，布特林表示不愿意参与其中任何一个项目。布特林认为，要让人们从根本上重写社会契约，就需要一种超脱于所有意识形态的工具。

在以太坊发布之前，布特林问自己："归根到底，它究竟有什么用处？"他概述了一种变革理论，其基础不是大范围的变革，而是从边缘入手解决问题。他预言，这个信念会激励这项技术的建设者，也会融入使用这些技术和产品的人的心里。在准备公开发布时，他的思考越来越集中在那些没人能够知道或控制的问题上。

市场、机构和货币

一种新的社会激励方法

迄今为止，对于如何激励生产活动的问题，主要有两大类解决方案：市场和机构。① 纯粹的市场是完全去中心化的，由无数个主体（agent）②组成，所有主体都参与到一对一的互动中，每一次互动都让参与者彼此获益。另一方面，机构本质上则是自上而下的；每一个机构都有一定的治理结构，它决定了在任一给定的时间内什么是最有用的活动，并为从事这些活动的人分配报酬。中心化让机构能够为那些造福成千上万人的公共品生产提供激励，即使在此过程中每个人的获益都很小。但众所周知，中心化本身也存在着风险。在过去的一万年里，这两种方案基本上就是我们

---

* 本文发表于2014年1月10日的《比特币杂志》。
① 布特林的这一论断应该源自诺贝尔经济学奖得主罗纳德·科斯（Ronald Coase）。在经典论文《企业的性质》中，科斯将市场和企业作为组织生产的两种最主要手段，其中前者主要依靠去中心化的价格机制配置资源，而后者则主要依靠中心化的命令组织活动。布特林这里讲的机构，基本类似于科斯语境中的企业，但能够同时包括类似政府组织在内的中心化组织，从而可以避免一些用词上的误解。——译者注
② "agent"一词常见于博弈论和计算机科学的文献，可以被译为"代理""艾真体"等。在本书中，该词一般被译为主体。——译者注

拥有的全部选项。然而，随着比特币及其衍生品的崛起，这一切都将改变。事实上，我们现在可能正在见证第三种激励形式的黎明，这种新的激励形式就是货币。

硬币的另一面

按照标准的说法，货币对社会而言有三个基本功能。作为交换媒介，它允许人们以货币来购买和销售商品，而无须寻找一个既拥有你想要之物又想要你拥有之物的人来以货易货；作为价值存储，它允许人们的生产和消费发生在不同的时间；作为记账媒介或度量尺度，人们可以用它来衡量恒定的"生产数量"。然而，许多人没有意识到，货币还有第四个功能，其重要性在整个历史的大部分时间里一直隐而不显。这个功能就是铸币税。

按照正式的定义，铸币税是一种货币的市场价值与其内在价值（即一种货币在没有被人们用作货币时具有的价值）之间的差额。对于谷物等古代货币，铸币税基本上为零；然而，随着经济和货币体系变得越来越复杂，这种看似无中生有的由货币产生的"虚幻价值"会越来越大，最终会达到这样的程度：对于美元和比特币等现代货币，铸币税代表了货币的全部价值。

但是铸币税去哪儿了呢？对于以黄金等自然资源为基础的货币，其大部分价值只是损失了。每一克黄金都是由矿工生产出来的；起初，确实有一些矿商获得了利润，但在一个有效市场中，所有容易获得的机会都会很快被发现，生产成本由此会趋近于其回报。当然，从黄金中攫取铸币税还有一些更为巧妙的方法，例如，在古代社会，国王会铸造价值高于其黄金含量的金币，但它们并不是假币，因为其中包含了国王的默许。不过，总的来说，这个价值不会被任何一个特定的人获得。但对美元而言，我们看到了些许的改善：部分铸币税将流向美国政府。在许多方面，这是向前迈出的一大步，但在其他方面，它也是一场不彻底的革命：货币，它既带来了中心化铸币税的好处，也通过将其自身嵌入人类历史上最大的中心化机构之一的核心而产生了风险。

比特币应运而生

五年前，出现了一种新的货币，即比特币。和美元一样，比特币的价值是100%的铸币税，也就是说比特币没有内在价值。但是铸币税去哪里了呢？答案是，一部分作为利润落入了矿工手中，另一部分则用于资助矿工的开支，即确保比特币网络安全的开支。因此，在这种情况下，我们有了一种货币，其铸币税直接用于资助公益事业，即比特币网络本身的安全。这一点的重要性被大大低估了。在这里，我们有了一个激励过程，它同时是去中心化的，不需要权威或控制，并可以生产公共品，所有这些都来自人们使用比特币作为交换媒介和价值存储而产生的无形的"幻影价值"。

随后，我们看到了第一种试图将铸币税用于自身之外有用目的的货币，即质数币（Primecoin）的出现。质数币不再要求矿工计算无用的SHA256哈希值，而是让他们寻找质数的坎宁安链

（Cunningham chains）①，这既支持了非常小众的科学计算学科，也为计算机制造商提供了一种动力，以找出更好地优化算术计算电路的方法。质数币的价值迅速上升，到今天仍然是第十一大最受欢迎的货币。此外，它对每个用户的主要实际好处，即60秒的出块②时间，也被许多其他知名度不如它的货币所共享。

几个月后的12月，我们见证了一种更加非主流的神奇货币，即狗狗币（Dogecoin）的崛起。货币符号为DOGE的狗狗币是一种在技术层面几乎与莱特币（Litecoin）完全相同的货币；唯一不同的是，其最大供应量将从8 400万个增加到1 000亿个。但即便如此，该货币的最高市值也超过了1 400万美元，成为世界第六大加密货币，甚至在《商业内幕》（Business Insider）和Vice杂志上都有所提及。狗狗币有什么特别之处呢？

究其本质，就是互联网模因效应（meme）。③ "狗狗"（Doge）

---

① 坎宁安链是一组由质数组成的序列，它以数学家阿伦·J.C.坎宁安（Allan Joseph Champneys Cunningham）的名字命名。数学上的坎宁安链有两类：如果质数序列 ($p_1, ..., p_n$) 满足 $p_{i+1} = 2p_i + 1$ 对所有 $1 \leq i < n$ 都成立，则这个序列称为第一类坎宁安链；如果质数序列 ($p_1, ..., p_n$) 满足 $p_{i+1} = 2p_i - 1$ 对所有 $1 \leq i < n$ 都成立，则这个序列称为第二类坎宁安链。比如，(2, 5, 11, 23, 47) 就构成一个第一类坎宁安链，其长度为5；而 (2, 3, 5) 是一个第二类坎宁安链，其长度为3。人们猜想，坎宁安链的长度可能是任意的，但到目前为止，发现的最长坎宁安链的长度仅为19。——译者注
② 指区块链产生新区块的过程。——译者注
③ 模因是英国著名科学家理查德·道金斯（Richard Dawkins）在《自私的基因》一书中提出的概念。它是文化传递的基本单位，在诸如语言、观念、信仰、行为方式等在文明中的传播更替过程中的地位类似于基因在生物繁衍更替及进化过程中的地位。在互联网条件下，模因特指那些可以让人群产生共情的内容，如时事热点、段子，或某一个梗，一旦得到人们的公认，它们就会在人群中迅速传播。——译者注

是"狗"（dog）的俚语，它于2005年首次出现在动画作品 *Homestar Runner* 中。当时，这个用彩色的漫画字体书写的词与"哇""超有型""太棒了"等短语一起出现在一张以柴犬为背景的图片上（见下图）。而如今，它已经成为一种世界性的现象。这种模因代表了狗狗币品牌的全部；它的所有社区网站和论坛，包括狗狗币官方网站、Bitcointalk上的指定主题列表[①]以及r/dogecoin和r/dogecoinmarkets子网站，都布满了狗狗图标。这就是价值1 400万美元的莱特币克隆体带来的一切。

最后，第三个例子是来自加密货币领域之外的唯链币（Ven），这是一种更传统的中心化货币，由一篮子商品（包括商品、货币和期货）支持。最近，唯链币将碳期货加入其篮子，成为第一个以某种方式"与环境挂钩"的货币。它之所以这样做，是出于一

---

① Bitcointalk是一个在线公告板，也是当时加密货币的主要讨论论坛。它由中本聪创立。任何新的加密货币都会有一个与之相关联的论坛主题列表。

市场、机构和货币

种精明的经济考量：碳期货实际上是负向地包含在唯链币中的，因此，随着社会摒弃高碳排放的生产方式，二氧化碳排放许可变得不那么有利可图，唯链币的价值上升。因此，每个唯链币持有者都得到了支持环境友好型生活的经济激励。尽管这种经济激励力度并不大，但人们对唯链币的兴趣至少有一部分是因为这一特点。

总的来说，这些例子表明，非传统货币基本上依赖大众营销得到普及；没有人会从挨家挨户上门的推销员那里接受比特币、质数币、狗狗币或唯链币，也没有人会说服商家接受它们，决定其吸引力的不仅仅是货币的技术优势，理念也同样重要。说服WordPress、Mega和现在的Overstock接受比特币的是比特币的理念，而瑞波币（Ripple）作为一种支付方式之所以到目前为止还没有获得太多的青睐也是因为理念的问题。尽管对商家来说，它在技术上比比特币更具优势（特别是5秒确认时间），但因为它是由一家公司支持的半中心化协议，而该公司发行的全部货币都供应给了自己，这就让它对许多对公平和去中心化感兴趣的加密货币爱好者失去了吸引力。现在，正是分别代表了科学和娱乐的质数币和狗狗币的理念让这两种货币保持了持续的活力。

作为经济民主的加密货币

这四个例子，连同这种无形铸币税价值的想法，构成了关于新型"经济民主"的潜在蓝图：创造各种货币，这些货币的铸币税或发行，可用于支持某些事业，而人们则通过在其商业活动中接受这些货币来支持这些事业。如果一个人不从事商业活动，也可以参与营销工作并游说其他商业活动接受该货币。人们可以创建一种"社会币"（SocialCoin），每月向世界上的每个人提供1 000个单位，如果有足够多的人喜欢这个想法并开始接受它，世界上就有了一个不需要中心化融资的公民红利项目（dividend program）。我们还可以通过创造货币来激励医学研究、太空探索甚至艺术；事实上，今天有艺术家、播客和音乐家正考虑为此创建自己的货币。

对于一种特定的公共品，即计算研究，我们实际上可以更进一步，让分配过程自动进行。我们可以用一种尚未在现实世界中得到实质性应用的机制来激励计算研究，这一机制就是被点点币（Peercoin）和质数币的发明者Sunny King[①]理论化的"卓越证明"。卓越证明背后的想法是，一个人在去中心化投票池中的股份大小和报酬多少并不是基于其拥有的计算能力或其拥有的货币数量，而是基于他解决复杂数学或算法挑战的能力，这些挑战的解决方案将造福于全人类。

---

① Sunny King是区块链行业的先驱。就像中本聪一样，人们并不知道其真实身份。2012年，Sunny King在与斯科特·纳达尔（Scott Nadal）联名发表的一篇论文中对比特币采用的工作量证明共识机制提出异议，并首次引入权益证明机制，希望通过权益证明机制来解决比特币挖矿的高能耗问题，他也因此被誉为"权益证明机制之父"。与此同时，他也是点点币和质数币的创始人。布特林非常推崇Sunny King，称他为"唯一一个最具原创精神的数字货币开发者"。——译者注

市场、机构和货币

例如，如果想激励数论研究，就可以将 RSA 整数分解难题嵌入货币，并自动向第一个为该问题提供解决方案的人支付 5 万个币，以及在挖矿过程中给他对区块验证进行投票的权利。从理论上讲，这甚至可以成为任何货币发行模型中的标准组件。

当然，以这种方式使用货币的背后想法并不新鲜。在本地社区中运作的"社会货币"已经存在了一个多世纪。然而，近几十年来，社会货币运动已经从 20 世纪初的峰值有所下降，这主要是因为它只能局限于一个狭小的范围，也无法像美元等更具公信力的货币那样享受到银行体系的效率。然而，随着加密货币的出现，这些障碍很快被消除了。加密货币本身就是全球性的，并且受益于直接嵌入其源代码的强大的数字银行系统。因此，现在可能是社会货币运动实现技术赋能型强势复兴的最佳时机，甚至要超越它在 19 世纪和 20 世纪扮演的角色，成为世界经济中强大的主流力量。

那么，我们将从这里走向何方？狗狗币已经向公众展示了创建自己的货币是多么容易；事实上，最近比特币开发者马特·科拉罗（Matt Corallo）创建了一个名为 coingen.io 的网站，其唯一目的是允许用户通过一些参数调整快速创建自己的比特币或莱特币的克隆版。尽管该网站目前拥有的选项有限，但事实证明该网站非常受欢迎，尽管它会收取 0.05 比特币的费用，但在其网站上创建的货币已经达到了数百万枚。如果 Coingen 允许用户添加卓越证明挖矿、加入货币发行可用于特定组织或基金的选项，以及更多定制品牌的选项，我们很可能会看到成千上万的加密货币在互联网上活跃地流通。

  作为一种更加去中心化和更加民主的方式，加密货币能否像其承诺的那样汇集我们的资金，帮助创建我们希望看到的社会公共项目和活动？也许会，也许不会。但是，随着几乎每天都有一种新的加密货币被发布，答案已近在咫尺。

以太坊

下一代加密货币和去中心化应用平台

过去一年，围绕所谓的"比特币 2.0 协议"的讨论越来越多，这是一种受比特币启发的替代加密网络，其目的是让底层技术能够用于加密货币之外的用途。最早实现这一想法的是域名币（Namecoin），这是一种创建于 2010 年、用于去中心化域名注册的类似比特币的加密货币。最近，我们看到了染色币，它允许用户在比特币网络上创建自己的货币，以及诸如万事达币（Mastercoin）、比特股（BitShares）和合约币（Counterparty）等旨在提供金融衍生品、储蓄钱包及去中心化交易等功能的更先进的协议。但到目前为止，所有已经发明的协议都是专门化的、针对特定行业或应用程序的详细功能集，它们通常都有金融性质。现在，包括我在内的一群开发人员想出了一个相反的项目：一个旨在尽可能通用并允许任何人为几乎任何可以想象的目的创建专门应用程序的加密货币网络。这个项目就是以太坊。

---

* 原文发表于 2014 年 1 月 23 日的《比特币杂志》。

加密货币协议就像洋葱

许多加密货币2.0协议都有一个共同的设计理念：正如互联网一样，当协议能分成不同的层次时，加密货币设计将会最为有效。根据这种思路，比特币被认为是加密货币生态系统的TCP/IP（传输控制协议/网际协议），其他下一代协议可以建立在比特币之上，就像我们在TCP之上有SMTP用于电子邮件，HTTP用于网页，XMPP用于聊天一样，它们都有一个通用的底部数据层。

到目前为止，遵循这种模式的三个主要协议是染色币、万事达币和合约币。染色币协议的工作方式很简单。首先，为了创建染色币，用户可以对特定的比特币做标记，以此表示特殊含义。例如，设想鲍勃是黄金的发行人，他可能希望标记一些比特币，并说每个聪（satoshi）代表0.1克可从他那里赎回的黄金。协议可以通过区块链跟踪这些比特币，于是就可以随时知道谁拥有了这些比特币。

万事达币和合约币要更抽象一些，它们使用比特币区块链存储数据，因此万事达币或合约币的交易就是比特币交易，不过协议会以完全不同的方式解释交易。一个人可以有两笔万事达币交易，一笔发送1个万事达币，另一笔发送100 000个万事达币，但从一个不知道万事达币协议如何工作的比特币用户的角度看，这两笔交易看起来都像是发送0.0006个比特币的小交易。万事达币的特定元数据会被编码在交易输出结果中。然后，万事达币用户需要在比特币区块链中搜索万事达币的交易，以确定当前万事达币的资产负债表状况。

我个人有幸与染色币和万事达币协议的多位发起者有过直接交流，并深度参与了这两个项目的开发。但是，经过大约两个月的研究和参与，我最终意识到，尽管在低级协议之上使用此类高级协议的基本想法值得称赞，但正如目前的情况一样，它们的执行过程存在根本性的缺陷，这很可能会损害项目的吸引力。

造成上述情况的原因并非协议背后的想法不好；这些想法都很棒，仅社区的反应就足以证明提出这些想法的人正在尝试做一些非常有必要的事情。真正的问题在于，他们试图在比特币之上构建高级协议，而低级协议根本不适合这项任务。这并不是说比特币不好，或者不是革命性的发明；作为一种存储和转移价值的协议，比特币相当出色。但是，就作为一种有效的低级协议而言，比特币的效果较差；比特币不像一个可以在其上构建 HTTP 的 TCP，而是像 SMTP；它是一种可以很好地完成其目标任务（就像在 SMTP 的情况下是电子邮件，在比特币的情况下则是金钱）的协议，但要作为其他任何事情的基础则不是特别合适。

比特币的具体问题集中在一个地方：可扩展性。比特币本身具有加密货币的可扩展性；即使区块链膨胀到超过 1TB（太字节），也有一种称为"简化支付验证"（SPV）的协议，如比特币白皮书所述，该协议允许只有几兆字节带宽和存储的"轻客户端"安全地确定它们是否已经收到交易。但是，对于染色币和万事达币，这种可能性并不存在。原因是这样的：为了确定染色币的颜色，你不仅需要使用比特币简化支付验证来证明它的存在，还需要一直追溯它的起源，并在每一步进行简化支付验证。有时，反向扫描是指数型的，由于使用元币（metacoin）协议，如果不验证每一笔交易，就无法知道任何事情。

这就是以太坊打算解决的问题。以太坊并不打算成为瑞士军刀式的协议，有数百种功能来满足每一种需求；相反，以太坊的目标是成为优秀的基础协议，允许在其基础上，而不是在比特币的基础上构建其他去中心化的应用程序，并为这些程序提供更多的工具，让它们能够充分利用以太坊的可扩展性和效率。

合约，不仅仅为了差价

在开发以太坊的时候，人们对允许在加密货币之上创建金融合约有很大兴趣；合约的基本类型是"差价合约"（CFD）。在差价合约中，双方同意投入一定金额的资金，然后根据基础资产的价值按一定比例提取资金。例如，一份差价合约可能会让爱丽丝和鲍勃各投入1 000美元。30天后，区块链会自动返还爱丽丝1 000美元本金，并且在此期间，莱特币兑美元的比价每上涨1个单位，系统就会多返还其100美元收益；剩余部分的资金则会返还给鲍勃。这些合约允许人们在不集中交易的情况下以高杠杆率对资产进行投机，或者通过取消他们的风险敞口来保护自己免受加密货币波动的影响。

在这里需要指出的是，差价合约显然只是公式合约（contracts for formulas）[1]这个更一般概念的特例。除了让合约从爱丽丝那里获取 x 美元，从鲍勃那里获取 y 美元，然后返回给爱丽丝 x 美元，并按照给定标价物每上涨1美元，额外返还 z 美元的情形，一份价差合约应该还能够返还给爱丽丝基于任何数学公式计算得出的资金数量，而不论合约的复杂程度如何。如果公式允许随机数据作为输入，这些广义的差价合约甚至可以用于执行点对点（peer-to-peer）赌博。

以太坊采纳了这个想法，并将它推进了一步。以太坊上的合约不再是由双方开始和结束的协议，而更像是由区块链模拟的一类自治主体。每份以太坊合约都有自己的内部脚本代码，每次发送交易时都会激活脚本代码。脚本语言可以访问交易的值、发送方和可选数据字段，以及一些块数据和它自己的内存，并把它们作为输入，同时还可以发送交易。为了制作一份差价合约，爱丽丝会创建一份合约，并在其中存入价值1 000美元的加密货币，然后等待鲍勃发送含有1 000美元的交易来接受合约。随后，合约会设定一个计时程序，30天后，爱丽丝或鲍勃可以向合约发送一笔小额交易，以再次激活它并释放资金。

以下是用高级语言编写的以太坊货币合约代码示例：

```
if tx.value < 100 * block.basefee:
  stop
if contract.memory[1000]:
```

---

[1] 指根据数学公式订立的合约。——译者注

```
from = tx.sender
to = tx.data[0]
value = tx.data[1]
if to <= 1000:
  stop
if contract.memory[from] < value:
  stop
contract.memory[from] = contract.memory[from] - value
contract.memory[to] = contract.memory[to] + value
else: contract.memory[mycreator] = 10000000000000000
contract.memory[1000] = 1
```

然而，除了这种狭义的差价合约模型之外，白皮书还给出了许多其他交易类型，这些类型将通过以太坊脚本实现，其中包括：

● 多重签名托管。其精神与比特币仲裁服务 Bitrated[①] 类似，但规则更复杂。例如，签名者无须手动传递部分签名的交易；人们可以在区块链上一次对一笔取款进行异步授权[②]，然后在有足够的人授权后自动完成交易。

● 储蓄账户。一个有趣的设置如下：假设爱丽丝想存一大笔钱，但不想冒私钥丢失或被盗的风险。她与"半可信"（semi-

[①] Bitrated 是比特币生态中的声誉管理与消费者保护系统。它在区块链技术上建立了信任层，将消费者保护、欺诈预防机制引入比特币和其他加密货币。其目标是为加密货币提供工具，使市场能够使用用户信誉、智能合约、自愿但具有约束力的仲裁程序进行自我监管。——译者注

[②] 异步授权模式是指系统将授权业务的交易信息和凭证影像资料传输至发起机构的本地终端，由本机构会计主管进行审核、授权的模式。——译者注

trustworthy）[①]的银行鲍勃签订了一份合约，规定如下：爱丽丝每天的默认取款上限为1单位；在经鲍勃批准后，爱丽丝可以提取任何金额；鲍勃每天最多可以独自支取0.05单位。通常，爱丽丝一次只需要少量金额，如果她想要更多，可以向鲍勃证明自己的身份并取款。如果爱丽丝的私钥被盗，她可以去鲍勃那里，把钱转移到另一份合约中，以免窃贼盗取超过1单位的资金。如果爱丽丝丢失了她的私钥，鲍勃最终能够恢复她的资金。如果鲍勃被发现居心不良，那么爱丽丝可以比他快20倍地提取自己的资金。简言之，以上就达到了传统银行业的所有安全设定，但几乎不用任何信任。

● 点对点赌博。任何类型的点对点赌博协议都可以在以太坊上实现。一种非常基本的协议就是对随机数据（如区块哈希值）的差价合约。

● 创建自己的货币。使用以太坊的内存存储，你可以在以太坊内创建一种全新的货币。这些新货币可被设定为允许人们彼此互动，开展去中心化交易，也可以加入其他任何高级功能。

这就是以太坊代码的优势：因为脚本语言被设计成除收费系统外没有任何限制，所以基本上任何类型的规则都可以在其中编码。甚至可以让整个公司通过合约来管理它在区块链上的储蓄，

[①] 半可信是一个密码学术语，它指交易的第三方具有"诚实但好奇"（Honest-but-Curious，简称HBC）性质。也就是说，作为交易的第三方，它会在交易过程中如实执行交易者的相关指令，但会要求交易者提供对应的数据。值得一提的是，semi-trustworthy不同于另一个概念，即semi-trusted，后者指第三方可能出错或欺骗交易者，但不会和其他交易者合谋来共同欺骗交易者。——译者注

而这份合约规定无限制动用资金需要公司有60名现任股东同意（或许，如果是30名股东，那每天最多只能动用1单位资金）。不那么传统资本主义式的其他结构也是可能的；一种想法是建立一个民主组织，唯一的规则是邀请新成员时必须有三分之二的现有组织成员同意。

超越金融

但是，金融应用程序只触及以太坊和以太坊之上的加密协议的表面。虽然以太坊的金融应用最初可能会让加密货币社区的许多人兴奋不已，但长期的愿景应该更关注以太坊与其他非金融点对点协议的协作模式。到目前为止，非金融对等协议面临的主要问题之一是缺乏激励，也就是说，与中心化营利平台不同，去中心化平台缺少参与的经济理由。在某些情况下，参与本身在一定意义上就是对参与者的回报；正是出于这个原因，人们才持续编写开源软件、为维基百科做贡献、在论坛上发表评论、撰写博客文章。然而，对于点对点协议而言，参与通常不是任何有意义的"有趣"活动；相反，它需要人们投入大量资源，耗费CPU（中央处理器）和电池电量让守护程序（Daemon）[1]在后台自动运行而不必管它。

例如，很长一段时间以来，已经有了诸如Freenet[2]之类的数

---

[1] Daemon原意是希腊神话中半神半人的精灵。在计算机术语中是连续运行的程序之意。——译者注
[2] Freenet是一种点对点的浏览器，它可以让用户匿名地访问暗网。——译者注

据协议，它们主要为每个人提供去中心化的、不受审查的静态内容托管。不过，在实践中Freenet的速度非常慢，而且很少有人贡献资源。所有文件共享协议都面临着同样的问题：尽管利他主义足以传播流行的商业大片，但在传播那些不那么受主流偏好的内容时，利他主义的效果则明显降低。因此，恰恰相反，文件共享的点对点性质实际上可能加剧了娱乐和媒体制作的中心化，而非相反。但是，如果我们增加激励措施，让人们不仅可以建立非营利项目，还可以通过参与网络做生意和维持生计，那所有这些问题都有可能得到解决。

● 激励性数据存储。它本质上是一个去中心化的Dropbox。其原理如下：如果用户希望网络备份一个1GB（千兆字节）的文件，他们可以从数据中构造一个被称为"默克尔树"的数据结构。然后，他们将树根以及10个以太币放入一份合约中，并将文件上传到另一个网络。这个网络的节点会出租其硬盘空间，并接收消息。每天，合约都会自动选择树的一个随机分支（例如，"左→右→左→左→左→右→左"），将它存在一个文件区块上，并向第一个节点提供0.01个以太币作为提供该分支的报酬。节点为了最大化其获得奖励的机会，将会存储整个文件。

● Bitmessage和Tor[1]。Bitmessage是下一代电子邮件协议，它是完全去中心化和加密的，允许任何人安全地向任何其他Bitmessage

---

[1] Tor即"洋葱路由"（The Onion Router），它可以让用户在互联网上进行匿名交流。——译者注

用户发送消息，而不依赖于除网络以外的任何第三方。然而，Bitmessage有一个很大的可用性缺陷：你需要将消息发送给包含34个字符的Bitmessage地址，例如"BM-BcbRqcFFSQUUm-XFKsPJgVQPSiFA3Xash"，而不能将它发送到一个"人类友好型"的电子邮件地址，比如myname@email。以太坊合约提供了一个解决方案：人们可以在一个特殊的以太坊合约上注册自己的用户名，Bitmessage客户端可以查询以太坊区块链，以获得与用户名相关联的34个字符的Bitmessage地址。在线匿名网络Tor也面临同样的问题，因此也可以从这个解决方案中受益。

● 身份和声誉系统。当你可以在区块链上注册你的用户名后，下一步是显而易见的：在区块链中建立信任网络。信任网络是有效的点对点通信基础设施的关键部分：你不仅需要知道给定的公钥指的是给定的人，还需要知道这个人首先是值得信赖的。解决方案是使用社交网络：如果你信任A，A信任B，B信任C，那么你很有可能信任C，至少在某种程度上是这样。以太坊可以作为一个完全去中心化的信誉系统的数据层，最终可能是一个完全去中心化的市场。

上述很多应用程序都由正在开发中的点对点协议和项目组成；在这些情况下，我们打算与尽可能多的类似项目建立合作伙伴关系，为其提供资助，并将其价值带入以太坊生态系统。我们不仅希望帮助加密货币社区，还希望帮助整个点对点社区，包括文件共享、种子、数据存储和网状网络。我们认为，有许多项目，尤其是非金融领域的项目，可能为社区带来巨大价值。但由于它们缺乏有效地引入金融成分的机会，因而其发展面临着资金不足的问题。也许以太坊最终会推动数十个这样的项目进入下一阶段。

为什么所有这些应用程序都可以在以太坊之上实现呢？答案在于加密货币的内部编程语言。这里可以用互联网做一个类比。早在1996年，网络只不过是HTML，人们能做的就是在GeoCities等网站上提供静态网页。然后，开发者发现人们对用HTML提交表单的需求十分迫切，于是就在HTML添加了表单功能。这就像一个网络协议的"染色币"：试图解决一个特定问题，但只是在一个弱协议之上进行，而没有考虑全局。然而，我们很快就开发出了一种web浏览器中的编程语言JavaScript。正是JavaScript解决了这个问题，因为它是一种图灵完备的通用编程语言，可以用来构建任意复杂度的应用程序；Gmail、脸书甚至比特币钱包都是用这种语言制作的。这并不是因为JavaScript的开发人员决定让人们建立Gmail、脸书和比特币钱包，他们只是想要一种编程语言。我们能用语言做什么取决于我们自己的想象。这就是我们想要带给以太坊的精神。以太坊并不打算成为所有加密货币创新的终点，而是打算成为起点。

进一步创新

除了图灵完备的通用脚本语言等主要功能外，以太坊还将对现有加密货币进行许多其他改进。

- 费用：以太坊合同将规制其图灵完备功能，并对脚本执行的每个计算步骤收取交易费用，以防止滥用交易行为，如内存占用和无限循环脚本。更昂贵的操作，如存储访问和密码学操作，将收取更高的费用，合约填写的每个存储项目也将收取费用。为了鼓励合约的自行清理，当一个合约减少了使用的存储量后，将会收取负费用；事实上，有一个特殊的"自杀"（SUICIDE）操作码可以清除合约，并将所有资金和大量的负费用退还给创建者。

- 挖矿算法：人们热衷于创建能抵制专业硬件进行挖矿的加密货币，这可以让普通用户使用一般的硬件参与，而无须任何资本投资，从而有助于避免中心化。到目前为止，主要的解决方法是Scrypt[1]，这是一种需要大量计算能力和内存才能进行计算的挖矿算法；但是，Scrypt的硬内存（memory-hard）[2]不够，有些公司正在为其构建专门的设备。我们已经提出了Dagger[3]，一种比Scrypt

---

[1] Scrypt是加拿大计算机科学家暨计算机安全研究人员科林·珀西瓦尔（Colin Percival）于2009年发明的密钥派生函数。最初，它被用于科林·珀西瓦尔创立的Tarsnap服务。后来，它被用于包括莱特币、狗狗币在内的多个采用工作量机制的区块链项目。参见Percival C.（2009），Stronger Key Derivation via Sequential Memory-Hard Functions，https://www.bsdcan.org/2009/schedule/attachments/87_scrypt.pdf。——译者注

[2] 硬内存是指计算需要调用大量算力和内存来完成。工作量证明机制要求挖矿的算法是"硬内存"的，其原因是让所有挖矿者都付出足够的成本，以此防止"女巫攻击"，即模仿多个身份的攻击。——译者注

[3] Dagger是由布特林提出的"硬内存"函数。参考https://www.hashcash.org/papers/dagger.html。——译者注

有更强"硬内存"的原型工作量证明，以及Slasher[①]等完全绕过挖矿问题的原型权益证明算法。但最终，我们打算举办一场竞赛，类似于那些确定AES（高级加密标准）和SHA3（第三代安全散列算法）标准的竞赛，我们将邀请世界各地大学的研究小组设计出尽可能最好的普通硬件友好型挖矿算法。

• GHOST：GHOST是阿维夫·佐哈尔（Aviv Zohar）和尤纳坦·苏姆波林斯基（Yonatan Sompolinsky）首创的一种新的区块传播协议，允许区块链拥有更快的区块确认时间（理想情况下在3～30秒内），而不会遇到快速区块确认通常带来的集中化和高过时率问题。以太坊是第一个将简化的单级GHOST版本作为其协议的一部分进行整合的主要加密货币。

以太坊的计划

以太坊可能是一项规模巨大、影响广泛的事业，需要数月的时间来发展。有鉴于此，这种加密货币将分多个阶段发行。第一阶段已经开始，即白皮书的发布。论坛、维基和博客已经建立，任何人都可以自由访问，并在论坛上设置账户和评论。1月25日，为期60天的筹款活动将在迈阿密的会议上启动，在此期间，任何

[①] Slasher是布特林2014年提出的一种权益证明算法。根据这种算法，如果用户被发现违反了协议，那么将接受惩罚。见Buterin, V., 2014, Slasher: A Punitive Proof-of-Stake Algorithm, https://blog.ethereum.org/2014/01/15/slasher-a-punitive-proof-of-stake-algorithm。——译者注

人都可以购买以太币，它是以太坊的内部货币，就像用比特币为万事达币筹款一样。比特币与以太币的比价将是1∶1 000，但早期的以太坊投资者将获得大约2倍的收益，以补偿他们之前参与项目所冒的风险。筹款的参与者不仅会得到以太币；还有一些额外的奖励，如免费的会议门票、一个将32字节放入创世区块的位置等，以及对于顶级捐赠者甚至可以命名这种加密货币的三种计量单位（这类似于比特币的单位"microbitcoin"[①]）。

以太币的发行不会采用任何一种单一机制；相反，它会使用折中的方法，将多种方法的优点结合起来。其发行模型的工作原理如下：以太币将以每比特币兑换1 000～2 000以太币的价格在募捐活动中发布，早期的资助者将获得更优惠的价格，以补偿早期参与的更大不确定性。最低资金金额为0.01比特币。假设x单位以太币以如下方式发布：

● 0.225x单位以太币将分配给筹款开始前就已实质上参与项目的信托成员和早期出资人。该部分份额将存储在锁定时间的合约中；其中大约40%在一年后可以使用，70%在两年后可以使用，100%在三年后可以使用。

● 0.05x单位以太币将被配置给一个基金，用于在筹款开始后以太币发行前用该货币支付费用和奖励。

● 0.225x单位以太币将被配置为一个长期储备金池，用于在以太币发行后用该货币支付费用、工资和奖励。

[①] 一单位microbitcoin相当于一百万分之一个比特币。——译者注

- 此后，每年将开采0.4x单位以太币。

与比特币和大多数其他加密货币相比，以太币有一个重要的区别：它最终的供给是无限的。设计"永久的线性通货膨胀"模型是为了既不造成通货膨胀，也不造成通货紧缩；供给没有上限意在抑制现有货币的一些投机性效应和财富不平等效应；与此同时，线性而非传统的指数通胀模型意味着，随时间推移，有效通胀率趋于零。此外，由于初始货币供给量不会从零开始，因此前八年的货币供给量增长实际上将慢于比特币，这为筹款参与者和早期采用者提供了在中期大幅受益的机会。

在2月的某个时候，我们将发布一个中心化的测试网络，任何人都可以用它发送交易和创建合同。不久之后，我们将使用去中心化的测试网络来测试不同的挖矿算法，确保点对点守护程序的运作和安全，并采取措施优化脚本语言。最后，一旦确定协议和客户端是安全的，我们就将发布创世区块，并允许开始挖矿。

未来展望

由于以太坊包含一种图灵完备的脚本语言，所以我们可以从数学上证明，与比特币类似的区块链加密货币可以做的任何事情，以太坊基本上也能做。但目前的协议仍有一些问题尚未解决。例如，以太坊没有解决所有基于区块链的加密货币都面临的可扩展性这个根本问题，即每个完整节点都必须存储整个资产负债表并验证每笔交易。以太坊从瑞波币借用了独立的"状态树"和"交易列表"概念，一定程度上缓解了可扩展性问题，但没有任何根本性的突破。为了达到这一点，需要有新技术，如伊莱·本萨森（Eli Ben-Sasson）的安全的计算完整性和隐私技术（Secure Computational Integrity and Privacy，SCIP），该技术目前正在开发中。

此外，以太坊没有改进传统的工作量证明挖矿及其所有缺陷，卓越证明和瑞波币式的共识机制也尚未被探索。如果事实表明权益证明或其他工作量证明算法是更好的解决方案，那么未来的加密货币可能会使用MC2[①]和Slasher等权益证明算法。如果以太坊2.0有发展空间，那就是在这些方面进行改进，也就是说，以太坊最终会是一个开放式项目；如果该项目获得足够的资金，我们甚至可能自己发布以太坊2.0，将原始账户余额转移到一个被进一步改进后的网络上。归根结底，正如我们给以太币本身赋予的标语一样，唯一的限制是我们的想象力。

[①] MC2即Memcoin2。Memcoin2是由亚当·麦肯齐（Adam Mackenzie）提出的一种加密货币，它采用一种混合了工作量证明和权益证明的共识机制。这里的MC2算法指的就是这种机制。参考 https://decred.org/research/mackenzie2013.pdf。——译者注

自我执行合约与事实法

在宣传以太坊时，我们使用的很多概念听起来天马行空，难以置信，有时甚至令人恐惧。这里我们指的是"智能合约"，它会自我执行指令，人们没有必要，也没有机会干预或介入它。它可以让人类社会组成类似天网的"去中心化自治组织"并完全生活在云端；它控制的强大财力可以通过去中心化的"基于数学的法律"激励人们在物理世界中真实行事；它以一种乌托邦式的追求来创造某种完全无须信任的社会。对于不知情的用户，尤其是那些连比特币都没有听说过的用户，难以想象以上这些事物如何有可能成为现实，也无法理解这些想法的价值。本文旨在详细剖析这些想法，准确地展示我们所说的每一种想法的含义，并讨论其性质、优点和局限性。

本文首先讨论所谓的"智能合约"。智能合约是一个已经存在了几十年的想法，但直到2005年才被尼克·萨博（Nick Szabo）命名并引起公众的注意。[①] 智能合约的定义实际上很简单：它是一种

---

* 原文载于2014年2月24日的以太坊博客。
① 此处疑有误。尼克·萨博提出智能合约的概念应该是在1994年，见 https://www.fon.hum.uva.nl/rob/Courses/InformationInSpeech/CDROM/Literature/LOTwinterschool2006/szabo.best.vwh.net/smart.contracts.html。——译者注

自我执行的合约。也就是说，常规合约是一张纸（或最近的 PDF 文档），其中的文本会要求法官在特定条件下命令一方向另一方汇款（或其他财产），而智能合约则是一种可以在硬件上运行，并自动执行以上这一切的计算机程序。尼克·萨博以自动售货机为例。

自动售货机是一个经典的现实案例，我们可以认为这种并不起眼的机器其实就是智能合约的鼻祖。在有限金额的潜在损失下（即收费金额低于违反机制的成本），该机器可以接收硬币，并通过一个简单的机制根据显示的价格找零和配发产品，该机制是有限自动设计方面的入门级计算机科学问题。自动售货机相当于一份与交易方签订的合约：任何拥有硬币的人都可以与卖家交易。同时，锁和其他安全机制可以保护存储的硬币和货物，确保它们免受攻击者的影响，这使得自动售货机可以广为部署且有利可图。

智能合约这个概念可以被应用在很多事情上。我们可以制定智能金融合约，根据特定的公式和条件自动调整资金；智能域名销售订单则可以将域名出售给最先出价 200 美元的人；智能保险合同甚至可以控制银行账户，并根据一些可信来源（或来源组合）提供的有关真实事件的数据自动付款。

智能财产

然而，一个显而易见的问题出现了：这些合约将如何执行？就像传统合约一样，除非有法官以法律力量为后盾来支持其执行，否则它们只能停留在纸上，因此智能合约需要"插入"某个系统中才能真正运作。最显然也是最古老的解决方案是通过硬件，这个想法也被称为"智能财产"。尼克·萨博所说的自动售货机是这种方案的典型例子。在自动售货机内，有一种原型智能合约，它包含了一组类似这样的计算机代码：

```
if button_pressed == "Coca Cola" and money_inserted
>= 1.75:
    release("Coca Cola")
    return_change(money_inserted - 1.75)
else if button_pressed == "Aquafina Water" and
money_inserted
>= 1.25:
    release("Aquafina Water")
    return_change(money_inserted - 1.25)
else if …
```

合约有四个"钩子"与外界联系：以按下按钮和嵌入货币变量作为输入，以配发货品和找零命令作为输出。这四者都依赖于硬件，尽管我们只关注最后三个方面，因为人工输入通常被认为是一个微不足道的问题。如果合同从2007年开始在安卓手机上运行，那么它将毫无用处；安卓手机无法知道一个插槽中插入了多少钱，当然也无法发放可口可乐瓶或退还零钱。另一方面，在自动售货机上，合约具有某些"力量"，这些力量得到了机器内存放的可口可乐和机器本身物理安全性的支持，用以防止人们在不遵守合约规则的情况下拿走可口可乐。

另一个更具未来感的智能财产应用是租车。想象一下，在一个世界里，每个人都在智能手机上拥有自己的私钥，并拥有一辆汽车。当你向某个地址支付100美元后，汽车会自动开始在一天内响应由你的私钥签署的命令。同样的原则也适用于房屋。如果这听起来有些牵强，请记住，办公楼基本上已经是智能物业了：出入由门禁卡控制，每张卡可以在哪个门（如果有的话）通行是由链接到后台数据库的一段代码决定的。如果公司的人力资源系统能够自动处理雇佣合约并激活新员工的出入卡，那么雇佣合约在某种程度上就是一种智能合约。

智能货币与虚拟社会

然而，物理财产的功能非常有限。它们的安全性有限，因此即使你花费很多钱，也无法通过智能财产做一些很有趣的事。最终，最有趣的智能合约与转账有关。如何才能真正做到这一点呢？现在，我们基本做不到。理论上，我们可以将银行账户的详细登录信息提供给合约，然后让合约在某些条件下汇款，但问题是这种合约并不是真正的"自我执行"。签订合约的一方总是可以在付款到期之前完全取消合约，或者抽干其银行账户，甚至简单地更改账户密码。最终，无论合约如何集成到系统中，总有人可以使其失效。

我们如何才能解决这个问题？其答案在社会大众看来可能较为激进，但在比特币圈子里已尽人皆知：我们需要一种新的货币。迄今为止，货币的演变经历了三个阶段：商品货币、商品支持货币和法定货币。商品货币很简单，它是有价值的货币，因为它同时也是一种具有"内在"使用价值的商品。金银是完美的例子，在更传统的社会中，我们还有茶、盐（词源注释：这是"薪水"一词的来源）、贝壳等。接下来是商品支持货币，即由银行发行的有价值票证，它们可以被兑换为黄金。最后是法定货币。其中的"法定"（fiat）一词就像"要有光"（fiat lux）一样。[①]上帝说"要有光"，联邦政府就说"要有钱"。法定货币之所以有价值，主要是因为发行它的政府接受它们，将它们作为支付税费的唯一货币，并为它们赋予了一些其他的法律特权。

然而，比特币的出现使我们有了一类新货币：事实货币（factum money）。法定货币和事实货币之间的区别在于：法定货币是由政府（或其他类型的机构）发行并维持的，而事实货币则只是一个资产负债表，其中有一些关于如何更新资产负债表的规则，这种货币对于接受它的那些用户而言是有效的。比特币是第一个例子，类似的例子还有很多。例如，可以有一条替代规则，规定只有来自某笔"创世交易"的比特币才算作资产负债表的一部分。这被称为"染色币"，它也是一种事实货币（除非这些染色币是法定货币或商品支持货币）。

实际上，事实货币的主要优点就在于它能与智能合约完美融合。智能合约的主要问题是执行：合约规定当 X 发生时就向鲍勃发送 200 美元，如果 X 确实发生了，我们如何确保 200 美元确实发送给了鲍勃？事实货币的解决方案非常简单明了：该货币的定

[①] fiat lux 一词是拉丁文，来自《圣经·创世记》，原文意为"上帝说要有光，于是便有了光"。——译者注

义，或者更确切地说是当前资产负债表的定义，是执行所有合约的结果。因此，如果 X 确实发生了，那么每个人都会同意鲍勃获得额外的 200 美元。反之，如果 X 没有发生，那么每个人也会同意他保持之前的财产水平。

这是难以置信的革命性发展。事实上，我们为合约乃至大部分法律创造了一种有效的运作方式，而无须依赖任何形式的执行机制。想要对乱扔垃圾的人罚款 100 美元吗？那就定义一种货币，如果乱扔垃圾就扣除 100 单位货币，并让人们接受这个方案。如果没有下面讨论的一些重要注意事项，这个特殊的例子可能难以实现。但它显示了一般规律，该规律肯定也适用于其他很多领域。

智能合约到底有多智能？

显然，智能合约对于任何类型的金融应用程序都非常有效，或者更一般地说，对于两种不同事实资产之间任何类型的互换都非常有效。一个例子是域名销售。域名，例如 google.com，是一种事实资产，它由服务器上的数据库支持，只有当人们接受它时才是重要的，事实货币显然也是同样的道理。目前，域名销售是一个复杂的过程，通常需要专门的服务；未来，您也许能将销售要约打包成智能合约，并将它放到区块链上，如果有人接受，双方将自动发生交易，而不会存在欺诈的可能性。回到货币的世界，去中心化交易所是另一个例子，此外我们还可以制作对冲和杠杆交易等金融合约。

但在有些地方，智能合约并不那么有效。以雇佣合约的情况为例：A同意为B完成某项任务，以换取x单位货币C的报酬。付款部分很容易实现智能签约。但有一部分并不容易，即验证A是否确实做了工作。如果工作发生在物理世界，这几乎是不可能的，因为区块链没有任何方式访问物理世界。即使工作发生在某个网站上，也仍然会存在质量评估问题。虽然在某些情况下，计算机程序可以使用机器学习算法有效地判断一些特征，但在公共合约中，事实上很难同时既做到这一点，又能避免员工利用系统规则作弊。有时，由算法统治的社会还不够美好。

幸运的是，有一个两全其美的折中解决方案：法官。在寻常的法院里，法官拥有极大的权力做他们想做的事情，但整个裁决过程并没有特别良好的界面。人们需要提起诉讼，等待相当长的审判时间，最终法官根据法律制度做出判决。整个过程本身并不高效。私人仲裁往往比法院更便宜、更快捷，但仍然存在问题。然而，事实世界（factum world）中的法官完全不一样。一份雇佣智能合约可能如下所示：

```
if says(B,"A did the job") or says(J,"A did the job"):
  send(200, A)
else if says(A,"A did not do the job") or says(J,"A did not do the job"):
  send(200, B)
```

says是一种签名验证算法；says(P,T)主要检查是否有人提交了携带文本T的信息和使用P的公钥验证的数字签名。那么这份合约是如何运作的呢？首先，雇主将向合约发送200单位货币，并将这笔资金托管在合约中。在大多数情况下，雇主和雇员都是诚实的，所以A可以退出并通过签署信息说"A没有完成工作"，而将资金返还B；或者A完成了工作，并由B验证其确实完成了工作，然后合约将资金发放给A。如果A完成了工作，但B否认，那么由J来判断A是否完成了工作。

请注意，这里将详细描述J的权力：J的所有权力仅在于判决A是否完成了工作。在更复杂的合约中还可能赋予J在两个极端间做出判决的权力。但J不能判决A应该得到600单位货币；不能判决上述雇佣关系非法，然后自己拿走200单位货币；也不能判决原有定义边界之外的其他任何事务。J的权力由事实，也就是包含J公钥的合约执行，因此资金会根据J的判决自动流向A或B。合约甚至可以要求三分之二的法官给出判决信息，还可以让法官各自判决该工作的不同部分，并让合约基于这些判决自动为B的工作打分。任何合约都可以随心所欲地连接任何法官，用以判断特定事实是否真实、度量某些变量，或者推进某一方的进度。

这会比现有系统好多少？简而言之，智能合约引入了"法官即服务"（judges as a service）机制。① 现在，为了成为"法官"，你

---

① 这里应该是借用了云计算的术语。简而言之，云计算就是IT（信息技术）资源的在线化，根据IT资源在线状况差异，云计算可以分为"基础设施即服务"（Infrastructure as a service，简称IaaS）、"平台即服务"（Platform as a service，简称PaaS），以及"软件即服务"（Software as a service，简称SaaS）等部署形式。显然，这里的"法官即服务"就是与IaaS、PaaS和SaaS做类比，形容所谓的法官并不需要一个常设职位，而可以像IT资源那样在需要时就随时从网络获得。——译者注

只需在私人仲裁公司或政府法院任职，或者自主创业。在一个支持加密的事实法律系统中，做一名法官只需要一把公钥和一台可以访问互联网的计算机。听起来似乎不可思议的是，并非所有法官都需要精通法律。例如，一些法官可以专门确定产品是否正确装运（理想情况下，邮政系统可以做到这一点）。其他法官可以核实雇佣合约的履行情况。另一些法官则会评估保险合约的损害赔偿金。这一切需要合约起草人在合约的各个部分安置合适的法官，而这一环节又可以完全使用计算机代码完成。

一切就是这么简单！

论孤岛

许多人对加密货币领域的当前方向提出的一个批评是，我们正在目睹越来越多的分裂。早些时候，我们或许是一个紧密团结的社区，围绕着发展比特币公共基础设施这个中心共同奋斗，而现在我们渐行渐远，项目之间互不相关，所有人都各行其是。有许多开发人员和研究人员致力于以太坊工作，或者作为志愿者提供创意，他们花费了大量时间与以太坊社区互动。这批人已经联合成一个团体，致力于创建我们共同的愿景。另一个准去中心化的集体是比特股（BitShares），他们也致力于其公司愿景，将其特有的DPoS[①]合作机制、与市场挂钩的资产，以及区块链愿景进行结合，形成一个去中心化自治公司，并以此实现他们的政治目标，即自由市场的自由意志主义（free-market libertarianism），以及契约自由社会。"侧链"[②]背后的公司Blockstream也同样吸引了

---

* 原文发布在2014年12月31日的以太坊博客。
① DPoS表示"委托权益证明"，这是一种限制了谁可以担任验证者的共识机制。
② 侧链是跨链技术的一种实现方式。通俗地讲，侧链就像是一条通路，将不同区块链互相连接在一起，以实现区块链的扩展。在侧链技术的研究方面，Blockstream是较为领先的公司，它致力于研究侧链的扩展机制，以连通比特币区块链与其他区块链。——译者注

其团队成员，设立了他们自己的愿景和议程。此外，Truthcoin、MaidSafe、NXT和许多其他公司也同样如此。

比特币的最高纲领派和侧链的支持者常说的一个观点是：分裂对加密货币的生态系统是有害的；与其各走各路，相互争夺用户，不如在比特币的旗帜下共同合作。正如费边·布莱恩·克雷恩（Fabian Brian Crain）[①]总结的：

> 最近的一起事件进一步激化了讨论，那就是侧链提案的发布。侧链的理念是允许那些不可靠的山寨币创新，同时为其提供与比特币网络相同的货币基础、流动性和挖矿能力。
>
> 对支持者来说，这一努力至关重要，它把加密货币生态系统整合进侧链这一非常成功的项目中，并在现有基础设施和生态系统的基础上进行建设，而不是在数百个不同的方向分散精力。

即使对那些不同意比特币最高纲领主义的人来说，这似乎也是一个相当合理的观点，即使加密货币社区不会全部团结在"比特币"的旗帜下，我们也可以说，需要以某种方式团结一致，努力构建一个更加统一的生态系统。如果比特币还不够强大，还无法成为生活、加密世界和一切事物的可行支柱，那为什么不构建

[①] 费边·布莱恩·克雷恩是区块链播客Epicenter的创始人和联合主持人，也是Chorus One网络的创始人和CEO。——译者注

一个更好、更具扩展性的去中心化计算机来取代它，并以此为基础构建一切呢？如果你被"以一物御万物"的理念吸引，或者是比特股、Blockstream的成员，抑或是常常狂热信奉其独特解决方案（无论是合并挖矿、DPoS加上BitAssets还是其他任何方案）的其他"孤岛"，超级立方体[①]似乎就强大到足以统领一切。

所以，为什么不呢？如果真的有一个最好的共识机制，为什么我们不对各个项目进行大规模合并，拿出最好的去中心化计算机，以此作为加密经济的基础，并在一个统一的系统下共同前进？在某些方面，这似乎是高尚的；"碎片化"注定有不受欢迎的特性，人们自然而然地将"协同工作"视为一件好事。不过，虽然更多的合作肯定是有用的，但这篇博文将告诉大家对极端整合或赢家通吃的渴望在很大程度上也是完全错误的——事实上，碎片化不仅没有那么糟糕，而且也是不可避免的，它是让这个领域得以保持持续繁荣的唯一途径。

允许不同意见

为什么分裂一直在发生？为什么我们应该让它继续发生？无论是第一个问题，还是第二个问题，答案都很简单：分裂是因为我们

[①] "超级立方体"（Hypercubes）是网络拓扑结构的一种，它可以被视为立方体在多维空间的类比。布特林建议用这种结构来代替现有的区块链结构，从而让以太坊获得更高的可扩展性。参考 https://blog.ethereum.org/en/2014/10/21/scalability-part-2-hypercubes。——译者注

缺乏共识。特别是，考虑到下面的一些主张，这些主张我都相信，但在许多情况下，这些主张与很多其他人和其他项目的理念相左：

● 我不认为弱主观性[①]是什么大问题。但是，对协议外社会共识的过高主观性和内在依赖仍然让我感到不适。

● 我认为比特币每年在工作量证明上浪费价值6亿美元的电力是一场彻底的环境和经济悲剧。

● 我认为ASIC[②]是一个严重的问题，因此，在过去两年中比特币在质量上变得不那么安全。

● 我认为比特币（或任何其他供给量固定的货币）波动性太大，不可能成为稳定的记账单位，我认为实现加密货币价格稳定的最佳途径是尝试智能设计的灵活货币政策（也就是说，既不依赖"市场"，也不依赖"比特币中央银行"）。但是，我对将加密货币的货币政策置于任何形式的中心化控制下都不感兴趣。

● 我的反建制/自由主义/无政府主义心态比一些人要强烈得多，但比另一些人要少得多（顺便说一句，我不是奥地利学派经济学家）。总的来说，我相信任何事物都有两面性，我坚信通过外交和合作能让世界变得更美好。

● 无论是在加密经济或任何其他领域，我都不赞成让一种货

---

① 弱主观性是布特林提出的一个概念，它用于处理网络节点在权益证明系统中需要知道的内容。
② ASIC指的是专用集成电路。在区块链背景下，它指的是专门为在工作量证明系统中高效"挖矿"而设计的计算机。加密采矿中心可能是堆满这些机器的仓库，这些机器的设计和建造完全是为了捣鼓那些确认区块所需的无用数学。

币一统天下。

- 我认为通证销售是去中心化协议实现货币化的绝佳工具，而攻击这一概念的人则威胁要拿走某种美好的事物，这是在危害社会。但我也确实承认，到目前为止，由我们或其他团体推行的模式都有其缺陷，我们应该积极尝试不同模式，以更好地协调激励措施。

- 我认为Futarchy[1]有足够的前景值得尝试，特别是在区块链治理的背景之下。

- 我认为经济学和博弈论是加密经济协议分析的关键部分，并认为加密货币社区的主要学术缺陷其实不是对高级计算机科学的无知，而是对经济学和哲学的无知。我们应该多去 https://lesswrong.com/[2] 网站看看。

- 我认为人们在实践中采用去中心化技术［如区块链、Whisper[3]、DHT（分布式哈希表）］的主要原因之一是软件开发人员懒惰，不想处理那些维护中心化网站的复杂事务。

- 我认为区块链作为去中心化自治公司的象征是有用的，但其作用是有限的。特别是，我认为，作为加密货币开发商，我们应该利用这个短暂的时期。在此期间，加密货币仍然是一个被理想主义者控制的行业，其目的是设计出一个能够最大化社会福利指标而非

---

[1] Futarchy是一种治理模式，在这种模式下，选民选择特定的社会目标，投资者可以在预测市场中将赌注押在他们认为最有可能实现这些目标的政策上。
[2] 一个由人工智能研究者埃利泽·尤德科夫斯基（Eliezer Yudkowsky）创建的理性主义者在线社区博客。
[3] Whisper是一种去中心化的通信协议。——译者注

论孤岛

利润的机构（社会福利最大化和利润最大化两者的确并不等价）。

可能很少有人在上述每一项上都同意我的观点，但这不是我自己独有的观点。不妨看另一个例子，Open Transactions 的首席技术官克里斯·奥多姆（Chris Odom）这样说：

> 现在需要的是用密码证明系统来取代可信的实体。你在比特币社区中看到的任何你必须信任的实体都将消失，它将不复存在……中本聪的梦想是彻底消除"可信"实体，要么完全消除这种风险，要么以某种方式分散风险，以达到事实上消除它的目的。

与此同时，有些人觉得有必要指出：

> 换句话说，商业上可行的降低信任要求的网络并不需要保护世界免受平台运营商的影响。为了平台用户的利益，它们需要保护平台运营商不受世界的影响。

当然，如果你认为加密货币的主要好处是规避监管，那么第二段引文也就讲得通了，这是另一条道路，完全不同于加密货币创始人预想的道路，这也再次说明人们的想法有多么不同。一些人认为加密货币是一场资本主义革命，另一些人认为它是一场平等主义革命，还有一些人将它视为介于两者之间的事物。一些人认为，人类共识是一个非常脆弱和易腐化的东西，而加密货币则是一座可以用坚实的数学来替代人类共识的灯塔；另一些人认为，加密货币共识只是人类共识的延伸，技术使它变得更加高效。一些人认为，实现加密资产与美元平价的最佳方式是双币金融衍生品计划；另一些人则认为，更简单的方法是用区块链来代表现实资产的所有权（还有一些人认为比特币终将比美元更稳定）。一些人认为，实现可扩展性的最好办法是纵向扩展；另一些人则认为，更好的选择是横向扩展。

当然，其中许多问题本质上都是政治性的，其中一些涉及公共品问题；在这些情况下，待人如待己并不总是一个可行的解决方案。如果一个特定的平台产生了负外部效应，或者有可能将社会推入次优均衡，那么你不能仅仅通过使用平台来"选择退出"。在那些情况下，某些由网络效应驱动的，甚至在极端情况下，由51%攻击驱动的谴责可能是必要的。① 在某些情况下，分歧是关于私人品的，并且主要只是经验信念的问题。如果我认为谢林币（SchellingDollar）② 是价格稳定的最佳方案，而其他人更喜欢铸币

---

① 51%攻击是可怕的事件，在这类攻击中，矿工获得了对区块链网络的多数控制权，并有能力伪造交易。
② 谢林币博弈是布特林根据诺贝尔经济学奖得主托马斯·谢林的思想提出的一种确认信息可靠性的博弈。假设对于某一个信息，不同用户之间存在着分歧。比如，关于某一时刻比特币对美元的比价，有 A、B、C、D 四种数字。那么，为了鉴定数据的可靠性，可以要求所有用户都对这几个选项进行投票，得票最多的选项会被认定为正确的选项，选择了正确选项的用户可能获得奖励。从理论上讲，这个博弈中会存在多个均衡，例如，如果大部分人都故意选择某个错误的答案，则错误的答案最终会胜出。但是，布特林认为，在更多情况下，人们都会相信其对手将更愿意选择正确的选项。这样一来，正确的信息就更容易成为谢林所说的"焦点均衡"并最终胜出。——译者注

税份额（Seigniorage Shares）或 NuBits[①]，那么几年或几十年后，一种模式将被证明更有效，并取代其竞争对手，这就是未来将会发生的事情。

然而，在另一些情况下，这些分歧将以不同的方式解决：结果是，某些系统的属性将更适合某些应用程序，而另一些系统更匹配其他应用程序，一切系统和程序都将自然地找到最适合其运作的场景。正如某些评论员指出的，如果将去中心化共识的应用程序放到主流的金融世界中，银行可能不愿意接受由匿名节点管理的网络；在这种情况下，像瑞波币这样的东西会更有用。但对于"丝绸之路"4.0来说，相反的做法则是唯一的出路；而对介于两者之间的一切来说，则是成本收益分析问题。如果用户需要专用于高效执行特定功能的网络，那么这种网络将为此而存在；如果用户希望有一个链上应用程序之间具有高网络效应的通用网络，那么它也将存在。正如大卫·约翰斯顿（David Johnston）指出的，区块链就像编程语言：每一种语言都有自己的特性，很少有开发人员会完全坚持其中的一种，我们会将每一种语言应用于最适合它的具体场景。

合作空间

然而，正如前面提到的，这并不意味着我们应该埋头走自己的路而罔顾他人的观点，或者更糟糕的是主动地相互破坏。即使

[①] NuBits 是一种加密稳定币，一单位 NuBits 的价值被设定为1美元。——译者注

所有项目都必然专门朝向不同的目标，我们仍有大量机会减少重复工作、加强彼此合作。在很多层面上，情况都是如此。首先，让我们看看加密货币生态系统的模型，或者，也可能是1~5年后的愿景：

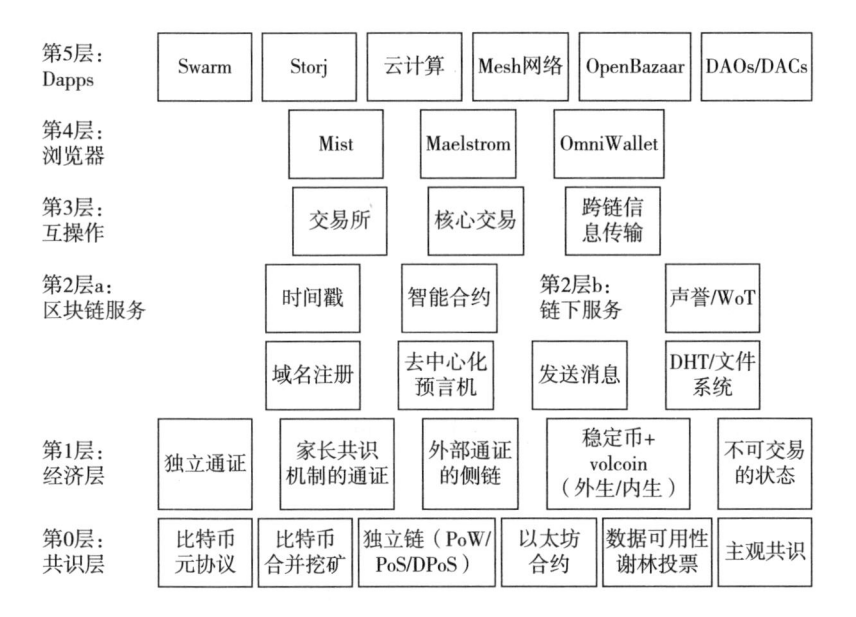

第5层：Dapps	Swarm	Storj	云计算	Mesh网络	OpenBazaar	DAOs/DACs
第4层：浏览器		Mist		Maelstrom	OmniWallet	
第3层：互操作			交易所	核心交易	跨链信息传输	
第2层a：区块链服务		时间戳	智能合约	第2层b：链下服务	声誉/WoT	
		域名注册	去中心化预言机	发送消息	DHT/文件系统	
第1层：经济层	独立通证	家长共识机制的通证	外部通证的侧链	稳定币+volcoin（外生/内生）	不可交易的状态	
第0层：共识层	比特币元协议	比特币合并挖矿	独立链（PoW/PoS/DPoS）	以太坊合约	数据可用性谢林投票	主观共识

在几乎每一个层面上，以太坊都有其独特之处。

- 共识：以太坊区块链，关于数据可用性的谢林投票（可能会在以太坊2.0出现）。
- 经济：以太币，一种独立的通证，以及对稳定币提案的研究。
- 区块链服务：域名注册。
- 链下服务：Whisper（通信）、可信网络（建设中）。
- 互操作：比特币和以太坊之间的互通桥（建设中）。

- 浏览器：Mist。

现在，不妨看看其他一些试图构建某种整体生态系统的项目。

比特股至少有：

- 共识：DPoS。
- 经济：BTSX 和 BitAssets。
- 区块链服务：比特股去中心化交易所。
- 浏览器：比特股客户端（虽然不是传统意义上的浏览器）。

MaidSafe 有：

- 共识：SAFE 网络。
- 经济：Safecoin。
- 链下服务：分布式哈希表、MaidSafe 驱动。

BitTorrent[①] 已经宣布了它们的 Maelstrom 计划，该项目旨在提供类似 Mist 的功能，尽管它们展示的是自己的（而不是基于区块链的）技术。加密货币项目通常都会构建一条区块链、一种加密货币和一个自己的客户端，尽管对于创新性较差的案例来说，直接分叉（fork）[②] 出一个客户端也是很常见的。域名登记和身份管理系统现在到处都是。当然，几乎每个项目都意识到了它们需要某种声誉和可信网络。

现在，让我们描绘另一个世界的蓝图。与其拥有一个完全不相连的垂直整合的生态系统集合，每个生态系统都为所有事

---

① BitTorrent 是用于对等网络中文件分享的网络协议程序。由于用户在下载文件后，会继续将文件上传来分享，因此下载文件的人越多，下载速度就越快。——译者注
② 详见附后"术语表"。

物构建自己的组件，不如想象一个可以用Mist访问以太坊、比特股、MaidSafe或任何其他主要去中心化基础设施网络的世界。新的中心化网络很容易被安装进来，就像Chrome和Firefox中的Flash和Java插件一样。假设以太坊可信网络中的声誉数据也可以在其他项目中重用。设想一下将Storj[①]作为在Maelstrom内部的一个Dapp[②]运行，使用MaidSafe作为文件存储后端，并使用以太坊区块链维护有偿存储和下载的合约。想象一下，身份信息可以自动地转移到任何加密网络，只要它们使用的都是相同的底层加密算法（如ECDSA+SHA3）就可以。

这里的关键之处在于：尽管生态系统中的某些层是密不可分的，例如，单个Dapp通常对应以太坊区块链上的某种特定服务，但在许多情况下，这些层可以很容易地被设计得更为模块化，从而允许每个层上的每个产品都能单独地展开竞争。浏览器可能是可分离性最强的组件；大多数合理的整合级别较低的区块链服务集合对于什么样的应用程序可以运行于其上的要求是类似的，因此每个浏览器支持每个平台就是有意义的。链下服务也是一个抽象的目标；任何去中心化应用程序，无论它使用什么区块链技术，都应该可以

[①] Storj致力于成为免审查、免监控且不会停机的云存储平台。Storj平台通过加密和一系列去中心化的应用程序，允许用户以安全和去中心化的方式存储数据。它使用块交易功能，如交易分类账、公共/私人密钥加密和加密散列函数以实现安全性。参见 https://zhuanlan.zhihu.com/p/437296838。——译者注

[②] 术语"Dapp"是去中心化应用程序的意思，指的是在区块链上，而不是在某人的服务器上运行的软件。这里提到的项目是构建此类软件的早期努力。

自由使用Whisper、Swarm、IPFS[①]或其他任何开发人员开发的服务。链上服务，如数据提供，理论上也可以实现对多链的交互。

此外，在基础研究和开发方面也有很多合作机会。关于工作量证明、权益证明、稳定的货币系统和可扩展性，以及对加密经济学的其他难题的讨论也应该更加开放，从而使各个项目能够从彼此的发展中受益，并更加了解彼此的开发进程。与网络层、加密算法的执行，以及其他低级组件相关的基本算法和最佳实践都可以共享，而且应该共享。

我们应该开发互操作型技术，以促进基于不同平台的服务与去中心化实体之间的简单互换和交互功能。加密货币研究小组是我们计划支持的一项倡议，希望它能够独立发展壮大，从而助益促进合作这个目标。其他正式和非正式机构无疑也支持了这一进程。

希望在未来，我们将看到更多项目以更模块化的方式存在，它们仅存在于加密货币生态系统的一层或两层上，并提供一个通用接口，允许任何其他层上的任何机制与之协同工作。如果加密货币的发展空间足够远大，那么Chrome和Firefox最终也会做出调整，让自己能够适应去中心化的应用程序协议。通往这样一个生

[①] IPFS（Inter Planetary File System，星际文件系统）是一个旨在创建持久且分布式存储和共享文件的网络传输协议。它是一种内容可寻址的对等超媒体分发协议。在IPFS网络中的节点将构成一个分布式文件系统。它是一个开放源代码项目，自2014年开始由Protocol Labs在开源社区的帮助下发展。其最初由胡安·贝内特（Juan Benet）设计。参见https://baike.baidu.com/item/%E6%98%9F%E9%99%85%E6%96%87%E4%BB%B6%E7%B3%BB%E7%BB%9F/22695381?fromtitle=IPFS&fromid=50697393&fr=aladdin。——译者注

态系统的旅程并不需要匆忙完成。当前，我们对人们将首先使用何种区块链驱动的服务几乎一无所知，这使我们很难确定什么样的互操作性是真正有用的。但事情已缓慢而坚定地朝这个方向迈出了最初的几步；Eris的Decerver[①]是该公司开发的去中心化世界的"浏览器"，它支持访问比特币、以太坊、该公司的Thelonious区块链，以及IPFS内容托管网络。

目前，加密2.0领域的很多项目都有巨大的发展空间，因此在这一点上拥有赢家通吃的心态是完全不必要并且有害的。为了踏上一条更好的道路，我们现在需要做的就是接受这样的假设，即我们都在构建自己的平台，根据自己的偏好和参数进行调整，最终很多网络都会取得成功，我们必须接受这一现实。所以，不妨从现在就开始准备吧。

新年快乐，期待着激动人心的2015年，即中本聪纪元的007年。

[①] 即区块链基础设施供应商Eris Industries，Decerver是一个搭建去中心化应用的框架。——译者注

超理性与DAO

在加密2.0领域，许多人都对去中心化自治组织（Decentralized Autonomous Organization，即DAO）[①]的概念有一个共同的疑问：DAO到底有什么用？相比于更为传统的路线，将一个组织的管理和运营都用硬编码写定在公链上到底能为这个组织带来哪些根本优势？与普通的股东协议相比，区块链合约有哪些优势？特别是，即使DAO可以提出有利于透明治理和保证不作恶的公益依据，一个组织又有什么激励开放其最核心的源代码，使其竞争对手可以看到它采取的每一个行动，甚至其闭门策划的内容，从而自愿削

---

* 原文发表在2015年1月23日的以太坊博客上。
① 关于去中心化自治组织（DAO）的定义，布特林在《DAO、DAC、DA及其他：不完整的术语指南》（DAOs, DACs, DAs and More: An Incomplete Terminology Guide）一文中曾经做过十分详细的讨论。他引入了三个维度：是否有内部资本、处于中心位置的是人还是自动化的程序、处于边缘位置的是人还是自动化的程序。在他看来，一个DAO应当有自己的内部资本，处于中心位置的是自动化的程序，而人则根据程序的协调进行交互和协作；如果一个组织没有自己的内部资本，但处于中心位置的是自动化的程序，且人是根据程序的协调进行交互和协作的，那么这个组织只能称为去中心化公司（Decentralized Autonomous Corporation，简称DAC）。参考https://blog.ethereum.org/2014/05/06/daos-dacs-das-and-more-an-incomplete-terminology-guide。——译者注

弱自身？

这个问题可以从很多角度来回答。对于已经明确致力于慈善事业的非营利组织这种特殊情况，我们确实可以说，它们缺乏个人激励；它们已经在致力于改善世界，而自己只有很少或根本没有金钱收益。对于私营公司，人们可以从信息论的角度给出论证：在其他条件相同的情况下，如果每个人都可以参与，并将自己的信息和智能引入计算，那么治理算法将会更好地发挥作用。这是一个合理的假设，因为根据从机器学习中得出的已有结论，在不调整算法的情况下，数据量的增加可以带来显著的性能提升。然而，在本文中，我们将采取一种更具体的不同论证思路。

什么是超理性？

在博弈论和经济学中，有一个广为人知的结论：在很多时候，一组个人有机会以两种方式中的一种行事，要么"合作"，要么"背叛"。因此，如果每个人都合作，那么所有人的境况都会改善；但不管别人做了什么，背叛对每个人而言总是更有利的。结果，事情会这样发展：每个人最终都选择背叛，人们的个人理性会导致最糟糕的集体后果。关于以上情况的最著名例子是"囚徒困境"

博弈。①

考虑到很多读者可能已经对囚徒困境有所了解，为了增加趣味性，我选择用一个更为疯狂的版本对此加以阐述，这个版本来自埃利泽·尤德科夫斯基：

> 假设40亿人（这并不代表全人类，只是其中很大的一部分）目前正在面临一种致命疾病的困扰，这种疾病只能通过S物质治愈。但S物质只能通过与一个来自另一维度的奇怪AI（人工智能）合作生产，这个AI的唯一目标是最大限度地增加回形针的数量，而S物质也可以用于回形针的生产。这台追求回形针数量最大化的机器只关心它所在世界的回形针数量，而不关心我们所在世界的回形针数量，所以我们不能帮忙生产或威胁销毁回形针。我们以前从未与追求回形针数量最大化的机器交互过，以后也不会再与它交互。在维度联系崩溃之前，人类和追求回形针数量最大化的机器都有一次机会，为自己获取

---

① "囚徒困境"是博弈论中的一个经典模型，经典的囚徒困境如下：警方逮捕甲、乙两名犯罪嫌疑人，但没有足够证据指控二人入罪。于是警方分开囚禁犯罪嫌疑人，分别和二人见面，并向双方提供以下相同的选择：若一人认罪并做证指控对方，而对方保持沉默，此人将即时获释，沉默者将被判监10年；若二人都保持沉默，则二人同样被判监1年；若二人都互相检举，则二人同样被判监8年。容易看到，在这个博弈中，如果两名囚犯都保持沉默，其总刑期就最短，只有2年。不过，当两人被隔离审讯后，他们会发现无论另一名囚犯如何行动，选择检举对方都会是自己的"占优策略"。因此，最终的博弈结果就是两人相互检举，并各获刑8年。在这种情况下，总刑期是最长的，达到了16年。在博弈论中，"囚徒困境"经常被用来说明个人理性与集体利益之间的矛盾。——译者注

更多的S物质；但病情发作过程会破坏一部分S物质。

这个博弈的回报矩阵如下：

	人类合作	人类背叛
AI合作	拯救20亿生命，获得2枚回形针	拯救30亿生命，获得0枚回形针
AI背叛	无人生还，获得3枚回形针	拯救10亿生命，获得1枚回形针

从我们的角度看，根据实际的并且在这种情况下也是道德的考量，我们选择背叛显然是合理的，另一个宇宙中的回形针不可能值10亿人的生命。从AI的角度看，背叛总能让它获得1枚额外的回形针，而它的代码赋予人类生命的价值为零；因此，它也会选择背叛。显然，这对双方造成的结果比人类和AI合作的结果更糟糕。但是，如果AI合作，我们可以通过背叛来挽救更多生命；而如果我们合作，AI也会面临一样的情况。

在现实世界中，许多小规模的双边囚徒困境都通过贸易机制以及执行合约与法律的法律体系得到了解决；在这种情况下，如果存在一个对两个宇宙都拥有绝对权力，但只关心缔约者是否遵守先前协议的"神"，那么人类和AI就可以签署一份合作合约，并要求"神"阻止双方背叛。如果事先不能签订合约，法律就会惩罚单方面的背叛行为。但是，还有许多情况，尤其是博弈的参与人很多时，背叛行为仍然会发生：

- 爱丽丝正在市场上销售柠檬，但她知道目前柠檬的质量很差，一旦客户尝试使用，他们会立即将其扔掉。她应该卖掉这些柠檬吗？（请注意，这是一个有很多卖家的市场，你无法真正了解卖家的声誉。）爱丽丝的预期收益为：每个柠檬5美元的收入−1美元的运输/存储成本=4美元。社会的预期成本：5美元的收益−1美元成本−5美元的客户浪费资金=−1美元。因此，爱丽丝会选择卖掉柠檬。

- 鲍勃是否应该向比特币开发捐赠1 000美元？社会预期收益：10美元×100 000人−1 000美元=999 000美元。鲍勃预期收益：10美元−1 000美元=−990美元，因此鲍勃不捐款。

- 查理捡到了别人的钱包，里面有500美元。他应该物归原主吗？社会预期收益：500美元（对失主而言）−500美元（查理的损失）+50美元（每个人都可以少担心钱包的安全，从而为社会带来无形收益）。查理的预期收益：−500美元，所以他会选择保留钱包。

- 大卫是否应该通过向河流中倾倒有毒废物来降低工厂成本？社会预期收益：1 000美元的成本节省−平均每人10美元的医疗费用增加×100 000人=−999 000美元。大卫预期收益：1 000美元−10美元=990美元，所以大卫会污染环境。

- 夏娃开发了一种治疗癌症的方法，每单位成本为500美元。她可以卖1 000美元，让50 000名癌症患者买得起，或者卖10 000美元，让25 000名癌症患者买得起。她应该以更高的价格出售吗？社会预期收益：损失25 000个人的生命（包括夏娃的利润，这抵消了较富有买家的损失）。夏娃的预期收益：2.375亿美元利润−2 500万美元=2.125亿美元，因此夏娃会卖更高的价格。

当然，在很多类似的情况下，人们有时会遵从道德并选择合作，尽管这会降低他们的个人收益。但他们为什么要这样做？我们是进化的产物，而进化是一个相当自私的优化器。关于这个问题有很多解释，我们将关注其中之一，它涉及超理性的概念。

超理性[1]

让我们看看大卫·弗里德曼（David Friedman）[2]关于美德的如下解释：

> 我从两个关于人类的观察开始。首先，他们的大脑内外

---

[1] "超理性"（Superrationality）的概念出自著名认知科学家侯世达（Douglas Hofstadter）的著作《文字游戏》（Metamagical Themas）。侯世达认为，当一个超理性玩家和另一个超理性玩家博弈时，他总会采取与对手相同的策略。显然，在一个囚徒困境博弈中，如果两个玩家都是超理性的，就可以避免困境的出现。因为如果两个超理性玩家都认定对方会选择合作策略，那么自己也会选择合作，这样就可以达到"双赢"的结果。侯世达本人并没有从博弈论的角度讨论超理性，因而一些博弈论学者也质疑超理性的有效性。不过，演化博弈论的结论可以为超理性提供一定的理论支持。行为分析及博弈论专家罗伯特·阿克塞尔罗德（Robert Axelrod）曾经做过一个实验，表明在重复囚徒困境博弈中，"以牙还牙"（tit-for-tat）策略将会是演化稳定均衡的，并可以取得比在每一期博弈中都采取"理性"策略更好的结果。如果所有玩家都在长期中采用"以牙还牙"策略，那么从表现上看，就会出现类似超理性的状况，囚徒困境也能因此破解。——译者注

[2] 大卫·弗里德曼是诺贝尔经济学奖得主米尔顿·弗里德曼（Milton Friedman）之子，其本人是著名的经济学家和自由意志主义思想家，著有《价格理论》《经济学与法律的对话》等。以下引文出自其文章《美德的实证解释》（A Positive Explanation of Virtue），https://www.daviddfriedman.com/Libertarian/Virtue1.html。——译者注

发生的事情之间有着实质性的联系。面部表情、身体姿势和其他各种迹象至少能让我们对朋友的想法和情绪有所了解。其次，我们的智力有限，无法在有限的时间里做出决定、考虑所有选择。用计算机术语来说，我们是实时运行但计算能力有限的机器。假设我希望人们相信我具有诚实、善良、乐于助人等特质。如果我真的有这些特质，那么表现出它们是很容易的，我只需要做和说一些看起来很自然的事情，而无须关注我在外部观察者眼中的样子。他们会观察我的言行和面部表情，并得出相当准确的结论。然而，假如我没有这些特质。例如，我并不诚实，但我通常会诚实行事，那只是因为诚实行事符合我的利益，如果不诚实是有利可图的，那我会很愿意破例。现在，在很多实际决策中，我必须进行双重计算。首先，我必须决定如何行动，比如，考虑这是不是一个行窃而不会被抓住的好机会。其次，我必须决定我将如何思考和行动，我脸上会出现什么表情，如果我真的是我假装的那个人，我会感到高兴还是悲伤。如果你需要一台计算机做两倍的计算，它就会减慢速度。人类也是如此。我们大多数人都不是很好的说谎者。如果这个论点是正确的，那就意味着，如果我真的诚实（和善良……），就狭义的物质条件而言，我的收入可能比我只是假装的收入更高，因为真正的美德比假装的美德更令人信服。因此，如果我是一个狭隘自私的人，就可能会出于纯粹自私的原因，想让自己成为一个更好的人，以其他人认可的方式变得更有道德。论证的最后一步是认识到我们可以变得更好，靠自己、靠父母，甚至靠基因。人们可以而且确实试图培养自己养成良好的习惯，包括自动说出真相、不偷窃和善待朋友等。经过足够的训练，这样的习惯变成了品味，即使没有人发现，做"坏"事也会让人感到不舒服，这使我们不会做坏事。过了一段时间，人们甚至不需要专门去做这种决定。你可以把这个过程描述为良心的生成。

从本质上讲，如果你在可以摒弃贪念的时候贪婪，那就很难在认知上令人信服地假装善良，因此对你而言真正的善良将更有意义。许多古代哲学都遵循类似的推理，将美德视为一种养成的习惯；大卫·弗里德曼只是按照经济学家的惯例为我们服务，并将直觉转化为更容易分析的形式主义。现在，让我们进一步精简这种形式主义。简而言之，这里的关键点是，人类都是有漏洞的代理人，在每一秒行动中都会间接地暴露部分源代码。如果我们真的打算做好人，就会一以贯之；如果我们只是假装好人，而实际上打算在朋友最脆弱的时候落井下石，那我们的行为就会有所不同，而其他人通常也会注意到。

这似乎是一个缺点，但它使上述简单博弈中参与者们不可能的合作成为可能。假设两个参与者 A 和 B，都有能力以一定的准确度识别对方是否"讲道德"，他们之间将进行对称的囚徒困境博弈。在这种情况下，博弈参与者可以采取以下策略，我们认为这是一种良性策略：

1.尝试确定对方是否讲道德。

2.如果对方是讲道德的,那就合作。

3.如果对方是不讲道德的,那就背叛。

如果两个讲道德的主体相互接触,双方都会选择合作,并获得更大的回报。如果一个讲道德的主体与一个不讲道德的主体接触,讲道德的主体也会背叛。因此,在所有情况下,讲道德的主体至少和不讲道德的主体得到一样好的结果,而且往往更好。这就是超理性的本质。

虽然这一策略看起来有些不自然,但人类文化中有一些根深蒂固的机制可用于执行该策略,尤其是与那些竭力让自己"更不可读"的不可信主体有关的机制。比如俗话说,你永远不应该信任不喝酒的人。[①] 当然,有一类人能够以假乱真地假装友好,但实际上打算随时背信弃义,这些人被称为反社会者,在由人类执行的系统中,他们可能是主要的缺陷。

中心化人力组织

在过去的一万年里,这种超理性合作可以说是人类合作的重要基石,即使在简单的市场激励可能会导致背叛的情况下,人们也可以彼此诚实。然而,大型现代中心化组织的诞生带来了一个

---

① 这其实是信号博弈的一个例子。所谓"酒后吐真言",如果一个人敢于喝酒,那就更可能表明他不怕在醉酒的状态下透露某些真实信息,这就从侧面说明了其坦荡。——译者注

不幸的副产品：这些组织使人们可以隐藏自己的所思所想，有效地欺骗他人，从而使超理性合作更加困难。

现代文明中的大多数人从第三世界国家的廉价商品中受益匪浅，与此同时，他们也间接资助了制造这些商品的人将有毒废物倾倒到河里。然而，我们甚至没有意识到我们间接参与了这种悖德之行；众多的公司替我们干了这些脏活。市场如此强大，它甚至可以拿我们的道德套利，将最肮脏、最令人讨厌的任务交给那些愿意不惜埋没良心并对外隐瞒的人。公司本身也完全能够让营销部门塑造出友善的公共形象，而让另一个完全不同的部门用甜言蜜语哄骗潜在客户。这第二个部门甚至可能不知道产品生产部门更不道德、更口蜜腹剑。

互联网经常被誉为此类组织和政治问题的解决方案，事实上，它在减少信息不对称和提供透明度方面做得很好。然而，随着超理性合作的可行性降低，互联网有时也会让事情变得更糟。在网上，即使普通人也能更少地"暴露"自己，因此，在行骗的同时伪装善良就变得更容易。这就是网上欺诈和加密货币领域的欺诈要比线下更常见的部分原因，或许这也是反对将所有经济互动转移到互联网上的主要论据之一。（另一个论据是无政府主义的加密消除了施加无限大惩罚的可能，因而也会削弱许多经济机制的力量。）

可以说，更高的透明度提供了一种解决方案。个人的信息泄露程度不高，现行中心化组织的信息泄露则更少，但那些将信息不断地随机向世界各地发布的组织则会比个人更容易泄露信息。

想象一下，当你开始谋划如何欺骗你的朋友、商业伙伴或配偶时，你的海马体左侧有1%的概率背叛你，并将你的全部想法发送给你的目标受害者，以此换取7 500美元的奖励。信息泄露组织的管理委员会给人们的就是这种"感觉"。

这实际上重申了维基解密背后的初心，最近又有一种激励性的维基解密式替代方案问世，即slur.io，它取得了更进一步的突破。但维基解密依然存在，那些阴暗的中心化组织也仍然存在，在许多情况下，它们仍然相当阴暗。也许激励机制再加上能让人们通过公开雇主的不当行为而获利的类预测机制（prediction-like mechanisms），这将大大提高透明度。与此同时，我们也可以采取不同的路径：为组织提供一种方式，使它们自愿且彻底地将其透明性和超理性提高到前所未有的程度。

DAO

作为一个概念，DAO的独特之处在于其治理算法不仅是暴露的，而且实际上是完全公开的。也就是说，即便是透明的中心化组织，外部人员也只能了解组织的大致情况；而DAO的外部人员则可以看到组织的整个源代码。现在，他们看不到DAO背后的人类的"源代码"，但有一些方法可以编写DAO的源代码，这样无论参与者是谁，DAO都会恪守特定的目标。以最大化人类平均寿命为目标的Futarchy与以最大限度生产回形针为目标的Futarchy在行为上将大相径庭，即使运作它们的人是完全一样的。因此，现在不仅是组织的欺骗行为将暴露无遗，而且组织的"头脑"甚至不可能会有欺骗的想法。

那么，使用DAO的超理性合作是什么样的呢？首先，我们可以看一看已经实际出现的一些DAO。有一些例子距离成功还很远，因而我们并不能奢望其成功，例如赌博、稳定币、去中心化文件存储、每人一个ID的数据提供、谢林币等。不过，我们可以将这些DAO称为I类DAO：它们有某种内部状态（internal state），但其治理很少是自治性质的。它们除了通过PID控制器、模拟退火算法或其他简单优化算法调整自己的一些参数以最大化某些效用指标，什么也做不了。因此，它们只是弱意义上的超理性，而且相当有限和愚蠢，其升级也通常依赖于根本不是超理性的外部过程。

为了更进一步，我们需要Ⅱ类DAO，它们拥有能够在理论上做出任意决策的治理算法。我们现在只知道Futarchy、各种形式的民主和各种形式的主观协议外治理（extra-protocol governance，也就是说，在出现重大分歧的情况下，DAO将自己克隆为多个部分，每个部分对应一项提议的政策，每个人都选择与其中一个版本交互），尽管其他基本方法和这些方法的巧妙组合可能会继续出现。一旦DAO能够做出任意决定，那么它们不仅能够与人类客户进行超理性的交易，而且DAO之间也可以进行交易。

超理性合作可以解决哪些传统合作不能解决的市场失灵问题？不幸的是，公共品问题可能超出了这一范围；这里描述的机制都无法解决大范围的多方激励问题。在超理性合作这个模式中，组织使自己去中心化或暴露的原因在于，这样做了以后，其他人

超理性与DAO

会更加信任它们，而没有做到这一点的组织将被排除在这个"信任圈"的经济利益之外。至于公共品问题，其核心是没有办法排除任何人从中受益，因此去中心化策略就失败了。然而，任何与信息不对称有关的事情都完全属于超理性合作的范围，而且这个范围确实很大；随着社会变得越来越复杂，欺骗在许多方面会变得越来越容易，也越来越难以监管甚至理解；现代金融体系就是一个例子。如果有任何承诺的话，也许DAO的真正承诺就是帮助解决这一问题。

区块链技术的价值

　　我本人的区块链技术研究面临的一个核心问题也许是，区块链最终能发挥什么作用？为什么我们需要区块链？什么样的服务应该在类似区块链的架构上运行，以及为什么服务应该在区块链上运行，而不仅仅是依靠普通的传统服务器？区块链到底提供了多少价值？它们究竟是必不可少的，还是锦上添花？或许最重要的是，它的"杀手级应用"将是什么？

　　在过去的几个月里，我花了很多时间思考这个问题，并与加密货币开发商、风险投资公司，特别是区块链领域之外的人，包括民权活动家、金融和支付行业的从业者以及其他很多人讨论了这个问题。在此过程中，我得出了一些重要且有意义的结论。

　　首先，区块链技术将不会有"杀手级应用"。原因很简单：低垂的果实理论。如果在某个领域，区块链技术比大部分现代社会基础设施的表现都要优越，人们就会大声谈论它。这听起来似乎是一个老套的经济学笑话：一位经济学家在地上发现一张20美元的钞票，就认为它一定是假的，因为如果它是真的，早就被捡走了。不

---

* 原文发布在2015年4月13日的以太坊博客上。

过这里的情况略有不同：美元钞票的搜索成本很低，因此即使它只有0.01%的概率是真的，人们也有理由捡起它。但在区块链这个例子里，搜索成本非常高，并且已经有大量人力和物力投入了搜索。到目前为止，还没有任何一个应用程序能够真正脱颖而出。

事实上，人们可以理直气壮地争辩说，最接近"杀手级应用"的，正是那些已经出现且家喻户晓，但耸人听闻甚至令人作呕的应用：抵制自我审查的维基解密和"丝绸之路"。2013年末被执法部门关闭的在线匿名毒品市场"丝绸之路"，在其2.5年的运营期内，销售额超过了10亿美元。与此同时，虽然维基解密的支付系统依然受到封锁，但比特币和莱特币的捐款成为该支付系统的主要收入来源。[1]在这两个案例中，潜在的经济回报都非常高。但在比特币出现之前，你只能当面购买毒品，只能通过邮寄现金向维基解密捐款。比特币为这些活动提供了巨大的便利，并立即抢占了出现的机会。但现在的情况远非如此，区块链技术的边际机会已经不再那么容易被抓住了。

总效用和平均效用

这是否意味着区块链已经达到了效用的顶峰？当然不是。就单个用户的峰值效用而言，它们已经达到了峰值需求，但这并不

---

[1] 2010年维基解密网站发布了与伊拉克和阿富汗战争有关的泄露文件后，美国政府策划停止了对该组织的金融服务。第二年，维基解密启用了比特币捐赠。

同于峰值效用。虽然"丝绸之路"对许多使用它的人来说是不可或缺的,但即使在吸毒社区中,"丝绸之路"也并非不可或缺;无论别人如何鼓吹,劝说瘾君子通过"丝绸之路"建立联系,大部分瘾君子还是会以某种方式找到一个接头人,他们知道从这些接头人那里可以买到大麻。人们对吸大麻的兴趣似乎与大麻的易得性密切相关。因此,从总体上看,"丝绸之路"事实上只有机会触及一小群人。维基解密也是如此;与全世界的人口相比,那些强烈关注企业和政府透明度、愿意向一个有争议的组织捐款以支持它的人并不多。那剩下的是什么?简而言之,就是长尾(见下图)。①

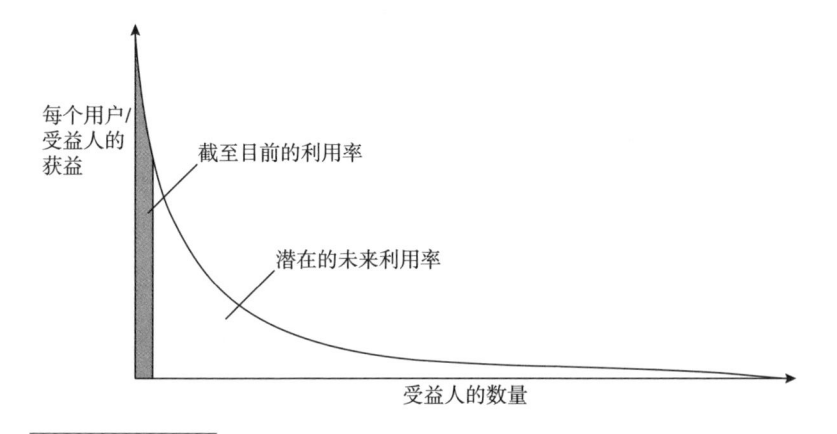

① "长尾"(long tail)原是一个统计学概念,指的是分布函数中概率密度较小的部分,它和"头部"(head)的概念相对。例如,在一个正态分布中,均值附近的部分就是头部,而远离均值的部分就是长尾。2004年,《连线》杂志主编克里斯·安德森(Chris Anderson)将这个概念引入了商业领域,提出了著名的"长尾理论"。在这个理论中,长尾指的是那些单个需求量较少的客户。在安德森看来,虽然从个体角度看,每一个"长尾"用户需求量都很小,但由于其数量庞大,因此如果将这些客户的潜在需求都挖掘出来,形成的总需求也会十分庞大。在商业实践中,"长尾理论"很有影响,包括谷歌在内的很多公司都采用了这一理论来设计自己的商业模式。显然,布特林这里提到的"长尾"就是安德森意义上的"长尾"。——译者注

长尾究竟是什么？这不太容易解释。我可以提供的只是包含在这个"长尾"应用程序中的应用程序列表；然而，区块链并非不可或缺，甚至并不能为每一个应用程序提供极强的基本优势。在每一个应用场景中，"区块链应用程序被高估了，比特币才是重要的"或"区块链技术总体上无用"等论调的倡导者都可以很合理地提出一种方法，在中心化服务器上简单地执行区块链能执行的功能，比如用法律合同取代区块链治理，以及应用任何其他替代方法将产品转变为更类似于传统系统的产品。在这一点上，他们是完全正确的：对于某些特定的用例（use case），区块链并非不可或缺。这就是全部要点：这些应用程序并没有和维基解密或者"丝绸之路"一样处于分布的最高点；如果它们是这样，那么它们早就已经实现了。在长尾中，区块链并非必要，但它们很方便。相比于其他可用的工作工具，它们更胜一筹。然而，由于这些应用程序更为主流，可以使数亿用户受益，因此社会总收益（从上图中的区域可以看出）要大得多。

　　按照这个思路，也许最好的类比是提出下面这个反问："开源"的杀手级应用程序是什么？开源对社会来说显然是一件非常好的事情，世界各地数百万的软件包都在使用开源，但仍然很难回答上述问题。原因是一样的：没有杀手级应用程序，应用程序列表基本上有一条非常长的尾巴，几乎所有可以想象到的软件，最终都会使用被数百万个项目重复使用的低级别库和关键加密安全库。

区块链，再次被重新定义

那么，区块链到底有哪些具体的好处？首先，请允许我引用一段描述来说明区块链到底是什么：

区块链是一台神奇的计算机，在这台计算机中，任何人都可以上传程序并让程序自行执行，其中每个程序的当前和所有先前状态都始终公开可见，并且具有非常强大的加密经济安全保证，即在链上运行的程序将继续以区块链协议指定的方式执行。

请注意，此定义没有：
● 使用金融类术语，如"账本""货币""交易"，或者任何针对特定用例的术语；
● 提及任何特定的共识算法，或者关于区块链如何工作的技术属性（除了它是"加密经济"这一事实，加密经济是一个技术术语，大致意思是"它是去中心化的，它使用公钥加密进行身份验证，并且它使用经济激励来确保自身持续运行，同时不会回到过去或引发任何其他故障"）；
● 局限于任何特定类型的状态转换函数。

该定义较好地解释了区块链是做什么的，它的解释方式使任何软件开发人员都能够相当清楚地对区块链的价值主张至少有直观的掌握。目前，在实践中，程序运行的编程语言有时是非常严格的；比特币的语言需要一系列DESTROY COIN:

`<txid> <index> <scriptsig>`声明，后面还要跟上一系列CREATE COIN: `<scriptpubkey> <value>`声明，其中scriptpubkey是一个带有约束条件的数学公式，scriptsig必须是某个满足公式的变量赋值（例如，$\{x=5, y=7\}$满足$2\times x-y=3$），如果试图销毁一个不存在的代币，或者销毁一个代币而没有为该代币的脚本公钥提供有效脚本，或者试图创建的币值比你销毁的更多，就会返回错误。另一方面，其他编程语言可能更具表现力。软件开发人员可以分析什么样的编程语言适合他们的任务，就像现在的软件开发人员在Python、C++、Node.js和Malbolge之间做出选择。

该定义着重强调的一点是，区块链并不是要给世界带来任何特定的规则集，无论是固定量货币供给政策的货币、有200天重新注册时间的域名登记、特定的去中心化交换设计，还是其他什么；相反，它们要创造自由，用新规则集迅速地创建并推出新机制。它们是用于建立经济和社会制度的乐高头脑风暴机器人（Lego Mindstorms）。

这是主流行业流行的温和版"令人兴奋的是区块链，而不是加密货币"立场的核心：对加密经济的区块链运作来说，加密货币确实是不可或缺的（遵循恒星币[1]主观共识模型的区块链类数据

---

[1] 恒星币（Stellar）是由瑞波币创始人杰德·麦卡莱布（Jed McCaleb）发起的数字货币项目。不同于比特币和以太坊，恒星币并不希望搭建一个独立运作的金融体系，而是搭建一个数字货币与法定货币之间传输的去中心化网关。恒星币并非由挖矿产生，95%的恒星币都是以免费空投的方式送给用户。恒星币使用的恒星共识协议（Stellar Consensus Protocol，简称SCP）是基于"联邦拜占庭协议"（Federated Byzantine Agreement，简称FBA）发展而来的，它不依赖于任何硬件资源（包括算力和存储空间），也没有投票选举机制。——译者注

结构除外），但它们只是激励共识参与、持有存款和支付交易费用的经济管道，而不是投机狂潮、消费者兴趣和兴奋的中心舞台。

现在，区块链为什么有用？总结如下。

- 你可以在其上存储数据，并保证数据具有非常高的可用性。
- 你可以在其上运行应用程序，并保证极高的正常运行时间。
- 你可以在其上运行应用程序，并保证在未来相当长的时间内保持极高的正常运行时间。
- 你可以在其上运行应用程序，并说服你的用户：应用程序的逻辑是诚实的，并且和你正在宣传的一样。
- 你可以在其上运行应用程序，并说服用户：即使你对维护应用程序失去兴趣、被贿赂或被威胁以某种方式操纵应用程序的状态，或者你获得了以某种方式操纵应用程序状态的利润动机，你的应用程序仍将继续工作。
- 你可以在其上运行应用程序，必要时可以给自己留一把后门钥匙，但对你的钥匙使用设置"宪法"限制，例如，要求在引入软件更新之前须经过一个月的公共等待期，或者至少立即通知用户进行应用更新。
- 你可以在其上运行应用程序，并为特定治理算法（例如，投票、Futarchy、一些复杂的多院议会架构）提供后门钥匙，并说服用户，相关的特定治理算法实际上控制着应用程序。
- 你可以在其上运行应用程序，即使底层平台只有99.999%的可靠性，这些应用程序也能以100%的可靠性相互通信。
- 多个用户或公司可以在其上运行应用程序，这些应用程序

区块链技术的价值　　69

能以极高的速度交互，而不需要任何网络消息，同时确保每个公司都可以完全控制自己的应用程序。

● 你可以轻松高效地构建利用了其他应用程序生成的数据的应用程序（例如，将支付和声誉系统结合起来也许可以产生最佳效果）。

所有这些都间接地有益于全世界数十亿人，特别是在那些高度发达的经济、金融和社会基础设施难以运作的地区（尽管在解决很多问题时，技术往往需要与政治改革相结合），区块链十分擅长提供这些属性。它们在金融方面尤其有价值，因为金融可能是世界上对同步计算和信任要求最高的行业，与此同时它们在互联网基础设施的许多其他方面也很有价值。其他架构确实也可以提供这些属性，但它们都比区块链稍显逊色。加文·伍德（Gavin Wood）[①]将这个理想的计算平台描述为"世界计算机"，这是一台人人共享的计算机，并由一个人人可以参与的群体来维护。

基础层基础设施

与开源一样，到目前为止，区块链技术最大的用武之地是所谓的"基础层基础设施"服务。作为通用类服务，基础层基础设施服务具有以下特性。

● 高依赖性：有很多其他服务非常依赖于基础层服务的功能。

[①] 加文·伍德是以太坊的联合创始人，Polkadot的创始人，也是Web3.0概念的提出者。他还有一个中文名叫林嘉文。——译者注

- 高网络效应：大量人群（甚至每个人）使用相同的服务会带来显著的好处。
- 高切换成本：个人很难从一种服务切换到另一种服务。

值得注意的是，这里并不存在任何"必要性"或"重要性"的概念；有相当不重要的基础层（如RSS提要[①]），也有相当重要的非基础层（如食物）。甚至在文明出现之前，基础层服务就已经存在了；在所谓的"穴居人时代"，最重要的基础层服务是语言。在更晚近的时代里，主要的例子是道路、法律系统、邮政和运输系统，在20世纪，我们增加了电话网络和金融系统，在20世纪末又出现了互联网。现在，互联网的新基础层服务几乎都是基于信息的：互联网支付系统、身份、域名系统、证书颁发机构、声誉系统、云计算、各种数据反馈，以及在不久的将来可能出现的预测市场。

在十年时间里，这些基础层服务的高度网络化和相互依赖可能会使个人从一个系统切换到另一个系统比切换他们的政府更加困难，这意味着确保这些服务得到正确的构建，并确保其治理过程不会使少数私人实体拥有绝对权力将是至关重要的。目前，很大一部分基础层服务系统都是以高度中心化的方式构建的，这部分是因为万维网的原始设计没有意识到这些服务的重要性，因而

[①] RSS是一种基于Web的网络数据交换规范，全称Really Simple Syndication。RSS提要（RSSfeed）是一种基于XML技术的聚合标准，直观地说就是你要获取消息的网站或者博客的内容的种子，你获得了这个网站的RSS提要，然后添加到你的RSS聚合器中，你的RSS聚合器就会定时按照RSS提要去解析对方网站上的内容，并呈现到你面前，使你很容易地就可以获取自己感兴趣的网站或者博客的最新内容。参见：https://t.zoukankan.com/tooker-p-4742003.html。——译者注

默认了这些系统，因此，即使在今天，大多数网站都会要求你"使用谷歌账号登录"或"使用脸书账号登录"，而认证机构会遇到这样的问题：[1]

- 周六，一名伊朗黑客声称对窃取属于谷歌、微软、Skype 和雅虎等互联网最大网站的多个 SSL 证书负责。
- 安全专家的早期反应各不相同，一些人相信黑客的说法，而其他人则持怀疑态度。
- 上周，猜测的焦点是一次可能由某个国家支持的黑客攻击，它可能是伊朗政府赞助或实施的，而攻击目标则是隶属于美国 Comodo 公司[2]的证书经销商。
- 3 月 23 日，Comodo 承认了此次攻击，并称八天前黑客获得了九份虚假证书，用于登录微软 Hotmail、谷歌 Gmail、互联网电话和聊天服务 Skype，以及雅虎 Mail 的网站。他们还获得了 Mozilla Firefox 附加网站的证书。

为什么不应该将证书颁发机构至少分散到 M-of-N 系统[3]？（请注意，支持更广泛地使用 M-of-N 的理由与支持区块链的理由在逻辑上并没有必然关系，但区块链恰好是一个运行 M-of-N 的良好平台。）

---

[1] 以下引自格雷格·凯泽（Gregg Keizer）于 2011 年发表在《计算机世界》（*Computerworld*）上的文章。
[2] Comodo 是世界著名的 IT 安全服务供应商和 SSL 证书供应商，成立于 1998 年，总部设在新泽西州泽西市。——译者注
[3] M-of-N 系统是这样一种系统：其中每一把锁有 N 把钥匙，需要其中 M 把钥匙才能解锁。

身份

让我们先来看一个特定的应用案例——"区块链上的身份"，而后我们将应用这一案例。一般来说，为了获得一个身份，你需要做些什么呢？最简单的答案是我们已经知道的：你需要有公钥和私钥。你公布公钥，它就会成为你的身份，然后你用私钥对你发送的每条消息进行数字签名，从而允许任何人验证这些消息是由你生成的（在他们看来，"你"是指"持有特定公钥的实体"）。但是，这里存在着一些挑战：

1. 如果私钥被盗，需要换一把新的，你该怎么办？
2. 如果你丢了私钥会怎么样？
3. 如果你想使用其他用户的名字，而不仅仅是一个随机的20字节的加密数据字符串来指代他们，该怎么办？
4. 如果你想使用更高级的安全方法（如多重签名）而不仅仅是单把私钥，该怎么办？

让我们尝试逐一解决这些难题。我们可以从第四个挑战开始。一个简单的解决方案是：你并不需要特定类型的加密签名，你的公钥可以变成一个程序，有效的签名则变成一个字符串，当与消息一起输入程序时，该字符串返回1。理论上，任何单钥、多钥或任何其他类型的规则集都可以编码成这样的范例。

但这里有一个问题：公钥会变得太长。我们可以将实际的"公钥"放入一些数据存储（例如，如果想要去中心化，可以使用分布式哈希表），并使用"公钥"的哈希值作为用户身份来解决这个问题。这并不需要区块链,虽然在最新的设计中,可扩展的区块链在设计上与分布式哈希表没有太大差异。所以很有可能在十年后,用于所有领域的去中心化系统都会意外或有意地收敛成某种可扩展的区块链。

现在考虑第一个问题。我们可以把它看作证书撤销问题:如果你想"撤销"一把特定的私钥,你该如何确保它能被所有需要查验它的人看到?这可以再次通过分布式哈希表来解决。不过,这会导致下一个问题:如果你想撤销一把私钥,你会用什么来替换它?如果你的私钥被盗,你和攻击者都拥有它,那么你们两人都不会令人信服地变得更可信。一种解决方案是拥有三把私钥,如果其中一把私钥被撤销,则需要其中两把或所有私钥的签名来批准下一把私钥。但这会导致"无成本攻击"问题(nothing at stake problem)[①]:如果攻击者最终成功地在某个历史时点上窃取你的所有私钥,他们就可以模拟分配新私钥的历史,从那里分配更多的新私钥,而你本人的历史会变得不再那么可信。这是一个时间戳[②]问题,而区块链切实有助于解决这个问题。

对于第二个问题,持有多把私钥和重新分配私钥也相当有效,

---

① 此处也有人翻译成无利害关系问题,常用来形容没有成本却能给攻击者带来很大收益并造成很大破坏的分叉攻击,这里描述的盗用密钥情形与这种攻击类似。也可参见知乎对此的解释:https://zhuanlan.zhihu.com/p/66534185。——译者注

② 时间戳是使用数字签名技术产生的数据,签名的对象包括了原始文件、签名参数、签名时间等信息。时间戳的主要目的在于通过一定的技术手段,对数据产生的时间进行认证,从而验证这段数据在产生后是否经过篡改。参见https://baike.baidu.com/item/%E6%97%B6%E9%97%B4%E6%88%B3/6439235?fr=aladdin。——译者注

这里不需要区块链。事实上，你不需要重新分配；通过巧妙地使用秘密共享[1]，你只要将私钥保存在"碎片"中，就可以在其丢失后将它恢复。即使你丢失了任何一块碎片，也始终可以使用秘密共享数学从其他碎片中恢复。对于第三个问题，基于区块链的域名注册是最简单的解决方案。

然而，在实践中，大多数人都没有很好的设备来安全地存储多把私钥，而且总是会发生意外，因此中心化服务通常发挥着重要作用：在出现错误时帮助人们找回账户。对于这种情况，基于区块链的解决方案很简单：社交M-of-N备份。

您可以选择八个实体；他们可能是你的朋友、你的雇主、某些公司、非营利组织，在未来甚至可以是政府，如果出了问题，通过他们中的五个就可以一起找回你的私钥。这种"社交多签名备份"的概念可能是适用于任何一种去中心化系统的最强大机制之一，它以非常低的成本提供了非常高的安全性，并且不依赖于中心化的信任。请注意，基于区块链的身份，特别是使用以太坊的合约模型，所有这一切都很容易编程：在域名注册表中，注册

---

[1] 秘密共享（Secret Sharing，简称SS）是一种加密算法。该算法能够将数据拆解成几个没有意义的数字，分发给多个参与方。每个参与方拿到数据的一部分，并且用这部分数据参与计算。这是一种将秘密分散到人群的方法，每人得到秘密的一部分，每一部分称为一个份额（Share）。只有当足够多的份额结合时，才能还原出秘密；每个份额各自则没有用途。这样既保证了单个参与方无法还原出原始数据，又能得到正确的计算结果。这一方法最早由阿迪·萨莫尔（Adi Shamir）和乔治·布莱克利（George Blakley）在1979年分别提出，并在后来几十年中得到了深入研究和广泛应用。——译者注

您的域名,将其指向合约,让该合约维护与身份相关联的当前主私钥和备份私钥,并随时间更新它们的逻辑。就这样,一个即使对老奶奶来说也安全易用的身份识别系统就在无须任何实体(除了你)控制的情况下完成了。

身份并不是区块链可以缓解的唯一问题。另一个与身份密切相关的问题是声誉。当前,现代世界的所谓"声誉系统"要么是不安全的(因为它们无法确保对另一实体进行评级的实体不泄露信息),要么是中心化的(因为它们将声誉数据绑定到特定平台,并使声誉数据置于该平台的控制之下)。比如当你从优步切换到来福车(Lyft)时,你的优步评级就不会延续。

理想状况下,去中心化声誉系统由两个独立的层构成:数据层和评估层。数据层包括对他人进行独立评级的个人、与交易相关的评级(例如,通过基于区块链的支付,人们可以创建一个开放系统,这样只有当你实际支付时才能给商户评级)以及其他来源的集合,任何人都可以通过运行自己的算法来评估其数据;"轻客户端友好"算法可以快速评估来自特定数据集的声誉证明,以此可能成为一个重要的研究领域(许多朴素的声誉算法涉及矩阵数学,它在底层数据中的计算复杂性接近立方阶,因此很难去中心化)。"零知识"声誉系统也有很好的前景,它允许用户提供某种加密证书,证明根据特定指标,他们至少有 x 个信誉点,而无须透露任何其他信息。

声誉的案例很有趣,因为它结合了区块链作为平台的多种好处。

- 用于身份数据存储；

- 用于声誉记录的数据存储；

- 应用程序之间的互操作性（与支付证明相关的评级，跨越数据集的工作能力等）；

- 保证基础数据在未来是可迁移的（公司可以自愿提供可导出格式的信誉证书，但它们没有办法预先承诺继续拥有它）；

- 更广泛地应用区块链技术，以确保声誉不会被计算机操纵。

目前，以上所有好处都有其相应的替代品：我们可以信任维萨（Visa）和万事达卡提供的关于特定交易的加密签名收据，可以在archive.org上存储声誉记录，可以让服务器相互通信，可以要求私人公司在服务条款中写明它们同意行为端正，等等。所有这些选项都相当有效，但它们远远比不上简单地将所有内容公开，在"世界计算机"上运行，并让加密验证和证明来完成工作那样好。对于其他案例，我们也可以进行类似的论证。

削减成本

如果正如本文指出的那样，区块链技术的最大价值来自长尾，那就可以得出一个重要的结论：使用区块链的单笔交易收益非常小。因此，削减共识成本和增加区块链可扩展性的问题就变得至关重要。在中心化解决方案中，用户和企业习惯于为每笔"交易"支付0美元；尽管希望向维基解密捐款的个人可能愿意支付5美元的费用来完成交易，但试图上传声誉记录的人可能只愿意支付

0.0005美元的费用。

因此，无论是从绝对意义上（即权益证明）还是从单笔交易的角度（即通过可扩展的区块链算法，其中最多有几百个节点处理每笔交易），让共识更便宜的问题都是绝对重要的。此外，区块链开发人员应该谨记，过去40年的软件开发一直在逐步转向效率越来越低的编程语言和范式，这仅仅是因为它们可以包容开发人员的经验缺乏，还允许他们更加懒惰。因此，在设计区块链算法时有必要包含这样一个原则：开发人员在考虑区块链上应该放什么、不放什么内容时，并不总是保持机智和谨慎，尽管一个精心设计的交易费用系统很可能会让开发人员通过个人经验自然地学会大多数要点。

因此，未来很有希望在很大程度上实现去中心化；然而，轻松获利的日子已经结束。现在，是时候更艰苦、更有耐心地探索世界了，看看我们创建的技术将如何真正造福世界。在这一阶段，我们可能会发现，在某一时刻，我们会遇到一个转折点，在这里，"x区块链"的大多数实例将不是由区块链爱好者而是由x爱好者来做，前者想要做一些有益的事情，然后找到了x，并努力将它做成；后者关注区块链，并意识到区块链对做成x的某一部分而言是相当有用的工具。x既可以是物联网，发展中国家的金融基础设施，自下而上的社会、文化和经济机构，更好的数据聚合和医疗保护，也可以仅仅是有争议的慈善机构和不受审查的市场。对于后两种情况，转折点可能已经到来。由于政治原因，许多最初懵懂的区块链爱好者成为真正的区块链狂热者。然而，一旦它开始影响其他情况，我们就会真正认识到它已经成为主流，并将很快收获最大的人道主义收益。

我们可能还会发现，"区块链社区"的概念将不再有任何形式的准政治运动意义；如果一定要有一个通用标签，那么"加密2.0"可能是最合适的。其原因类似于为什么我们没有"分布式哈希表社区"的概念，而"数据库社区"虽然存在，实际上也只是因为有一群恰好专门研究数据库的计算机科学家。区块链只是一种技术，因此，最终要取得最大的进步，只能通过与其他一整套去中心化（以及对去中心化友好）的技术相结合，这些技术包括声誉系统、分布式哈希表、点对点超媒体平台、分布式消息协议、预测市场、零知识证明[1]，以及更多尚未被发现的技术。

---

[1] 在密码学中，零知识证明是一种方法，通过该方法，证明者可以向验证者证明他们知道某个信息，而在这一点之外，无须传达任何其他信息。——译者注

第二篇 工作量证明

2015年7月30日，以太坊"创世区块"出现，标志着该协议开始了它的公共生活。这种生活并不容易找到立足点。随着以太币的价值膨胀到数亿美元，黑客试图利用该系统，这让新兴的以太坊社区必须采取行动。事实证明，单靠代码不足以保证系统的安全，人类政治活动也在发挥作用，而布特林则发现自己已身处漩涡的中心。

在众多考验中，最重要的是 The DAO[①] 遭受的黑客攻击。The DAO 是一个实验性的集体风险基金，筹集了价值1.5亿美元的以太币（"DAO"发音像"道教"的第一个音节，代表"去中心化

[①] The DAO 是 Sock.it 设计的以太坊合约。2016年5月27日，The DAO 完成了当时全世界最大规模的众筹，共筹集了惊人的1.5亿美元。2016年6月17日，The DAO 被黑客攻击并盗取了大量以太币，这就是著名的 The DAO 攻击。——译者注

自治组织"，即一个由区块链上的软件构建的组织）。2016年6月，在The DAO开始投资之前，一名黑客利用The DAO代码中的一个漏洞从中提取资金。The DAO持有的通证约占整个以太坊通证供应量的15%，如果以太坊按照布特林的意图向权益证明过渡，那么让该单一用户占有这样大的份额将是相当危险的。反黑客设法阻止了黑客的行动，但关于代码是否必须保持原样、这是否只是一个小故障，以及是否需要采取更激烈的措施等问题的争论仍在进行。布特林支持"硬分叉"（hard fork）的事业，即彻底重写以太坊区块链以清除黑客。尽管他对以太坊协议没有什么正式权力，但他积累的信任被证明是决定性的。整个以太坊的文化都追随他，将社区和使命置于代码的支配之下。

当时，布特林的作品中夹杂着对他个人的魅力型权威的焦虑。在黑客攻击的前几个月，他在以太坊博客上阐明了一个目标，"将以太坊建立为一个最终归全人类所有的去中心化项目"。在《为什么加密经济学和X风险研究人员应该更多相互倾听》中，他谈到关于DAO的争议，提到了最终的"世界民主DAO"，他认为这也许是一种基于直接参与的联合国。在《作为责任的控制》中，他似乎含蓄地将自己与另一位创建全球性网络的青年马克·扎克伯格（Mark Zuckerberg）进行了比较；他认为和企业平台相比，区块链的网络更容易避免而不是导致中央集权。《论言论自由》探讨了区块链技术实际上如何阻止扎克伯格拥有脸书及其同类网站趋之若鹜的审查权。在2018年的一条推文中，布特林表示，"我认为即使我明天自燃了，以太坊也完全可以存活下来"。然而，他非得这么说的事实本身就表明，这或许还不够肯定。

2017年，以太坊的价值和吸引力大幅飙升。这很大程度上是因为它被用于"首次代币发行"，即初创公司（以及更为彻底的骗局）根据白皮书中的承诺通过出售通证的方式大规模融资。布特林公开质疑以太坊市场估值的准确性，并在推特上敦促社区"区分获得数千亿美元的数字纸面财富和真正实现对社会有意义的东西"。以太坊本应改变世界，但正如这些文章中的例子所示，许多具体的用例都被用于金融博弈和赌博之类的事情。

布特林在以太坊早期岁月的那些著作，并没有沉迷于价格上涨和大宗通证销售，而是专注于加密经济学的设计问题：激励如何能够实现更好的协作？关于身份和治理的难题令他非常着迷，他当时写的技术性文章就体现了这点。但就像2019年底的《圣诞特辑》一样，他也腾出时间去玩。看着他和其他"以太人"在见面会上下国际象棋的劲头，人们不禁怀疑，这项耗资数十亿美元的实验是否真的只是一个巨大的谜题，一种占据他们大脑计算周期的方式。

为什么加密经济学和X风险研究人员应该更多相互倾听

最近,一个过去一直研究人工智能以及各种未来生存风险(futuristic existential risk)的社区开始对区块链和加密经济系统小有兴趣,并越来越浓厚。拉尔夫·默克尔(Ralph Merkle)是著名的加密技术发明者,他的技术为以太坊的轻客户端协议提供了有力支持,他也对DAO治理表示了兴趣。Skype联合创始人贾安·塔林(Jaan Tallinn)呼吁人们研究区块链技术,以创建解决全球协作问题的机制。长期以来,预测市场(prediction market)的倡导者对预测市场作为治理机制的潜力早有了解,现在他们正在关注Augur[①]。这里是否有一些有趣的事情?抑或这仅仅是某些电脑极客此前被他们喜欢的话题A吸引,现在又被一个完全不相关但也是他们喜欢的话题B吸引,又或者说,这两个话题之间确实存在着某种真实的联系?

我认为这种联系是存在的。加密经济学研究社区和人工智能

---

* 原文发布在2016年7月4日的medium.com/@VitalikButerin上。
① Augur是一个允许用户在特定事件上下注的加密预测市场平台,同时也是一个确定这些事件在真实世界结果的"预言机"系统。

安全/新网络治理/生存风险社区都在试图解决一个基本上相同的问题：如何使用一个从创建伊始就非常简陋而笨拙的系统来管理一个非常复杂、非常智能，又不可预测的系统？

在人工智能研究的场景中，一个主要的子问题是如何定义效用函数，让该函数引导超级智能主体的行为，而不会意外地引导它做一些满足函数却违背了人类意图的事情（这有时称为"边缘实例化"）。例如，如果你试图让一个具有超级智能的人工智能来治疗癌症，它可能最终会得出这样的结论：最可靠的方法就是先杀死所有人。如果你试图堵住这个漏洞，它可能会将所有人永久低温冷冻，而不会杀死他们。在拉尔夫·默克尔的DAO民主的场景下，问题在于确定一个目标函数。这个目标函数要与社会、技术进步以及人们想要的东西正相关，而与生存风险负相关，并且要十分易于测量，使测量本身不会成为政治斗争的来源。

与此同时，加密经济学背景下的问题也惊人地相似。共识的核心问题是，当验证者本身是高度复杂的经济主体，并且以任意方式交互时，如何激励验证者用预先设定的简单算法来持续支持和发展连贯的历史。与DAO相关的问题主要源于软件开发人员在复杂意图上的分歧，这种分歧考虑到了拆分功能的特定用途和软件执行（software implementation）的实际结果。Augur试图将共识问题扩展到与真实世界相关的事实。默克尔正在尝试为一个平台创建去中心化的治理算法，该平台旨在为资产提供加密货币那样的去中心化和法定货币那样的可靠性。在所有这些情况下，算法都是愚蠢的，但它们必须控制的主体非常聪明。人工智能安全本质上是一个智商为150的主体试图控制智商为6 000的主体,而加密经济学则是智商为5的主体试图控制智商为150的主体,这两个问题当然不同,但其相似之处不容忽视。

这些都是棘手的问题,两个社区多年来一直在独立地思考这些问题,并已经对一些情况积累了相当多的见解。也有人已经开始对这些问题提出了启发性的局部解决方案和缓解策略。在DAO的场景下,一些开发人员正在转向使用混合方法,根据这种方法,存在着一组对DAO的资产有一定控制权的管理者,但这些管理者只有有限的权力。这些权力本身足以让他们将DAO从攻击中解救出来,但并不足以让他们单方面发动可能导致严重破坏的攻击,这种方法与正在进行的人工智能安全中断性研究有一些相似之处。

在Futarchy方面,人们正在尝试的创新包括:将利率视为目标函数,将Futarchy和通过自愿锁仓进行的二次方投票①结合起来作为治理算法,以及赋予Futarchy足够权力来防止多数人的共谋攻击,但在其他方面却将权力留给投票过程,所有这些创新都值得让打算通过Futarchy来建立世界民主DAO的团体考虑。

---

① 二次方投票是一种投票机制,在该机制中,选民可以使用多个通证进行投票,但通证越多,每个通证的权力就越小。这是一个试图体现偏好强度,同时抵御那些持有最多通证的人实行富豪统治的系统。
二次方投票是波斯纳和韦尔在《激进市场》一书中提出的。根据他们的倡导,为了体现人们对各选项的偏好强度,应该允许人们对一个选项重复投票,但第n+1次投票的成本要高于第 n 次投票。例如为同一选项投1票需要消耗 1 张选票,为其投 2 票则需要消耗 4 张选票,为其投 3 票需要消耗 9 张选票,以此类推,为其投 10 票,则需要消耗 100张选票。通过这种投票成本递增的设置,就可以有效地抑制拥有众多通证的富豪对投票结果的过度影响。——译者注

另一个被过度低估的解决方案是应用可显著延缓事件进程的治理算法。DAO的硬分叉之所以能够保护它包含的资金，正是因为DAO包含了一组规则，它要求每个动作都有很长的延迟时间。还有一条正在探索的道路是形式化验证，即用计算机程序来验证其他计算机程序，并确保它们满足关于程序应该做什么的一系列声明。

由于价值问题的复杂性，在一般情况下形式化地证明"诚实"是不可能的，但我们可以通过部分保护措施来降低风险。例如，我们可以形式化地证明某种行动不能在7天内被采取，或者如果某个DAO的管理者投票决定轮换，那么就不能在48小时内采取某种行动。在人工智能环境中，此类证明可用于防止奖励函数中的某些简单错误，这些错误可能让人工智能认为完全无意图的行为具有极高的价值。当然，不少其他社区多年来一直在考虑形式化验证的问题，只不过现在探索的是它在新环境中的不同用途。

与此同时，人工智能安全圈中提出了一个概念，即超理性决策理论。这个概念对于构建包含DAO的经济系统可能非常有用。所谓超理性决策理论本质上是通过让交互双方都承诺运行某个同样的源代码来更好地克服因徒困境的方法。斯科特·亚历山大（Scott Alexander）在一则短篇故事中描述的"价值握手"（value handshake）就是开源主体可以采取某种行动，而"黑箱"主体则无能为力的一个例子：两个主体就某个目标的最大化达成一致，这个目标就是他们先前各自目标的平均值。以前，这些概念主要存在于科幻小说中，但现在Futarchy DAO实际上已经可以实现这一点。更一般地，对一个社会机构而言，DAO可能是严格承诺"运行具有特定属性的源代码"的一种有效方法。

今年（即2016年）和明年（即2017年），我们将推出很多项目。The DAO只是其中的第一个。你可以打赌，所有后续的案例都将从第一个案例中汲取大量经验教训，每个案例都将提出截然不同且具有创新性的软件代码安全策略、治理算法、管理者系统、缓慢和阶段化的创建与部署程序（bootstrap and rollout processes）、首发流程以及形式化验证的保证，以尽最大努力确保每个案例都能够经受住加密经济的风暴。

最后，我想说，从加密社区吸取的最大教训是去中心化本身：让不同团队可以游刃有余地执行不同的部分，从而最大限度地减少某个系统的疏忽悄无声息地传递到其他系统的可能性。加密生态系统正在成为活生生的实验，这一实验包含着软件开发、计算机科学、博弈论和哲学前沿的许多挑战。无论它们是保持现有的形式，还是经过多次迭代、对核心概念做重大改变后成为主流社会的应用，其结果都值得所有人学习和了解。

一种权益证明的设计哲学

从本质上讲，类似以太坊（以及比特币、NXT和比特股等）的系统是一种全新的加密经济有机体，它们完全存在于网络空间中，并由密码学、经济学和社会共识共同维护。它们有点像BitTorrent，但又和BitTorrent不完全一样，BitTorrent没有状态的概念，而这一区别被证明是至关重要的。有时候，它们被描述为去中心化的自治公司，但它们又和公司不完全一样，你显然不能对微软进行硬分叉。它们有点像开源软件项目，但又和开源软件项目不完全一样，你可以让一个区块链分叉，但这个过程并不如让OpenOffice[①]分叉那么容易。

这些加密经济网络千姿百态，有基于ASIC的工作量证明，有基于GPU[②]的工作量证明，有纯粹的权益证明，有委托型权益证明，还有很快就会出现的Casper权益证明[③]，但每种风格都不可避免地遵循着自己的底层哲学。一个众所周知的例子是工作量证明最高纲领主

---

* 原文发布在2016年12月30日的medium.com/@VitalikButerin上。
① OpenOffice是一个类似于Microsoft Office的免费开源办公套件。"分叉"开源软件意味着复制其免费可用的代码并将其修改为不同的东西。
② GPU是图形处理器（graphics processing unit）的缩写。——译者注
③ Casper权益证明是一种旨在支持以太坊转换为权益证明，使用投注系统防止恶意参与者的算法。

义者认为，一条正确的区块链（注意是单数）应该是矿工消耗了最大数量的经济资本所创建的链。最初，这只是一个协议内的分叉选择规则，但在许多情况下，这一规则已经被提升为一种神圣的信条。比特股的委托权益证明则提出了另一种自洽的哲学，即一切都只遵从一个单一信条。用一个更简单的说法来描述它，就是股东投票。

每一种哲学：中本聪共识、社会共识、股东投票共识，都会产生各自的一套结论，并形成一套价值观，当从自己的角度审视时，这套价值观都是相当合理的，尽管当它们在相互比较时，肯定会受到对手的批评。Casper共识也有一个哲学基础，但迄今为止还没有被简明扼要地阐述过。

我本人、弗拉德、多米尼克、权宰（Jae Kwon），还有其他很多人都对为什么存在权益证明协议以及如何设计这些协议有自己的看法。在此，我想解释一下我个人的观点。

下面我将列出我的观察，然后直接给出结论。

● 密码学在21世纪确实很特殊，因为它是为数不多的在对抗性冲突中始终站在防御者一边的领域之一。摧毁一座城堡要比建造它容易得多，岛屿虽然容易防御，但仍然会被攻击，而普通人的ECC[①]密钥足够安全，甚至可以抵御国家级行为人。密码朋克[②]

[①] ECC即椭圆曲线加密算法（Elliptic curve cryptography）。——译者注
[②] 密码朋克（cypherpunk）是一群倡导大规模使用加密技术来保护人们的基本自由，使人们免遭攻击的活动家。早在20世纪80年代，密码朋克作为一种技术潮流，就已在旧金山湾区悄然兴起。但直到1993年，密码朋克运动的成员之一埃里克·休斯（Eric Hughes）发表了《密码朋克宣言》，密码朋克才正式进入大众视野。——译者注

哲学从根本上讲就是利用这种宝贵的不对称性来创造一个更好地保护个人自主权的世界，而加密经济学在某种程度上是这一点的延伸，不同的是，这一次保护的不仅仅是私人信息的完整性和保密性，还包括兼具协调和协作功能的复杂系统的安全性和活力。那些自认为继承了密码朋克精神的系统应该保持这种基本属性，并让毁灭和破坏的成本远高于利用和维护的成本。

- "密码朋克精神"不仅仅是理想主义；创造出易守难攻的系统也是一项明智的工程。

- 在中长期尺度上，人类是非常善于达成共识的。即使一个对手拥有无限的哈希算力，对任何一个主要区块链发动51%攻击，从而甚至将历史记录回滚一个月，但要让整个社区都相信这条链是合法的，却要比仅仅拥有超越主链的哈希算力困难得多。他们需要篡改区块链浏览器，要欺骗社区中每一个值得信任的成员，还要修改《纽约时报》（*New York Times*）、archive.org，以及其他存在于互联网上的痕迹；总之，在信息技术高度发达的21世纪，要让全世界都相信这条新的攻击链（attack chain）就是最先诞生的主链，就和说服全世界确信美国从未登月一样困难。无论区块链社区是否承认［请注意，比特币核心（Bitcoin Core）也承认社会层的首要地位］，从长远看，这些社会因素都是保护区块链的最终因素。

- 然而，一条仅由社会共识保护的区块链的效率实在太低，速度实在太慢，并且太容易让分歧一直存在（尽管存在种种困难，但这些分歧还是发生了）；因此，在短期内，经济共识在保护生命和安全财产（safety properties）方面发挥着极其重要的作用。

- 由于工作量证明的安全性只能依赖区块奖励，而对矿工的激励只能来自他们失去未来区块奖励的风险，因此工作量证明只能依赖一套通过丰厚奖励来激励算力以保障网络平稳运行的逻辑。在工作量证明中，从攻击中恢复是非常困难的：第一次攻击发生时，你可以通过硬分叉来更改工作量证明，从而使攻击者的ASIC失效；但在第二次攻击发生时，你就没有这个选项了，而攻击者可以一次又一次地攻击。因此，挖矿网络的规模必须大到攻击它是不可想象的。如果这个网络每天花费的算力为x，那么算力规模小于x的攻击者就不敢发动进攻。我拒绝接受这种逻辑，因为（i）它耗费大量资源，（ii）它没有实现密码朋克精神，它的攻防成本比是1∶1，防御者并没有优势。

- 权益证明打破了这种对称性，它并不依赖安全奖励，而是依赖惩罚。验证者将资金（保证金）作抵押，并只能获得少量奖励以补偿他们锁仓、维护节点以及为确保私钥安全而采取额外预防措施的成本。但与此同时，回滚交易（reverting transactions）的成本将是他们在此期间所获奖励的成千上万倍。因此，一言以蔽之，权益证明的哲学就是"安全性源自'能源燃烧'释放的力量"，而不是"经济价值的损耗"。如果你能证明，对于任何冲突的区块或状态，除非恶意节点之间相互合谋，让背离合谋者承担价值x美元的协议内惩罚（in-protocol penalties），否则这些区块或状态就无法同时完成，那么我们就可以说这个区块或状态具有价值x美元的安全性。

- 理论上，如果多数验证人进行合谋，就可能会接管整条权益证明链，并开始作恶。但是，（i）通过巧妙的协议设计，他们从此类操纵中赚取额外利润的能力可能会受到限制，更重要的是（ii）如果他们试图阻止新的验证者加入，或执行51%攻击，那么社区可以简单地协作以进行硬分叉，并没收违规验证者的保证金。一次成功的攻击可能会花费5 000万美元，但清理后果的过程不会比2016年11月25日的Geth-Parity共识失效时更为复杂。[①]两天后，区块链和社区就可以重回正轨，攻击者损失了5 000万美元，而社区的其他人可能会更富有，因为攻击将导致通证的价值因随后的供给紧缩而上涨。这就是权益证明提供给你的攻击与防御不对称。

- 我们不能因为上述分析就认为计划外的硬分叉会成为家常便饭；如果需要的话，对权益证明的单次51%攻击的成本肯定可以设定为与对工作量证明的永久51%攻击的成本一样高。这样一来，攻击的高昂成本和低效率就能确保在实践中不会有人对此进行尝试。

- 经济学不是一切。个体参与者可能会受到协议外动机的驱动，他们可能会被黑客攻击，可能被绑架，或者可能只是喝醉了，从而会在某天不计成本地破坏区块链。此外，从好的方面看，个人的道德宽容和低效沟通经常会将攻击成本提高到远远高于协议定义的名义损失值。这并不是一个我们可以依赖的优势，却是一个我们不应该轻易放弃的优势。

- 因此，最好的协议能在各种模型和假设中有效地发挥作用，

[①] 这里指的是流行的Go Ethereum客户端中的一个漏洞，该漏洞需要快速软件更新（a rapid software update），从而短暂地将区块链分成两个不同的并发账本。

一种权益证明的设计哲学

无论这些模型是假设协作选择的有限理性、个人选择的有限理性、简单容错、拜占庭容错（理想情况下可以同时是自适应和非自适应对抗变体），还是受艾瑞里和卡尼曼（Ariely and Kahneman）启发的行为经济学模型（"我们都作了一点弊"），又或者是切实可行的其他模型。重要的是要有两层防御：一是经济激励，以阻止中心化卡特尔的反社会行为；二是反中心化激励，它从一开始就阻止卡特尔的形成。

- 让共识协议尽可能快地工作是有风险的，如果有可能的话，应该谨慎处理，因为如果将处理效率与实现它的激励相联系，那么这一组合将倾向于奖励那些可能会引发高度系统性风险的网络层面的中心化（例如，所有验证程序都在同一个托管提供商那里运行）。对于那些验证者以多快速度发送消息的共识协议，只要他们在可接受的时长内（例如，4~8秒。根据我们的经验，以太坊的延迟通常为0.5~1秒）发送消息，就没有什么问题。一个可能的折中方案是创建可以快速工作的协议，但类似以太坊叔区块[①]机

[①] 在以太坊中，"叔区块"（uncle block）是未最终添加到主链中的不完整区块。然而，矿工们可以因生产这些区块而获得奖励。这是一种安慰奖，因为他们失败的努力也为整个系统的安全做出了贡献。
在比特币中，并不存在"叔区块"的说法。相比于比特币，以太坊的出块速度要快得多，这意味着有更多的矿工可能同时解出系统设置的问题。在这种情况下，就可能出现一个区块还没有向全网广播完毕，另一个区块却被生成的情况，而意外的分叉也可能因此产生。根据最初的工作量证明机制，只有最长的链会被保留下来，其他意外分叉造成的区块则不会被保留，而挖出这些区块的矿工也不会得到奖励。不过，这种设计显然不利于对矿工的激励，还可能造成大量矿工的退出。针对这个问题，以太坊引入了叔区块机制，要求区块中除了记录其父区块信息外，还要记录其叔区块信息，这样就可以让更多的矿工得到激励。——译者注

制的协议内机制可以确保节点将其网络连接度提高到超过某个临界点后，它获得的边际奖励会相当低。

至此，虽然关于细节和细节处理方式还存在很多分歧，但这至少是我的Casper版本的核心原则。从这里开始，我们当然还可以讨论相互竞争的价值之间的权衡。比如：我们是要每年增发1%的以太币，让执行一次补救性硬分叉花费5 000万美元呢？还是保持以太币的零增发，让执行一次补救硬分叉花费500万美元呢？什么时候我们需要提高协议在经济模型下的安全性，以换取在容错模型下安全性的降低？我们更关心的是拥有可预测的安全级别还是可预测的发行级别？这些都只能留待另一篇文章讨论了，而权衡这些价值的方法则需要更多的文章加以讨论。我们迟早会谈到它们。

去中心化的含义

"去中心化"是加密经济领域中使用最频繁的词语之一，甚至经常被视为区块链存在的全部理由，但它也是定义最不明确的词语之一。数千小时的研究和数十亿美元的哈希算力都被投入实现去中心化，并对去中心化进行保护和改进。当人们围绕协议发生激烈争论时，一种非常常见的情形是，一份协议（或协议扩展）的支持者会声称对方的提案是中心化的，并以此作为最终击倒对方的论据。

但是，人们常常困惑于去中心化的含义到底是什么。例如，看一看下面三张完全无助于理解却十分常见的图。[1]

现在，让我们来看看 Quora[2] 上关于"分布式和去中心化的区别是什么"的两个答案。第一个回答基本上重复了图中的内容，而第二个回答则提出了完全不同的说法，即"分布式意味着并非

---

* 原文发布在 2017 年 2 月 6 日的 medium.com/@VitalikButerin 上。
[1] 该图出自保罗·巴兰（Paul Baran）的《论分布式通信》（兰德公司，1964 年）。这份备忘录提出了互联网的网络结构。
这份文件的电子版可以在兰德公司的网站上看到，https://www.rand.org/pubs/research_memoranda/RM3420.html。——译者注
[2] Quora 是一个问答网站，类似于中国的知乎，有"美版知乎"之称。——译者注

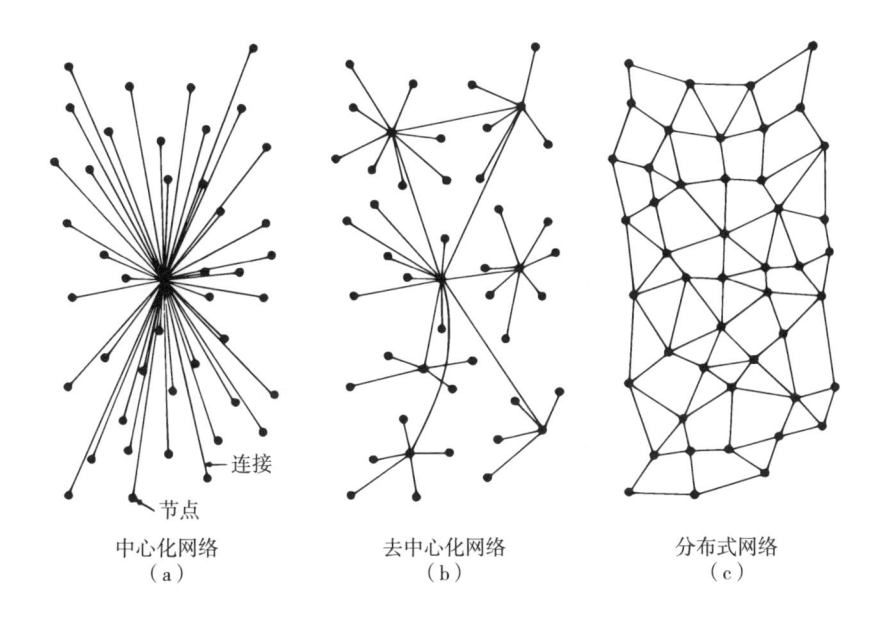

中心化网络　　　　　去中心化网络　　　　分布式网络
（a）　　　　　　　　（b）　　　　　　　　（c）

所有交易处理都在同一个地方完成"。而"去中心化"意味着没有一个实体可以控制所有交易的处理过程。同时，在以太坊堆栈交易置顶的答案也给出了与上图类似的图标，但"去中心化"和"分布式"两个词的位置互换了！显然，这有必要进行澄清。

三种类型的去中心化

当人们谈论软件去中心化时，他们实际上可能在谈论中心化/去中心化模型的三个独立维度。虽然在某些情况下，这三个维度会纠缠不清，但一般来说，它们是相互独立的。以下就是这三个维度。

- 架构上的（去）中心化：一个系统由多少台实物计算机组

成？它可以容忍多少台计算机在同一时间发生故障？

- 政治上的（去）中心化：有多少个人或组织能最终控制构成这个系统的计算机？
- 逻辑上的（去）中心化：系统呈现和维护的接口和数据结构看起来更像一个单一的整体对象，还是一个松散的群？一个简单的考虑方式是：如果你把系统（包括它的提供者和用户）分成两半，它们还能够继续作为独立的单元完全运行吗？

我们可以尝试将这三个维度放入一张图中予以说明。

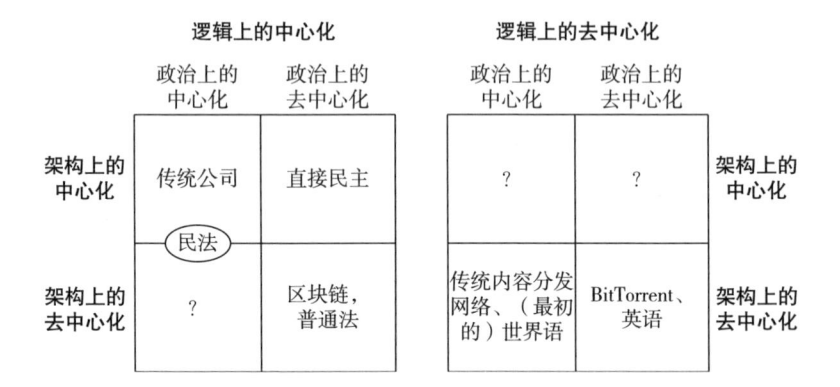

	逻辑上的中心化		逻辑上的去中心化		
	政治上的中心化	政治上的去中心化	政治上的中心化	政治上的去中心化	
架构上的中心化	传统公司	直接民主	?	?	架构上的中心化
架构上的去中心化	?（民法）	区块链，普通法	传统内容分发网络、（最初的）世界语	BitTorrent、英语	架构上的去中心化

请注意，图中的分类非常粗糙，而且可能是富有争议的。但我们可以先尝试着解读它们。

- 传统企业在政治上是中心化的（一位CEO），在架构上是中心化的（一个总部），在逻辑上也是中心化的（不能把它们真正地分成两半）。
- 民法依赖于一个中心化的立法机构，而普通法则由众多单个法官制定的先例构成。在架构上，民法有一定的去中心化性质，因为有许多法院存在,且它们都拥有很大的自由裁量权,但普通法的去中心化程度更高。无论是民法还是普通法,在逻辑上都是中心化的("法律就是法律")。

● 语言在逻辑上是去中心化的;爱丽丝与鲍勃说的英语和查理与大卫说的英语根本不需要达成一致。语言的存在不需要中心化的基础设施,英语语法规则也不是由任何一个人创建或控制的〔而世界语最初是由路德维希·扎门霍夫(Ludwik Zamenhof)发明的,尽管现在它还是一种活的语言,但正在变得毫无权威可言〕。

● BitTorrent 在逻辑上与英语类似,也是去中心化的。内容交付网络也类似,只不过是由一家公司控制的。

● 区块链在政治上是去中心化的(无人控制),在架构上也是去中心化的(没有基础设施中心故障点),但在逻辑上是中心化的(有一个共同认可的状态,系统的行为就像一台计算机)。

很多时候,当人们谈论区块链的优点时,他们描述的是拥有"一个中心化数据库"的便利性;这种中心化是一种逻辑上的中心化,在许多情况下,这种中心化是很不错的(尽管IPFS的胡安·贝内特也会尽可能推动逻辑上的去中心化,因为逻辑上去中心化的系统具有在网络分区中更容易生存,在世界上联通性较差的地区运行更好等优势)。

架构上的中心化通常会导致政治上的中心化,但这一点也并非必然,例如,在正式的民主政体中,政客们会在某个具体的政府会议厅开会并投票,但该会议厅的维护者完全不会因此而获得任何实质性的决策权。在计算机化系统中，在线社区可能会出于便利的考量而使用中心化的论坛，但如果有一个被广泛认同的社会契约，即如果论坛的所有者恶意行事，那每个人都会转移到另一个论坛（由反抗某一论坛的审查制度的人构成的社区，实际上可能就有这种属性）。

逻辑上的中心化使得架构上的去中心化更加困难，但这并非不可能。看看分散的共识网络是如何行之有效的，尽管它比维护BitTorrent更困难。逻辑上的中心化使得政治上的去中心化更加困难，想要通过简单地认同"待人宽如待己"原则来解决争议，会变得更加困难。

去中心化的三个理由

下一个问题是，为什么去中心化是有用的？对此，人们通常会提出以下几个论点。

- 容错性：去中心化系统意外宕机的可能性较小，因为它们由很多分散的组件构成，而这些组件不太可能同时发生故障。
- 抗攻击性：去中心化让攻击、破坏或操纵系统的成本更高，因为它们没有敏感中心点，而攻击敏感中心点的成本要比攻击周围系统更小。
- 防止参与者合谋：在去中心化系统中，参与者更难通过合谋来损人利己。而与此同时，在公司和政府中，领导层常常可以通过各种形式的合谋来做一些有利于自身，却会损害那些不能有效协调的公民、客户、员工或者公众的事情。

所有三个论点都是重要且有效的，但是，一旦你们开始考虑协议决策，这三个观点都会导向一些有趣和不同的结论。让我们逐一展开这些论点。

关于容错，核心论证很简单。什么事情发生的可能性更小？一台计算机出现故障，还是十台计算机中的五台同时出现故障？这个道理毋庸置疑，并且在现实生活中被应用于许多场景，包括喷气发动机、备用发电机，尤其是在医院、军事基础设施、金融投资组合多样化等，当然，还有计算机网络。

不过，这种去中心化虽然有效且十分重要，但也远非灵丹妙药，它们的作用甚至远不如一些偶尔预测准确的简单数学模型。其原因就在于共模故障。诚然，相比于一台喷气发动机发生故障，四台喷气发动机同时发生故障的可能性更小，但如果四台发动机都是在同一家工厂制造的，并且它们的故障都是由同一个无赖员工造成的呢？

现在的区块链是否能够防止共模故障？未必。请考虑以下场景：

- 区块链中的所有节点都运行相同的客户端软件，而该客户端软件存在缺陷。
- 区块链中的所有节点都运行相同的客户端软件，且该软件的开发团队都是社会腐败分子。
- 提议升级协议的研究团队被证明是社会腐败分子。
- 在工作量证明区块链中，70%的矿工在同一个国家，而该国政府决定出于国家安全目的没收所有矿场。

- 大多数采矿硬件都是由同一家公司制造的，该公司被贿赂或被迫开设后门①，允许该硬件随意关闭。
- 在权益证明区块链中，70%的权益代币都存放在一个交易所中。

如果从容错去中心化的整体观点审视以上所有这些方面，并思考如何将这些问题最小化，我们就可以得到一些显而易见的结论：

- 存在多个相互竞争的实施方案是至关重要的。
- 与协议升级背后的技术因素相关的知识必须是民主化的，这样更多的人就可以放心地参与研究讨论并批评明显不好的协议更改。
- 核心开发人员和研究人员应从多家公司或组织雇用（或者，这其中的很多人可以是志愿者）。
- 应该尽量按照减少中心化风险的思路设计挖矿算法。
- 理想情况下，我们可以使用权益证明来完全摆脱硬件中心化的风险（但我们也应该对权益证明引发的新风险保持谨慎）。

请注意，初始形式的容错要求主要侧重于架构的去中心化，但是，一旦开始考虑会影响协议持续发展的社区容错问题，你就会认识到政治去中心化也很重要。

现在，让我们来看看抗攻击能力。在一些纯粹的经济模型中，

---

① 后门指那些绕过安全性控制而获取对程序或系统访问权的程序方法。——译者注

你有时会得到这样的结果：去中心化无关紧要。假设你创建了一份协议，只要验证者发动了51%攻击［即最终性[①]反转（finality reversion）］，他就必定会损失5 000万美元，那么验证者是否由一家公司或100家公司控制就不再重要——5 000万美元的经济安全保证金就是5 000万美元经济安全保证金。事实上，中心化甚至可以最大化经济安全的概念有着深刻的博弈论根源（现有区块链的交易选择模型反映了这一观点，因为通过矿工或区块提议者将交易打包纳入区块这一行为，实际上是一种快速轮换的独裁统治）。

然而，一旦你采用了更丰富的经济模型，尤其是考虑有可能存在强制［或者更温和些，比如针对节点的DoS（拒绝服务）攻击］的模型，那么去中心化就变得更加重要。如果你用死亡威胁一个人，那么突然之间，5 000万美元对他来说就不再那么重要了。但是，如果5 000万美元在10个人之间分摊，那么你就必须威胁10倍的人，并同时做到这一切。总而言之，在很多情况下，现代世界的特点是攻击与防御不对称，并且有利于攻击者，就好比建造一座大楼需要耗资1 000万美元，而摧毁它的成本可能低于10万美元，但攻击者的杠杆往往是次线性（sublinear）的：如果摧毁一座造价1 000万美元的大楼需要10万美元，而摧毁一座造价100万美元的大楼则可能需要3万美元，建造成本越小，摧毁和

[①] 最终性（finality）指区块链上的所有交易得到了所有节点的验证和确认，因而是不可更改的。——译者注

去中心化的含义

建造的成本比例越高。

上述推理说明了什么呢？首先，它强烈支持了权益证明优于工作量证明，因为计算机硬件易于检测、管理或攻击，而代币则更容易隐藏（由于其他原因，权益证明也具有较强的抗攻击性）。其次，它表明开发团队应该广泛分布（包括在地理上广泛分布）。最后，它意味着在设计共识协议时，需要同时考虑经济模型和容错模型。

最后，我们来讨论三个论点中最复杂的一个，抵御合谋。合谋很难定义；或许唯一真正有效的方法是将其简单定义为"我们不喜欢的协作"。在现实生活中的很多时候，最理想的情况是所有人实现完美协作，但实际上可能会出现一些人能够协作，而另一些人则不能的危险情况。

一个简单的例子是反垄断法。它的目的就是防止市场一方的参与者聚集在一起实施垄断行为，以牺牲市场另一方参与者的利益和社会福利为代价来获取巨额利润。另一个例子是禁止候选人和美国超级政治行动委员会主动协作的规定，尽管这些规则在实践中很难执行。还有一个更小的例子是在国际象棋锦标赛中，为了防止棋手刷分而禁止两名棋手重复多次进行比赛。凡你目之所及，成熟的机构总是在无时无刻地致力于防止不受欢迎的协作行为出现。

在区块链协议的案例中，共识安全背后的数学和经济推理通常主要依赖于无协作的选择模型，或者假设博弈由众多独立决策的小参与者组成。如果任何一个参与者在工作量证明系统中获得超过1/3的挖矿权，他们就可以通过自私挖矿（selfish-mining）[①]获得巨额利润。然而，当拥有比特币网络90%挖矿能力的人通过足够好的协作出现在同一次会议上时（见下图），我们真的可以说无协作的选择模型是符合现实的吗？

区块链倡导者还指出，区块链更加安全，因为它们不能随心所欲地改变规则，但如果软件和协议的开发人员都为一家公司工

[①] 在这种策略中，矿工可能会合谋建立一个私有链，并破坏主链的有效性。
自私挖矿是一种投机的挖矿方法。一开始，自私的矿工会在最长链上挖矿，不过一旦他们挖出了一个区块，就会先把这个区块隐藏起来，而不是立即对全网广播。随后，他会继续在这个秘密块后出块，形成一个"秘密分支"。与此同时，其他矿工会延长在公开的那条链挖矿。当自私矿工发现秘密的链长度胜过公开的链长度时，他就可以将秘密链公开。这时，根据工作量证明机制，长度更长的秘密链会被认为是主链，所有其他矿工挖出的后续区块都将被抛弃。这样，自私的挖矿者就以其他矿工的牺牲为代价，为自己谋得了私利。——译者注

作，属于一个家庭，坐在一个房间里，这就很难说了。总的来说，这些体系不应该像自私自利的单一垄断企业那样运作。因此，你当然可以肯定，当各参与方更加难以协作时，区块链将更加安全。

然而，这是一个根本的矛盾。包括以太坊在内的许多社区经常被誉为具有强大的社区精神，能够在六天内对实施、发布和激活硬分叉进行快速协作，以解决协议中的拒绝服务问题。但是，我们如何培养和改进这种良好的协作，并同时防止"糟糕的协作"，即矿工试图通过反复协作的51%攻击来欺骗其他人？

有三种思路可以破解这个问题。

● 不必过于担心不良协作问题；相反，应该把更多努力投入构建可以抵抗它的协议上。

● 尝试找到一种令人满意的中间点，在允许协议有足够的协作来发展和前进的同时，保证协作的程度不足以引发攻击。

● 尝试区分有益协作和有害协作，使前者变得更容易，后者变得更难。

第一种思路构成了Casper设计理念的很大一部分。但这本身是不够的，因为仅仅依靠经济学无法应对去中心化带来的其他两类问题。第二种思路很难明确地进行工程设计，尤其是从长期看。不过，它经常会意外地实现。例如，比特币的核心开发者通常说英语，但矿工通常会说汉语，这一事实就是一个美丽的意外，因为它创造了一种"两院制"的治理，使协作变得更加困难，其附带好处是降低了共模故障的风险，因为由于距离和沟通困难，英语和汉语社区将至少在某种程度上分开思考问题，因此不太可能同时犯一样的错误。

第三种思路会遭遇比其他两种思路更多的社会挑战；这方面的解决方案可以包括：

●通过社会干预来提高参与者对整个区块链社区的忠诚度，以防止市场一方的参与者只对自己一方的人忠诚。

●在同一背景下促进不同"市场方"之间的沟通，以防验证者、开发商或矿工开始将自己视为一个"阶级"，并认为他们必须通过协调一致来保护自己的利益，对抗其他阶级。

●在设计协议时，应削弱验证者和矿工参与一对一"特殊关系"、中心化中继网络[①]，以及其他类似的超协议机制的激励。

●明确规定协议应该具有哪些基本属性，以及哪些事情不应该做，或者只能在极端情况下做。

因此，第三种去中心化，即避免发生不良协作的去中心化可能是最难实现的，并且难免需要做出权衡。也许最好的解决方案就是依赖一个保证有高度去中心化的群体，也就是协议的用户。

---

① 中继网络是一种计算机网络，用于在距离太远而无法直接发送信息的两个设备（如服务器和计算机）之间发送信息。——译者注

区块链治理笔记

近期，在区块链治理中出现了一个有趣的潮流：代币持有者的链上投票开始复兴，并成为多目标决策的一种机制。代币持有者的投票有时候会被用于决定由谁操作运行网络的超级节点（例如 EOS[①]、Lisk[②] 以及其他系统中的 DPoS 机制），有时用于决定协议参数［例如以太坊的燃料（gas）上限］，有时则会用于直接决定协议的实施和升级（例如 Tezos）。在所有这些情况下，投票都是自动进行的。协议本身就包含更改验证器集或更新自身规则所需的所有逻辑，并能够根据投票结果自动做出对应的响应。

明确的链上治理通常被吹捧为具有如下几个主要优势。首先，与比特币奉行的高度保守的哲学不同，它可以迅速发展，并接受所需的技术改进。其次，它可以通过创建一个明确的分权框架，避免非正式治理的已知缺点。这些非正式治理被认为要么过于不

---

* 原文发布于 2017 年 12 月 17 日的 vitalik.ca。
① EOS 即 Enterprise Operation System，是为商用分布式应用设计的一款区块链操作系统。EOS 是一种新的区块链架构，旨在实现分布式应用的性能扩展。在一些报道中，EOS 被称为区块链 3.0。——译者注
② Lisk 是建立在区块链应用上的去中心化平台，它使开发者可以在 Lisk 平台上通过开发专属的侧链来建立广泛的应用程序。——译者注

稳定，从而容易导致连锁分裂，要么会很容易蜕变为事实上的中心化，而后者正是1972年那篇著名的文章《无结构的暴政》指出的观点。[①]

这里引用了Tezos的文件：

> 虽然所有区块链都为维护其账本上的一致性提供了金融激励，但没有一个区块链拥有足够稳健的链上机制来无缝连接其协议规则和协议奖励。因此，第一代区块链事实上将决策的权力赋予中心化的开发团队或矿工。

以及：

> 是的，但是你为什么会想让"少数链分裂"（minority chain split）更容易？这会破坏网络效应。

用链上治理来选择验证者还有一个好处，它允许网络对验证者提出高计算性能的要求，而不会导致经济中心化的风险以及公链上出现的其他类型的陷阱。

到目前为止，总的来说，链上治理看起来还是一桩好买卖……那么它又有什么问题呢？

[①] 该文作者为乔·弗里曼（Jo Freeman）。在文中，弗里曼反思了所谓无等级的女权主义说唱团体中出现的非正式等级制度，并分析了经常应用于网络社区的非正式等级制度。

什么是区块链治理？

首先，我们需要更清楚地阐述"区块链治理"的过程究竟是怎样的。一般来说，非正式的治理模式有两种，我将它们分别称为"决策函数"视角的治理和"协调"视角的治理。决策函数视角将治理视为函数 $f(x_1, x_2 \cdots x_n) \to y$，其中输入变量是各种合法的利益相关者（参议员、总统、业主、股东、选民等）的意愿，输出变量则是决策（见下图）。

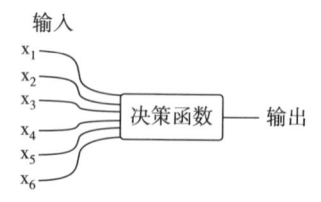

作为一个近似，决策函数视角通常很有用，但它显然很容易在边界问题上产生混乱，比如，人们通常能够而且确实会违反法律并逍遥法外；有时规则是模棱两可的；有时会发生革命。至少在某些情况下，这三种可能性都是好事。系统外部发生某些行为的可能性带来的激励通常会影响系统内部的行为，至少在某些时候这也是一件好事。

相比之下，协调视角的治理模型则将治理视为分层存在的东西。底层是现实世界中的物理定律本身（这就像地缘政治现实主义者所说的枪支和炸弹）。在区块链空间中，我们可以进一步抽象地说，这是每个个体以用户、矿工、利益相关者、验证者或任何其他类型的区块链允许他们扮演的主体身份，来按照其意志运行各种软件的能力。

底层始终是最终的决定层；例如，如果有一天所有比特币用户醒来后决定编辑其客户端源代码，将所有代码都替换为以太坊的客户端代码，让它可以适合特定ERC20[①]通证合约的限定条款，这就意味着ERC20通证就是比特币。底层的最终决策权是不可阻挡的，但人们在这一层采取的行动也会受到更上层行为的影响。

第二层（也是至关重要的）是协调机构。协调机构的目的是给个体如何行动、何时行动创造一个焦点，以便他们更好地协调其行。无论是在区块链治理还是在现实生活中，都有很多这样的情况：如果你单独采取某种行为，你可能会一事无成（甚至更糟），但如果每个人都共同行动，就可以实现预期的结果（如下图所示）。

	A	B
A	(5, 5)	(0, 0)
B	(0, 0)	(5, 5)

一个抽象的协调博弈。当你和其他人采取一样的行动时，将会收益颇丰。

在这些情况下，其他人走你就走、其他人停你就停是合乎你的利益的。你可以把协调机构想象成在空中悬挂的绿旗或红旗，

---

① ERC20 是以太坊生态中的通证标准。——译者注

它指示人们"走"或"停",在某种既定的文化中,每个人都会看着这些旗帜,(通常)按照它们的指示行事。为什么人们有动力遵从这些旗帜?因为其他人已经在遵从它们,而你有动力做其他人正在做的事(如下图所示)。

一位拜占庭将军[①]正在集结他的部队。这样做的目的不仅是要唤起士兵的勇气和激情,而且要让他们确信,其他人也都感受到勇气和激情,也会向前冲。这样,士兵就不会自杀式地单独向前冲锋。

严正声明:协调旗帜的概念囊括了"治理"的所有内容;如果没有协调博弈(或者更广义地说,多重均衡博弈),治理的概念也就没有意义。

在现实世界中,来自将军的军事命令起到了旗帜的作用,在区块链世界中,这类"旗帜"的最简单例子就是告诉人们是否进行硬分叉的机制。协调机构可以是非常正式的,也可以是非正式

[①] 使用这个例子是对博弈论中拜占庭将军问题致敬。拜占庭将军问题说的是,一群军队包围了拜占庭,他们需要同时进攻才能获胜。如果他们缺乏安全的通信手段,应该如何协调同时发动的进攻?

的，并且经常会给出模棱两可的建议。理想情况下，旗帜总是红色或绿色的，但有时旗帜也可能是黄色的，甚至是全息的，这意味着对有些人来说它是绿的，对有些人却是黄的或者红的。有时还有多条指令相互矛盾。

因此，治理的关键问题是：

● 第一层应该是什么？也就是说，我们应该为最底层设计什么样的特点，这样的特点会如何影响我们公式化地改变协议的能力，以及不同种类、不同级别的主体如何以不同的方式行动？

● 第二层应该是什么？也就是说，应该鼓励人们关心什么样的协调机构？

代币投票的角色

以太坊也有代币投票的历史，包括：

● DAO 提案投票：https://daostats.github.io/proposals.html。

● The DAO Carbonvote[①]：https://v1.carbonvote.com/。

● EIP 186/649/669 Carbonvote：https://carbonvote.com。

[①] Carbonvote 规定账户汇款到一个地址表示投赞成票，汇款到另一个地址则表示投反对票。每个地址都是一个记录给定地址投票的合约。然后 Carbonvote 对投票进行统计，并显示所有投赞成票和/或反对票的账户的净余额。它允许用户改变主意，用后来的投票取代之前的投票。——译者注

下面是三个松散耦合[①]的代币投票，或者说用松散耦合的代币投票作为第二层协调机构的例子。以太坊没有任何紧密耦合的代币投票（或将代币投票作为协议功能中的第一层）的例子，但它确实有一个紧密耦合的矿工投票的例子：矿工有权对燃料的上限进行投

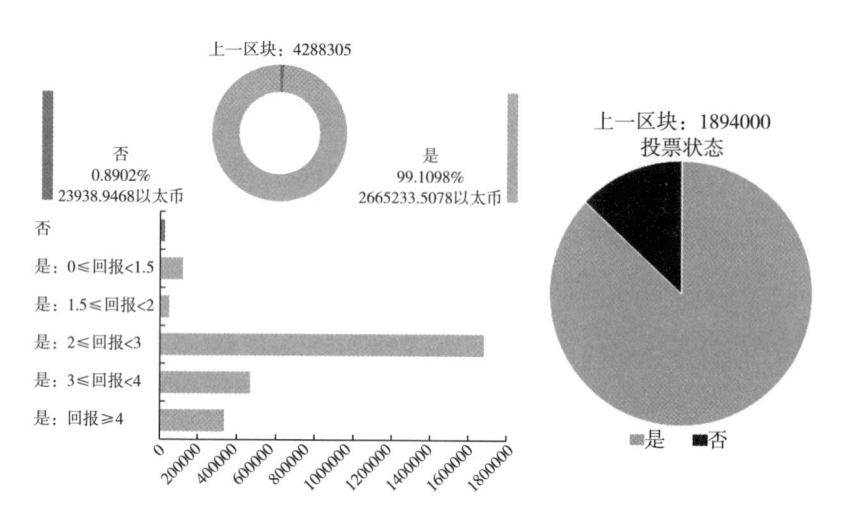

上一区块：4288305

否
0.8902%
23938.9468以太币

是
99.1098%
2665233.5078以太币

否
是：0≤回报<1.5
是：1.5≤回报<2
是：2≤回报<3
是：3≤回报<4
是：回报≥4

上一区块：1894000
投票状态

■是 ■否

开放的议题
开放的议题数量：71

隐藏展开

ID	描述	质押	剩余时间	投票比例	
2	你相信上帝吗？	2 以太币	已结束	0.75%	
71	啤酒圣代	0 以太币	已结束	0%	展开
5	在DAO合约……之前暂停提议	2 以太币	已结束	8.13%	
11	负责人，请找人修复DAO代码……	2 以太币	已结束	1.77%	
15	亲爱的DAO通证持有者，我只是一个普通的DAO通证持有人……	2 以太币	已结束	2.24%	
17	将提案质押增加到11以太币	2 以太币	已结束	9.62%	

---

① 松散耦合和紧密耦合是组织的两种耦合形式，前者主张组织因共同信念、准则和制度化的预期而联结；后者则主张组织因标准化、强相互依赖以及集权式管理而联结。——译者注

114　　权益证明

票。① 显然，紧密耦合的投票和松散耦合的投票在治理机制领域是相互对立的，因此需要深入研究这两种投票分别有什么优缺点？

假设交易成本为零，如果将两种投票中的一种作为唯一的治理机制，那么它们显然是等价的。如果松散耦合的投票表示应该实施 X 变更，那么这将成为一面"绿色旗帜"，鼓励每个人下载更新；如果少数人想要反抗，他们将不会下载更新。如果紧密耦合的投票实现了 X 变更，那么更改会自动发生，如果少数人想要反抗，他们可以安装一个硬分叉更新来取消更改。但是，与硬分叉相关的交易成本显然是非零的，这就导致一些非常重要的差异。

一个非常简单且重要的差异是，紧密耦合的投票创造了一种偏向于多数人认可的决策默认机制，并要求少数人花大力气进行一次硬分叉来保存区块链之前的特性。

而松散耦合的投票只是一种协调工具，它仍然需要用户自行根据实际下载并运行含有更新的软件。当然，它们还有许多其他差异。现在，让我们看看反对投票的一些论点，并剖析每个论点如何适用于第一层投票和第二层投票。

低投票参与率

迄今为止，对代币投票机制的主要批评之一是，无论这种机

---

① 这里，燃料上限是矿工集体对单个区块内允许的网络活动量设定的上限。这是一种平衡系统容量与矿工所需资源支出的方法。

制在哪里被尝试，它们的投票参与率总是很低。DAO Carbonvote 只有 4.5% 的参与率。

上一区块：1894000
投票状态

是
以太币：3964516.72178130761881221

否
以太币：577899.78346336959992868

■是 ■否

此外，财富分布也非常不均衡。作为对 DAO 分叉的批判，下面这幅图很好地展示了这两个因素共同导致的结果。

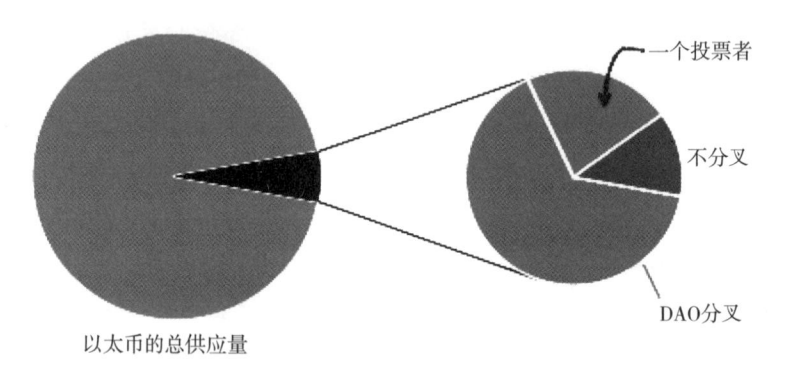

一个投票者
不分叉
DAO 分叉
以太币的总供应量

EIP 186 Carbonvote 拥有约 270 万以太币投票权。DAO 提案的投票结果并不好，参与率从未达到 10%。而在以太坊之外，情况也不乐观；即使在比特股这一围绕投票设计出来的专属核心社会契约的系统中，得票率最高的代表也只有 17% 的选票。虽然在 Lisk 中投票率有 30%，但它也存在问题。关于这个系统，我们后面还会讨论。

低投票参与率意味着两件事。首先，投票很难获得合法性，因为它只反映了一小部分人的观点。其次，只有少量代币的攻击者也可以影响投票。无论投票是紧密耦合的还是松散耦合的，这些问题都存在。

博弈论攻击

除了受到大量媒体关注的"大规模黑客攻击"外，DAO还有一系列规模较小的博弈论意义上的漏洞。但这仅仅是冰山一角。即使所有投票机制的细节都得到正确的执行，投票机制总体来说还有一个很大的瑕疵：在任何投票中，任意投票者影响最终结果的概率都很小，所以驱使每个选民诚实投票的个人激励几乎是微不足道的。如果每个人的持股比例都很小，他们进行正确投票的激励就更小。因此，通过向参与者提供数额较小的贿赂就可能足以影响他们的决定，甚至导致最后的结果与参与者的期望完全相反。

你可能会说，人们不是邪恶自私的利润最大化者，他们并不会仅仅因为上面的计算表明他们单独影响投票结果的概率微乎其微，就会在接受了0.5美元的贿赂后投票决定把2 000万美元给乔什·加扎（Josh Garza）。[①] 相反，他们会无私地拒绝做那些坏事。对这种批评，有两种回应。

[①] 2018年，加密采矿公司GAW Miners的首席执行官乔什·加扎承认电汇欺诈，并因实施庞氏骗局而被判入狱。

第一种，贿赂是可行的，并且确实有多种办法实现贿赂。例如，一个交易平台可以为存款提供利息（或者更模糊地说，用交易平台自己的钱建立一个很棒的界面和功能），然后交易平台的操纵者可以用这些钱按自己的意愿进行投票。交易平台可以从混乱中获利，因而它们的动机与用户以及代币拥有者的动机相当不一致。

第二种，事实上这也更符合人性。在实践中，人们，至少加密货币拥有者似乎是利益最大化主义者，并且他们不会把接受一两次贿赂视作邪恶和自私的。作为首要的证据，我们可以看看Lisk的情况，它的代理池（delegate pool）看起来已经成功地被两个显然会贿赂代币拥有者的"政党"占据，而且它们还会要求自己的成员为组织中的其他成员投票。

以下是LiskElite[①]，有55名成员（总共101人）：

cure | https://liskelite.com

Lisk　主页　选民　待定选民　历史　捐赠　会员　　　语言 · 登录

会员规则：
1.除中国代表外，每位精英会员每周必须向其选民分享其铸造的LISK的25%；
2.除中国代表外，每位精英会员必须将其铸造的LISK的5%捐赠给精英LISK基金，用于支持LISK生态系统；
3.精英会员必须投票给其他会员；
4.精英会员注册现已关闭，目前不接受新会员。

选民规则：
1.为了获得奖励，您必须为所有精英集团会员投票；
2.精英奖励将每周支付一次，并自动到达选民账户。
精英集团保留所有权力

---

① LiskElite和后面提到的LiskGDT是Lisk的两个矿池。——译者注

这是LiskGDT，有33名成员：

作为第二个证据，下表是在Ark[①]中的一些投票者贿赂的交易记录。请注意，在这里紧密耦合的投票和松散耦合的投票之间有一个关键区别。在松散耦合的投票中，直接或间接行贿也是可能的，但如果社区认定某个给定的提案或一组投票构成了博弈论攻击，就可以简单地通过社区同意来否定它。事实上，这种情况已经发生了。Carbonvote有一个与已知交换地址相对应的地址黑名单，规定这些地址的投票不计算在内。而在紧密耦合的投票中，则无法在协议级别创建这样的黑名单，因为同

---

① Ark是一个可互操作的区块链，可链接任何其他区块链。——译者注

最近的交易

账号	时间戳	发送者	接收者	智能桥	数额（ARK）	费用（ARK）
380af...d7ab4	2017/04/17 12:20:41	bioly	AbxqF...jXJ6B	来自bioly代理池的支付，感谢支持！	7.60466706	0.1
5795e...26029	2017/04/17 12:20:41	bioly	ARUNS...oLzvs	来自bioly代理池的支付，感谢支持！	6.07691376	0.1
37694...35419	2017/04/17 12:20:40	bioly	AG2N1...taeZv	来自bioly代理池的支付，感谢支持！	2.48455539	0.1
8c6b1...f1f9a	2017/04/17 12:20:39	bioly	AWmMj...HJUBR	来自bioly代理池的支付，感谢支持！	118.47841646	0.1
d2ad5...c84af	2017/04/17 12:20:38	bioly	AbJ6N...ZrZxq	来自bioly代理池的支付，感谢支持！	9.37653981	0.1
45280...aa3f0	2017/04/17 12:20:37	bioly	AevZb...68d6G	来自bioly代理池的支付，感谢支持！	118.4945548	0.1
ace28...1cdee	2017/04/17 12:20:37	bioly	teletobi	来自bioly代理池的支付，感谢支持！	11.72867675	0.1
20ca3...4278b	2017/04/17 12:20:36	bioly	ANY7W...6TfzX	来自bioly代理池的支付，感谢支持！	4.80016674	0.1
a4de1...f90fd	2017/04/17 12:20:36	bioly	ARKBb...znv2Z	来自bioly代理池的支付，感谢支持！	178.80073745	0.1
cb528...592bc	2017/04/17 12:20:36	bioly	AUmaL...QeHyP	来自bioly代理池的支付，感谢支持！	237.32335576	0.1
29740...578db	2017/04/17 12:20:35	bioly	AUw4A...HxWB7	来自bioly代理池的支付，感谢支持！	54.14948207	0.1
331df...5b0f2	2017/04/17 12:20:35	bioly	AQxnW...F2HGH	来自bioly代理池的支付，感谢支持！	46.96456749	0.1
38fac...e02f5	2017/04/17 12:20:34	bioly	AKkvf...L5TW9	来自bioly代理池的支付，感谢支持！	41.98709123	0.1
50190...b5284	2017/04/17 12:20:34	bioly	AWskK...bRB4m	来自bioly代理池的支付，感谢支持！	7.39663982	0.1
72270...78a41	2017/04/17 12:20:34	bioly	AUTPB...E6pro	来自bioly代理池的支付，感谢支持！	15.64031609	0.1
19914...bae6a	2017/04/17 12:20:33	bioly	AVbiK...MEK8P	bioly费用账户	403.66128558	0.1
af13f...6a16e	2017/04/17 12:20:33	bioly	AVVVY...gTtCo	来自bioly代理池的支付，感谢支持！	7.63884129	0.1
74c3c...061f6	2017/04/17 12:20:32	bioly	AYTAy...3egy6	来自bioly代理池的支付，感谢支持！	71.46381847	0.1

意谁应该被列入黑名单本身就是一个区块链治理决策。但是，由于黑名单是社区创造的投票工具的一部分，且这个黑名单只会间接地影响协议变更，因此包含不好的黑名单的投票工具可能会被社区拒绝。

值得注意的是，本节并未预言所有紧密耦合的投票系统都会很快受到贿赂攻击。由于以下原因，紧密耦合投票也完全能生存下来：所有这些项目都有创始人或基金会，他们都持有大量的预挖矿。作为大型中心化参与者，他们对平台的成功更感兴趣，因而不易受贿，并且有足够的代币来抵挡大多数贿赂攻击。但是，这种中心化信任模式虽然可能在项目早期阶段的某些情况下有用，但从长期看，它显然是一种不可持续的模式。

非代表性

对投票的另一个重要反对意见是,代币持有者只是一类用户,他们的利益可能与其他用户的利益冲突。对于比特币等纯加密货币,其价值存储用途["持有"(hodling)[①]]和交换媒介用途("购买咖啡")天然会发生冲突,因为前者更重视安全性,而后者更重视可用性。对于以太坊,冲突则更为严重,因为许多人使用以太坊的原因与以太币无关(请参见 CryptoKitties[②]),甚至与一般的有价数字资产无关(请参见 ENS[③])。

此外,即使代币持有者是唯一重要的用户类别(人们可能会认为这是加密货币中的情况:它有一份既定的社会契约,其目的是成为数字黄金而非其他任何东西),也仍然存在一个挑战,即某些代币持有者有着比其他持有者大得多的话语权,这种情况打开了中心化持有的大门,最终导致无法阻止的中心化决策制定。或者,换句话说(见下页图)……

这种批评同样适用于紧密耦合和松散耦合的投票,不过,松散耦合的投票更容易妥协,从而会减轻非代表性问题,对此我们稍后将进行讨论。

[①] "HODL"是加密词典中的一个术语,指的是当代币价格下跌时,有人疯狂地试图键入"hold"以阻止他人出售。这是一个与关注价格的交易员最相关的号召;在以太坊文化中,相应的模因是"BUIDL",它用来呼吁通过构建更好、更有用的工具来应对挫折。
[②] 加密猫(CryptoKitties)是2017年上线的区块链游戏。——译者注
[③] ENS是以太坊的域名服务系统。——译者注

一个投票者

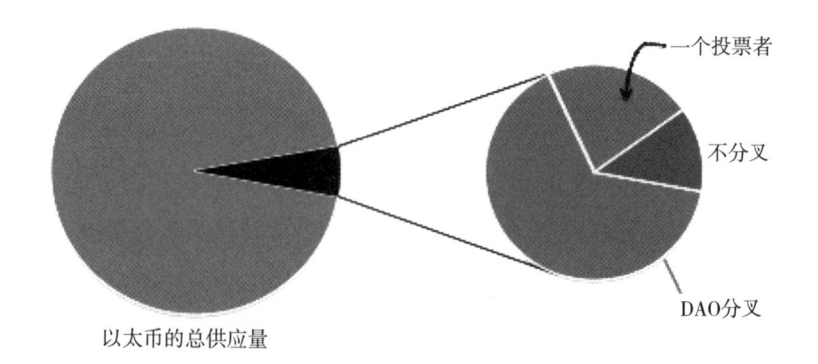

不分叉

DAO分叉

以太币的总供应量

中心化

让我们看看现在以太坊正在开展的紧密耦合实验，即燃料上限。下面是过去几年的燃料变化状况。

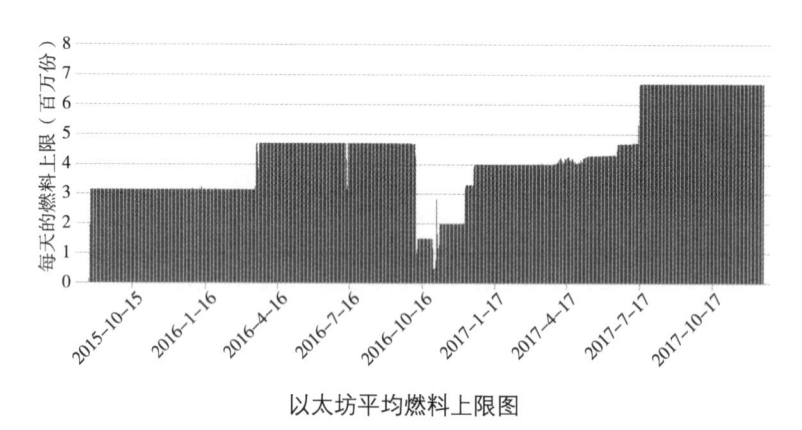

以太坊平均燃料上限图

资料来源：Etherscan.io。

你可能会注意到，以上曲线给你的总体感觉有点像另一幅你或许非常熟悉的图。

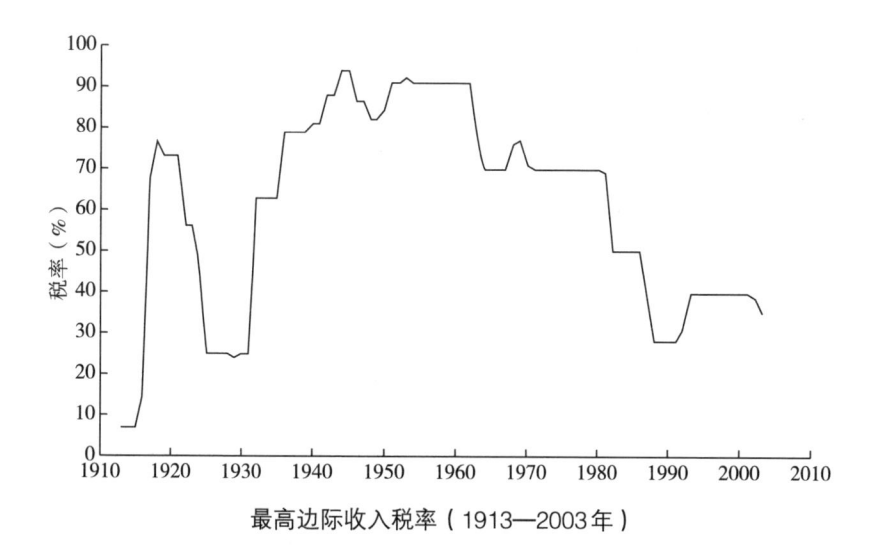

最高边际收入税率（1913—2003年）

基本上，它们看起来都像魔法数字一样，不断地被一个中心化群体操纵着。在第一个案例中发生了什么？矿工总体上会遵循社区偏好的方向，而社区偏好本身就是在社区共识的帮助下测算得出的，那些导致硬分叉的决策也是如此（例如核心开发者支持、Reddit[①]支持票等；在以太坊，燃料上限从未引起足够的争议，以至于需要通过类似代币投票的严肃方式来处理）。

因此，我们并不完全清楚投票是否能够传达去中心化的结果，特别是当投票者并不懂技术，而只是简单地顺从于一些专家时。同样，这一批评对松散耦合的投票与紧密耦合的投票也一样适用。

更新：在写了这篇文章之后，以太坊矿工似乎成功地将燃料

[①] Reddit是一个社交新闻站点，用户可以在其中创建和分享内容。其他的用户可对发布的内容进行评分，得分突出的链接会被放到首页。——译者注

上限从670万份提高到了800万份，而这甚至没有与核心开发者或以太坊基金会讨论过。所以希望还是有的，但它需要社区付出大量的努力，包括很多非技术性的努力。

数字宪法

有人提出了一种降低治理算法失控风险的方法，这种方法被称为"数字宪法"（digital constitutions），它从数学上规定了协议应该具有的期望属性，并要求任何新的代码更改都需要计算机能够验证的证据来证明新代码仍然满足这些属性。乍一看，这似乎是个好主意，但我认为我们依然应该对它持怀疑态度。

一般来说，制定关于协议特性的规范，并让这些规范能够帮助协调指令是一个非常好的想法。这使我们能够保存我们认为重要和有价值的协议核心属性，并使其更难更改。然而，这些规范的执行应该采取松散耦合（第二层）而不是紧密耦合（第一层）的形式。

基本上，任何有意义的规范实际上都很难完整地表达出来，这是价值问题复杂性的一部分。即便对很多看起来无可争议的问题来说，这一观点也是成立的，比如代币发行上限为2 100万枚。[①]当然，我们只需要加上一行代码 assert total_supply <= 21000000，然后加上一行注释说，"任何情况下都不要删除这行代

---

① 参考比特币系统在当前设计下将产生的代币总量。

码",但还有很多种迂回方式可以违反这条规范。比如,想象在软分叉中加入一笔强制的交易费用,它和"币价×代币产生到最后被发送所消耗的时间"成正比,这就相当于进行了通货紧缩。人们还可以再发行一种代币,称为Bjtcoin,规定它有2 100万枚,并添加一项功能,在比特币交易被发送后,矿工能够拦截它并将其占为己有,然后给接收者发送Bjtcoin;这就可以迅速地让比特币和Bjtcoin实现彼此替换,并将"总供应量"增加到4 200万枚,而这个过程甚至不需要修改一行代码。至于那些更"软"的规范,比如不要干涉应用程序的状态(application state),就更难执行了。

我们希望,违反任何这些保证的协议变更都应被视为非法,应该有一个协调机构,即使它们得到了投票批准,也会挥舞红旗。我们还希望,那些虽然遵循了规范文字,但违反了规范精神的协议变更也应被视为非法。在社区中,让规范在第二层运行,而不是在协议的代码中运行,才能最好地实现我们的目标。

走向平衡

不过,我也不愿意走上另一条路,说代币投票或其他明确的链上投票计划在治理中没有任何地位。目前领先的替代方法似乎是核心开发者共识,但在我看来,这种由象牙塔精英控制的模式过分沉溺于抽象哲学和攀比技术硬核程度,而不顾用户体验、交易费用等实际问题。作为一种失败的模式,它同样是一个需要被严肃对待的问题。

那么我们应该如何解决这个难题呢？首先让我们在传统政治背景下看看slatestarcodex[①]上的这段言论。

> 初学者的错误是：当你看见某个系统变成了莫洛克（因为某些特殊利益误入歧途），你就说，"好吧，我们让另一个系统来控制它，然后在另一个系统上用红色粗体标记'不要变成莫洛克'"。
>
> （"我发现资本主义有时变得失控，我们让政府来控制它吧！然后我们只雇用道德高尚的人在政府高层工作。"）我不会说这是一个好的替代方案，但是，找到几个看起来不错的系统，它们的标准各不相同，但大致都围绕人类福祉进行优化；将它们拼凑在一起，希望它们能够在不同的地方各有所长，就像瑞士奶酪模型一样；另外，保持足够的个体自由，让人们在发现系统太糟糕的时候能够退出；最后让文化演化来完成剩下的工作。

在区块链治理中，这似乎也是唯一的出路。我提倡的区块链治理方法是"多因素共识"，即对不同的协调标志、不同的机制和

[①] Slate Star Codex 是"美国西海岸的精神病学家"斯科特·亚历山大（Scott Alexander）的博客。他的博客在加密文化圈中受众很广。文章《冥想莫洛克》（Meditations on Moloch）借用艾伦·金斯伯格的诗歌《嚎叫》（Howl）的情节，将古代黎凡特的食童神解释为一个协调失败的神。在以太坊亚文化中，"杀死莫洛克"是通过一致的激励来建立更好的协调系统的代名词。

小组进行投票，最终的决定取决于所有这些因素结合而产生的结果。这些协调标志可能包括：

● 路线图（即项目历史早期公布的有关项目发展方向的一组想法）；

● 核心开发团队的共识；

● 代币持有者的投票；

● 用户通过某种防女巫攻击[①]（Sybil-resistant）的投票系统进行投票；

● 既定规范（例如，不干涉应用程序、2 100万枚代币上限）。

我认为，作为决定是否实施特定变革的几个协调机制之一，代币投票是非常有用的。它并不完美，也不具有代表性，但它可以防止女巫攻击——如果你看到1 000万枚以太币投票支持某个提案，你不能简单地说，"哦，那只是雇用了有虚假社交媒体的俄罗斯水军"。它也能与核心开发团队形成互斥，必要时甚至能够对开发团队起到监督作用。然而，如上所述，也有很多理由让它不应该成为唯一的协调机制。

支撑这一切的是区块链与传统系统的关键区别，也正是它使区块链变得有趣：支撑整个系统的"第一层"要求任何协议变更、用户自由度，以及可信威胁都需要得到用户同意，如果有人试图给用户强加他们认为有敌意的更改，用户就可以将其"分叉"掉。

[①] 防女巫攻击是对抗潜在的女巫攻击，即单个用户冒充多个用户来破坏系统的特性，这个名词来自1973年的畅销书《女巫》（*Sybil*），这部书描述了当时所谓的"多重人格障碍"。

在某些有限的情况下，紧密耦合的投票也是可行的。例如，尽管存在缺陷，但矿工对燃料上限进行投票的能力是一个在很多场合都已被证实为非常有益的功能。矿工试图滥用权力的风险可能比协议中出现与燃料上限和区块大小有关的代码错误的风险（这些错误可能导致严重的后果）小得多，在这种情况下，让矿工对燃料上限进行投票将是一件好事。然而，"允许矿工和协调者对一些可能需要快速且不断改变的特定参数进行投票"，则与允许他们任意控制协议规则，或者允许投票控制验证都相去甚远，无论在理论和实践中，这些更广泛的链上治理愿景的前景都十分暗淡。

论合谋

过去几年来，人们越来越热衷于在各种场景下使用精心设计的经济激励和机制设计来引导参与者的行为。在区块链领域，机制设计首先被用来为区块链本身提供安全保障，鼓励矿工或权益验证者诚实参与。最近，它又被应用于"预测市场""通证管理注册中心"和许多其他场景。与此同时，新生的激进变革运动催生了哈伯格税①、二次方投票、二次方融资②等方面的实验。最近，人们也对

---

* 原文发布在2019年4月3日的vitalik.ca上。
① 在这种税收制度下，人们按照他们准备出售资产的价格对资产纳税。与后面提到的二次方模型一样，哈伯格税是由埃里克·波斯纳（Eric Posner）和格伦·韦尔（Glen Weyl）在《激进市场》（Radical Markets: Uprooting Capitalism and Democracy for a Just Society, Princeton University Press, 2018）一书中提出的。
哈伯格税的思想渊源可以追溯到亨利·乔治和孙中山。后来，哈伯格在1962年的论文中，对这一思想进行了正规的表述。哈伯格税有三个要点：（1）资产所有者对资产自行估价，并在市场上挂牌；（2）政府按照这个估价收取资产税；（3）愿意购买资产的买家对资产进行拍卖，如果最高出价高于所有者的估价，则卖家必须强行出售这一资产。波斯纳和韦尔在自己的书中重新介绍了哈伯格税，并认为通过这个机制可以让资产更有效地流转到那些更有效率地使用它们的人手中。——译者注
② 二次方融资是布特林、海茨格和韦尔用类似二次方投票的思路提出的一种公共品融资方案。这个方案建议：DAO可以成立一个配资池（matching pool），在项目进行私人融资之后，配资池再根据其配资情况进行配资（类似学校给社科基金的配套资助），而每个项目得到的配资额与它从每一个捐赠者所得赞助的平方根之和的

利用基于通证的激励措施鼓励社交媒体上的高质量发帖越来越感兴趣。不过，随着这些系统的发展逐渐从理论走向实践，还有很多挑战需要解决，而我认为这些挑战还没有得到充分的重视。

中国的"币乎"平台是用来分析从理论走向实践的很好例子，它最近发布了一个基于代币的激励机制来鼓励人们写帖子。这个机制的基本思路是，如果平台的用户持有 KEY 通证，他们有权利用这些 KEY 通证对文章"押注"。每个用户每天可以进行 k 次点赞，每次点赞的"权重"与点赞的用户的权益成正比。拥有更多点赞的文章就会越来越突出，文章作者得到的 KEY 通证奖励大致与该文章的 KEY 点赞数成正比。这是一个十分简化的描述，实际机制内包含了一些非线性因素，但这些因素对机制的基本运作并非必不可少。KEY 之所以有价值，是因为它可以在平台内部以各种方式被使用。（请为他们引入这种做法，而不是推出另一种用作交易媒介的通证点赞！）

这种设计并不是独一无二的，激励在线内容创作是很多人都关心的事情，有很多类似特征的设计以及一些相当不同的设计。即使如此，"币乎"这个特殊平台也已经得到广泛使用。

几个月前，Reddit 上的以太坊交易板块 /r/ethtrader 推出了一项类似的实验功能，向发表评论并获得支持的用户发放一种被称为

平方成正比。由于二次方融资方案的配资额与捐赠该项目的人数相关，因此这种方案被认为可以照顾到社区中更广泛群体的利益。关于二次方融资的进一步讨论，可以参考 Buterin, Vitalik, Zoë Hitzig, and E. Glen Weyl. 2019, "A flexible design for funding public goods." *Management Science* 65（11）：5171–5187。——译者注

"甜甜圈"的通证，系统每周向用户发放一定数量的甜甜圈，发放数量与用户评论获得的点赞数成比例（见下图）。这些甜甜圈可以用来购买置顶消息栏内容的使用权，也可以用来在社区中投票。不过，在 KEY 系统中，当用户 A 给用户 B 点赞时，B 获得的奖励与 A 的现有代币供应量不成比例，与此相反，每个 Reddit 账户都有相同的能力为其他 Reddit 账户做出贡献。

排行榜	周
2 000 000	
将于3天零6小时后释放	
顶级用户	甜甜圈
jtnichol	63 226
ruvalm	44 425
AutoModerator	43 964
1 992个用户	

这种实验试图超越捐赠和小额付费等方式的已知局限，来奖励高质量内容创作者，这是非常有价值的。对互联网用户创造内容的补偿不足是整个社会面临的重要问题，加密社区试图利用机制设计的力量来解决这个问题，这种行为十分令人鼓舞。但不幸的是，这些系统很容易受到攻击。

自我投票、财阀统治和贿赂

下面说明如何从经济上攻击上述设计。假设某个十分富有的用户获得了 n 数量的通证，然后该用户的 k 个点赞中的每一个都会给被赞者带去n×q（q在这里可能是一个非常小的数字，比如q = 0.000001）的奖励。用户只需为他们自己的"马甲"[①]账户点赞，就能给自己带来n×k×q的奖励，每个用户在每个周期可以获得的"利率"为k×q，然后，系统就崩溃了，这个机制什么也完成不了。

实际上，币乎机制似乎预见到这一点，因而引入了一些超线性逻辑：具有更多KEY的文章获得了不成比例的更大奖励，这似乎是鼓励对受欢迎的帖子投票，而不是自我投票。在代币投票管理系统中，通常会加入这种超线性逻辑，以防止自我投票破坏整个系统；大多数DPoS计划只有有限的代表名额（delegate slots），对于没有获得足够选票成为代表的人奖励为零，其效果也类似。但这些计划总会带来两个新的问题：

● 补贴富豪集团，因为非常富有的个人仍然可以获得足够的资金进行自我支持。

● 用户可以贿赂其他用户，通过集体投票绕过这些限制。

贿赂攻击听起来可能有些牵强（在现实生活中，谁接受过贿赂？），但是在一个成熟的生态系统中，它们比看起来的要现实得多。大多数情况下，贿赂发生在区块链领域，运营商使用一个委婉的新名称为这个概念改头换面：这不是贿赂，这是一个"分享红利"的"权益池"（staking pool）。贿赂甚至可以被混淆：想象一下某个加密数字货币交易所，它花费巨大精力搭建了一个超

---

① 马甲账户是用户在声称自己是另一个用户时创建的假账户。

级棒的用户界面，甚至不是尝试赚取利润，而是使用用户存入的代币来参与各种代币投票系统。不可避免地，也会有人认为团队内部的合谋是再正常不过的事情，比如最近关于 EOS DPoS 的丑闻：

> Maple Leaf Capital @MapleLeafCap · 26 Sep 2018
> 在指控1中，火币投票给了其他20位BP候选人，其中的16位候选人也投票给了火币。正如你在这条推文所附的图片中看到的那样。

> Maple Leaf Capital @MapleLeafCap · 26 Sep 2018
> 在指控2中，火币投票给了eosiosglllll、cochainworld和eospaceioeos，分别获得了170%、150%和50%的回报，正如下面的推文所示。

最后，还有"消极贿赂"的可能性，即通过勒索、胁迫以威胁参与者，迫使他们在机制内以某种方式行动。

在 /r/ethtrader 实验中，由于担心人们通过购买甜甜圈来改变治理调查（governance polls）的结果，社区决定只让锁仓的（即不可交易的）甜甜圈有资格用于投票。但是，还有一种比买甜甜圈更便宜的攻击（这种攻击可以被认为是一种模糊的贿赂）：租用甜甜圈。

如果攻击者已经持有以太币，他们可以在 Compound 等平台上通过抵押以太币来获得某种通证的贷款，你有权将这些通证用于包括投票在内的任何目的。在完成一切后，只需将通证发回贷款合约即可赎回抵押品。即使代币投票机制设置了时间锁定（就如币乎所做的），他们也无须对刚刚用来进行代币投票的通证承受哪怕一秒钟的价格风险。事实证明，在每一种情况下，贿赂、不知不觉地过度授权、人脉广泛且富有的参与者等问题都难以避免。

身份

一些系统试图通过使用身份系统来缓解代币投票中的富豪影响。以 /r/ethtrader 的甜甜圈系统为例，虽然治理调查是通过代币投票进行的，但决定你获得多少甜甜圈（即代币）的机制是基于 Reddit 账户的：一个账户的一个点赞相当于赚到的 n 个甜甜圈。身份系统的理想目标是让人们能够相对容易地获得一个身份，却相对难以获得多个身份。在 /r/ethtrader 甜甜圈系统中，身份是基于 Reddit 账号的；而在 Gitcoin CLR 匹配小工具[1]中，身份则是根据用于相同目的的 GitHub[2] 账户确定的。但至少从迄今为止的实施方式看，身份系统是很脆弱的（见下图）……

---

[1] Gitcoin 是一个用于构建开源软件，特别是在以太坊生态系统中的开源软件的融资平台。CLR 机制是一个按照布特林、佐依·海茨格（Zoë Hitzig）和格伦·韦尔（Glen Weyl）提出的二次方融资概念，将匹配资金与社区捐款进行分配的实验。
[2] GitHub 是一个面向开源及私有软件项目的托管平台。——译者注

> **Jamie Bartlett** @Jamie_JBartlett
>
> 我实在受够了点击农场（click farm）。那儿有数千台机器排在一起来制造虚假的参与。
>
> 🌐 English Russia
>
> 0:32 4M views
>
> 10:00 AM - 11 Mar 2019
>
> 21,561 Retweets 42,339 Likes
>
> 💬 1.9K 🔁 42K ♡ 42K

哦，你是不是懒得制作一大堆手机？好吧，也许这个就是你要找的：

BuyAccs.com
账户购买服务

俄文版 英文版

我们的账户商店很高兴为您提供各种邮政服务和社交媒体账户。您将在订单付款后立即收到账户。我们接收加密货币、PerfctMoney、Yoomoney、Qiwi、卢布和美元信用卡等。

我们专门从事批发销售。当您购买的账户少于1000个时，我们将收取一个特殊的费率。

通过销售账户赚钱
购买Одноклассников账户
购买Вконтакте账户
如何使用账户以避免被封锁？

🛒 当前在售

提供者	在售数量	每1 000个的售价
Mail.ru	475698	1K-10K: $7 | 10K-20K: $6.5 | 20K+: $6
Yandex.ru	16775	1K-10K: $50 | 10K-20K: $50 | 20K+: $50
Rambler.ru	6694	1K-10K: $30 | 10K-20K: $30 | 20K+: $30
Rambler.ru Mix	8037	1K-10K: $30 | 10K-20K: $30 | 20K+: $30
Rambler.ru Promo	176605	1K-10K: $6 | 10K-20K: $5.5 | 20K+: $5
Bigmir.net	10000	1K-10K: $18 | 10K-20K: $18 | 20K+: $18
I.ua	14020	1K-10K: $18 | 10K-20K: $17 | 20K+: $16
Gmail.com 2015 USA	2326	1K-10K: $450 | 10K-20K: $450 | 20K+: $450
Gmail.com 2015 USA PVA	6504	1K-10K: $800 | 10K-20K: $800 | 20K+: $800

警告：看起来超级粗略的网站，可能会也可能不会欺骗你，你需要自己研究和探索。

论合谋　　　　　　　　　　　　　　　135

可以说，像傀儡师那样，通过简单地控制成千上万的假身份来攻击这些机制，甚至比费力贿赂别人还要容易。或者你认为只要增加安全性，达到政府级别的身份要求就可以应对？但是请记住，你面对的是专业的犯罪组织，即使所有的地下组织都被拿下，如果我们愚蠢地创造使这种攻击活动有利可图的系统，那么敌对政府肯定会创造数百万的假护照。这甚至还没有考虑反向攻击，身份认证机构试图通过拒绝边缘化社区的身份证件来剥夺这些社区的权力……

合谋

一旦多重身份，甚至它们的流动性市场出现后，很多机制似乎都会以类似的方式失败。面对这种情况，人们或许会问，是否有某些深层次的共同原因导致所有这一切问题？在我看来，答案是肯定的，这个共同原因就是：在一个参与者可以合谋的模型中，让机制保持理想属性要比在一个参与者不能合谋的模型中保持理想属性困难得多，甚至有可能根本无法实现。大多数人可能已经对此有了一些觉察；在那些为促进竞争性市场、限制价格垄断、投票买卖和贿赂而制定的良好规范和法律背后，都可以找到这一原则的具体实例。不过，这个问题要更为深刻，也更为普遍。

在聚焦于个人选择的博弈论中，每个参与者都独立地做出决策，并且不允许成群的主体为共同利益一起工作。我们用数学可以证明，在任何一个这样的博弈中必定存在至少一个稳定的纳什均衡点，机制设计者有非常广阔的空间来"设计"博弈以实现特定结果。但是在允许联盟有可能合作的博弈论版本（称为合作博弈论）中，有大量博弈并不存在任何稳定的结果，联盟一旦偏离这些结果就无法获利。

多数人博弈可正式表述为：在有n个主体的博弈中，参与人数量过半的任何一个参与人子集都可以获得固定的奖励，并在他们之间进行分配。这种博弈很好地刻画了公司治理、政治以及人类生活中的许多其他情形，但它本质上是一种不稳定的博弈。也就是说，如果存在某个固定的资源池和某种现有的资源分配机制，并且51%的参与者通过合谋就可以确定无疑地夺取对资源的控制权，那无论目前的格局怎样，总会出现一些阴谋，这些阴谋对其参与者而言是有利的。但是，这些阴谋反过来又容易受到潜在的新阴谋的影响，也可能进一步波及以前的阴谋者和受害者……

博弈轮次	A	B	C
1	1/3	1/3	1/3
2	1/2	1/2	0
3	2/3	0	1/3
4	0	1/3	1/3

可以说多数人博弈的不稳定性这个事实被严重低估了，这个简化的一般数学模型解释了为什么政治中可能没有"历史的终结"，也没有完全令人满意的制度，我个人认为它其实比更著名的

阿罗不可能定理[①]要有用得多。

有两种方法可以解决这个问题：第一，尝试将自己限制在"无身份"和"合谋安全"[②]的博弈类别中，这样我们就不必担心贿赂或身份问题；第二，致力于直接对身份和合谋抵抗问题进行攻关，并将其解决得足够好，以便我们能够实现有着更丰富属性的非合谋安全博弈。

无身份和合谋安全博弈的设计

无身份和合谋安全类博弈的数量十分庞大。只要单个参与者拥有的哈希算力不超过总算力的23.21%的界限，即便是工作量证明，也可以实现合谋安全。并且经过巧妙的工程设计，这个界限可以提升到50%。在单个参与者的份额达到一个相对较高的界限之前，竞争性市场都是合谋安全的，这在某些情况下很容易实现，但在其他情况下则不然。

就治理和内容管理（这两者都只是识别公共品和公共危害这一普遍问题的特例）而言，一类行之有效的主要机制是Futarchy，它也通常被描述为"基于预测市场的治理"，不过我也要强调在使用该技术时必须使用保证金。Futarchy机制的工作方式如下：它

[①] 它指的是肯尼斯·阿罗（Kenneth Arrow）于1951年发表的一项数学发现，即通过排序选择投票系统（ranked-choice voting systems）不可能获得一组理想的结果。
[②] 这里的合谋安全（collusion-safe）是指在出现一定程度合谋的状况下，依然可以让系统保持安全运行。——译者注

的"投票"不仅是一种观点的表达，还是一种预测，它会奖励做出真实预测的人，惩罚做出虚假预测的人。例如，在《内容管理DAO的预测市场》中，我倡议使用一种半中心化的设计，任何人都可以对提交的内容"点赞"和"点踩"，被点赞的内容更加显眼，还有一个"审核小组"负责做出最终决定。对于每个帖子，有一个很小的概率（与该帖子的点赞和点踩总量成比例），会要求审核小组对帖子做出最终决定。如果审核小组核准了一个帖子，那么所有对其点赞的人都会得到奖励，每个对它点踩的人都会受到惩罚，如果审核小组拒绝了某个帖子，情况则会相反。这种机制可以鼓励参与者进行点赞和点踩的投票，并"预测"审核小组的判断。

Futarchy的另一个例子是带有通证的项目治理系统（见下页图），在这个系统中，任何投票赞成某个决定的人都有义务在投票开始前购买一定数量的通证。这保证了对一个糟糕的决定进行投票要付出高昂的代价，如果一个糟糕的决定在投票中胜出，每个支持该决定的人基本上必须买断项目中的其他所有人，这种高昂的代价可以降低甚至消灭廉价贿赂攻击的可能性。

然而，这类机制的适用范围是有限的。在上面的内容管理示例中，我们并没有真正解决治理问题，而只是扩展了已被假定为可信的治理小工具的功能。人们可以尝试用一个预测市场来取代审查小组，这个预测市场上的预测通证价格就代表了购买广告空间的权利，但实际上，价格是一个带有很多噪声的指标，除了极少数非常大的决策之外，任何事情都无法实现。通常，我们试图

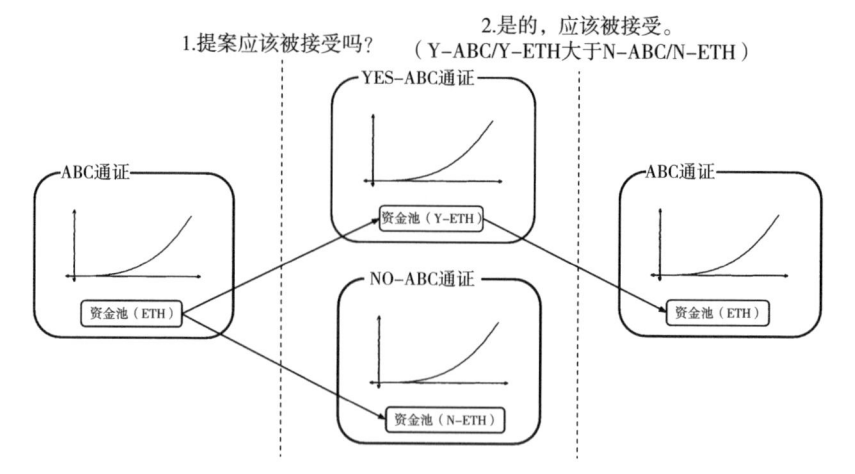

```
1.提案应该被接受吗?        2.是的,应该被接受。
                          (Y-ABC/Y-ETH大于N-ABC/N-ETH)
```

[图:YES-ABC通证、NO-ABC通证、ABC通证、资金池(ETH)、资金池(Y-ETH)、资金池(N-ETH)]

该图描绘了Futarchy的一种形式,它创造了两个市场来代表"可能的未来世界",并从中挑选出价格更优惠的那一个。

最大化的价值并不是最大化的通证价值可以代表的。

让我们更明确地看看,为什么在我们难以通过通证价格的影响来确定治理决策价值的更一般情形下,用于识别公共品和公共危害的良好机制很不幸地不能是无身份的或防合谋的。如果一个人试图保护博弈的无身份属性,并建立一个身份无关紧要、只有代币才重要的系统,其结果要么就是无法激励合法的公共品,要么就是过度补贴富豪。

论证如下:假设有一位作者正在生产一种公共品(比如一系列博客文章),为一个10 000人社区中的每个成员提供价值。假设存在某种机制,社区成员可以通过某种方式让作者获得1美元的收益。除非社区成员极其无私,采取这一行动的成本必须远远低于 1 美元，否则支持作者的社区成员获得的福利将远远低于支持作者的成本，这一制度也将沦为没有人支持作者的群体悲剧。因此，必须有一种方法使作者以远低于 1 美元的成本赚取 1 美元。现在假设还有一个假社区，由同一个富有的攻击者的 10 000 个"马甲"账户组成。这个社区的所有行动都和真实社区一样，只是他们不支持作者，而是支持另一个虚假账户，这也是攻击者的马甲账户。如果"真实社区"的成员有可能以远低于 1 美元的个人成本给作者 1 美元，那么攻击者就同样有可能以远低于 1 美元的成本反复给自己 1 美元，从而耗尽系统的所有资金。如果没有正确的保障措施，那么任何能够帮助真正协作不足的各方进行协作的机制，也会帮助已协作的各方（例如由同一个人控制的许多账户）过度协作，并从系统中攫取财富。

当目标不是资金，而是确定哪些内容应该最显眼时，也会出现类似的挑战。你认为什么内容可以获得更多的美元支持？一篇能让成千上万的人受益，但对每个人的收益很小的高质量合法博文，还是下图中的这个？

或者这个？①

bitconnect
欢迎
加密货币革命

那些"在现实世界"关注近期政治的人可能还会指出另一种有利于高度中心化行为人的情形：敌对政府对社交媒体的操纵。归根结底，中心化制度和去中心化制度都面临着同样的根本问题，"思想市场"（以及更广泛的公共品市场）远非经济学家通常所说的"有效市场"，这导致即使在"和平时期"，公共品的产量也依然不足，而且容易受到主动攻击。这确实是一个难题。

这也是为什么基于代币的投票系统（如币乎）比基于身份的投票系统（如 Gitcoin CLR 或 /r/ethtrader 甜甜圈实验）有一个主要的真正优势：至少大量购买账户是没有好处的，因为你所做的一切都与你拥有多少代币成比例，而不管代币在多少个账户之间分配。但是，不依赖任何身份模型只依赖代币机制并不能从根本上解决利益中心化问题，这种中心化的利益甚至会凌驾于去中心化社区提供公共品的意愿之上；一个给分布式社

---

① Bitconnect是一个加密货币投资平台，2018年，在监管机构开始审查其是否为庞氏骗局后关闭。

区授权的无身份机制，并不能避免过度授权给假装成分布式社区的中心化财阀。

除了身份问题外，公共品博弈还容易受到攻击，或者说贿赂。要了解原因，请再考虑一下上面的例子，不过其中的"假社区"不再是攻击者的10 001个马甲。攻击者只有一个身份，接受资金的账户，即其他10 000个账户是真正的用户，每个用户都会收到0.01美元的贿赂，从而采取行动，使攻击者获得额外的1美元。如上所述，即使通过代表用户投票以换取方便的第三方保管服务，这些贿赂也可能被高度混淆，就"代币投票"的设计而言，混淆的贿赂甚至更容易实现：人们可以通过在市场上租用代币，并用它们投票来实现这一点。因此，虽然某些类型的博弈，尤其是预测市场或基于保证金的博弈，可以被设计成合谋安全和无身份的，但在一般的公共品融资问题中，合谋安全和无身份并不能发挥作用。

抗合谋机制与身份

另一种选择是正面解决身份问题。如上所述，简单地采用安全性更高的中心化身份系统，如护照和其他政府身份证明，并不能起到很大作用；在有足够激励的情况下，这些系统非常不安全，而且很容易受到发证政府本身的攻击！相反，我们在这里讨论的这种"身份"是一种强有力的多因素声明，即通过一组消息识别的参与者实际上是一个独特的个体。HTC（宏达）区块链手机的社交密钥恢复（Social Key Recovery）可以说是这种网络身份的一个早期原型（如下图所示）。

这个设计的基本思想是，你的私钥在最多五个可信联系人之间进行秘密共享，以这种方式在数学上确保通过其中三个联系人就可以恢复原始密钥，但只通过两个及以下联系人则不能。这是一个"身份系统"，由你的五个朋友来决定试图恢复你账户的人是否真的是你。不过，它是一个特殊用途的身份识别系统，试图解决的是个人账户的安全问题，这个问题不同于试图识别独特身份的问题，而且比前者更容易。也就是说，个人之间相互认定的一般模型很可能被引导到某种更稳健的身份模型中。如果需要，可以使用上面提到过的Futarchy机制来扩充这些系统：如果有人声称某人是独一无二的人类，但其他人不同意，并且双方都愿意签订合同提起诉讼，那么系统可以召集一个裁决小组来决定谁是对的。

但我们还需要一个至关重要的特性：我们需要一个你不能令人信服地出租或出售的身份。显然，我们不能阻止人们从事"你给我 50 美元，我就把密钥给你"这种交易，但我们可以增加让这种交易可信的难度，从而避免卖家轻易地欺骗买家，给买家一把实际上不起作用的密钥。实现这点的一种方法是建立一个机制，通过该机制，密钥的所有者可以发送撤销密钥的交易并选择另一个密钥替换它，而所有这一切都是以一种无法证明的方式进行的。

或许，解决这个问题的最简单方法是让可信的第三方运行计算，并且只发布结果（以及证明结果的零知识证明，因而该可信方只有隐私信任而没有完整的信任），或者通过多方计算来中心化地执行类似的功能。这些方法并不能完全解决合谋问题，一群朋友仍然可以聚在一起，坐在同一张沙发上协调投票，但他们至少会将合谋降低到一个可控的程度，而不会导致这些系统彻底失败。

还有一个更进一步的问题：密钥的初始分配。如果用户在第三方保管服务中创建自己的身份、存储私钥，并利用它秘密地进行投票，那会出现什么情况呢？这将是一种隐性的贿赂，即通过用户的投票权换取向用户提供便利的服务。此外，即使系统是安全的，它通过让投票无法证明而成功防止贿赂，但第三方主导的秘密投票也将无法察觉。解决这个问题的唯一方法似乎是直接验证。例如，每个人可以有一个"发行者"生态系统，每个发行者都发行带有私人密钥的智能卡，用户可以立即将其下载到智能手机上，并发送一条消息，用一把不向任何人透露的不同密钥替换前一把密钥。这些发行者可能是某些见面会或某些会议，或者是被某些投票机制认定值得信赖的个人。

建立可能的抗合谋机制的基础设施，包括强大的去中心化身份系统，是一项艰巨的挑战，但如果我们想释放这种机制的潜力，就必须尽力尝试。诚然，目前关于计算机安全的教条（例如，引入在线投票）都建议别这么做，但如果我们想扩大投票类机制（包括如二次方投票和二次方融资等更先进的形式）的作用，就别无选择，只能直面挑战，并希望至少在某些用例中成功地让某些东西变得更为安全。

论言论自由

一句话可以既真实又危险。前面这句就是这样。

——大卫·弗里德曼

言论自由是许多互联网社区在过去20年一直努力捍卫的议题。以对抗审查阻力为主要诉求的加密货币和区块链社区尤其重视言论自由。过去几年，加密社区超高速增长，极高的财务和社会风险已反复考验了这一概念的适用性和局限性。在这篇文章中，我希望解开一些矛盾，同时列举一个例子，用来阐明真正的"言论自由"的标准究竟是什么。

"言论自由法"和"言论自由"

我经常听到一种老生常谈但在我看来令人沮丧的观点，这种观点认为，"言论自由"完全是对政府可以采取行动的法律限制，与公司、私人平台、互联网论坛和会议等私人实体的行为没有关

---

* 原文发布在2019年4月16日的vitalik.ca上。

系。在加密货币社区,"私人审查"的典型案例便是"泰莫斯决议"(Decision of Theymos),即Reddit社区/r/bitcoin子版块的版主泰莫斯决定严格审查该版块,禁止支持比特币通过硬分叉来增加交易容量的讨论。

[–] **theymos**　-45 points 1 year ago*
　　你可以把BIP 101作为一个想法推广,但你不能(在/r/bitcoin的比特币论坛)对BIP 101的实际使用进行推广。当思想形成共识后,它才可以推出。
　　比特币不是一个民主政体,它不属于矿工,也不属于节点。转换成XT不是对BIP 101的投票。它是在遵弃比特币后,成为一个单独的网络或货币。你有自由这么做,那不错。比特币特别美好的特质之一是它缺乏民主。即使是99%的人使用比特币,你仍然有自由在单独的货币上实施BIP 101,而不受其他比特币使用者利用民主胁迫你再使用真实的比特币网络/货币。但我没有义务在reddit的比特币论坛上再开辟一个比特币的论坛分支,而且我也不准备这样做。

那些支持泰莫斯审查决定的人通常会采用这样的说法为他辩护:严厉的管理没有问题,因为/r/bitcoin子版块是泰莫斯的"私人论坛",他有权在这里做任何想做的事,不喜欢的人可以去其他论坛。

> Party Timez @ParteliTiemz · 3 Feb 2017
> Replying to @adam3us
> 我希望比特币核心团队能挽回泰莫斯造成的损失。比特币能依靠去中心化,社区能依靠什么呢?

> Neo M. Hodlonaut 🔥⚡ @RedPillTrading · 4 Feb 2017
> 泰莫斯创建了一个私人论坛,与比特币核心开发者团队无关。社区依赖比特币,所以,让我们保持去中心化吧。

▲6个月前的标签
　　比特币现金[①]不受审查,它有自己的Reddit子板块(和所属网络),大家可以在上面讨论。
　　把审查比特币Reddit论坛等同于通常意义的审查机制,似乎是证明上面大多数是政治内容。你可以在特定的私有社区中不被审查。如果比特币现金可以坚持自己的优点(我们也希望如此),那么我们就不需要审查。那些认为需要审查的人并不是想让比特币现金变得成功,而是想控制比特币。所以,禁止有这样动机的人是有意义的。第二层是可扩展性的解决方案。我找不到未来不这样做的理由。

---

①　比特币现金(Bitcoin Cash,简称BCH),是2017年创建的比特币分叉,它旨在提高系统处理大交易量的能力,并作为变换媒介。

的确，泰莫斯以这种方式管理他的论坛并没有违反任何法律。但对大多数人来说，这一管理方式显然涉及某些可能破坏言论自由的行为。这说明了什么呢？首先，这说明了言论自由不仅仅是国家的法律，同时也是一项社会原则，这一点至关重要。社会原则的基本目标与法律的基本目标相同：营造一种环境，在这种讨论环境下，好想法而不是位高权重者推崇的想法能够脱颖而出，赢得大众认同。我们不仅需要免受政府权力的伤害，还需要免受诸如公司职员的权力、互联网论坛版主删帖的权力，以及其他各种形式的软硬权力的伤害。

那么，这里的基本社会原则是什么？引用埃利泽·尤德科夫斯基的话说[①]：

> 人类的理性艺术少有禁区，这里没有（计算机语言的）if、and、but 或免责条款。这是其中之一。不好的观点会遭到反驳，但不会招来子弹。永远，永远，永远不会。

Slatestarcodex 详细阐述道[②]：

> 前面引文中提到的"子弹"到底指什么？是否包括其他抛射物？箭头、从投石器投出的巨石、剑或狼牙棒之类的近

---

① 见《论孤岛》注解。
② 见《区块链治理笔记》注解。

战武器？关于"对争辩的不当回应"，我们究竟应该如何划界？对于别人的某个论点，好的回应能让这个观点明确；糟糕的争辩则让它彻底沉默。如果你试图宣扬某个想法，你的成败取决于这个想法有多好；反之，如果你想让某个想法噤声，你的成败取决于你的权力，取决于你能在短时间内提供多少干草叉和火把。"开枪射击"确实能够在无法解决争辩的情况下，让一个人彻底沉默。同样，从投石器扔出巨石、用刀剑杀掉某人、召集挥舞干草叉的暴民，都能有效地扑灭一种想法。因为某人持有不同想法而试图解雇他，其实也是在无法解决问题的情况下，让某种观点消声的方法之一。

这意味着，某些情况下，"安全空间"存在的基本理由是：无论出于何种原因，不想为某些特定观点争论的人能够聚在这里。最人畜无害的或许是 ethresear.ch 这样的社区，它的帖子只有在"偏离主题"时才会被删除，以保证讨论不会离题。不过，"安全空间"也有它的黑暗面，正如肯·怀特[1]所写：

> 这可能会让人惊讶，我是"安全空间"的支持者。我之所以支持"安全空间"，是因为我推崇结社自由的思想。如果只按照既定方式去设计，"安全空间"可能只是结社自由思想

---

[1] 肯·怀特（Ken White）是一位洛杉矶律师，他经常在博客 The Popehat Report 上就言论自由问题撰稿。

的一种应用……但并非每个人都认为"安全空间"应该这样。有人把它想象为一把剑，认为如果运用得当，"安全空间"会成为对公共空间的有效补充，并要求空间内的人遵守他们的私人规范。这并非结社自由！

啊哈！因此，在一个小角落里创建自己的"安全空间"完全没问题，不过也得考虑"公共空间"。试图将"公共空间"变成服务特殊利益的"安全空间"是不对的。那么，什么是"公共空间"呢？很明显，公共空间不仅指"由政府拥有或运营"的空间，私有公共空间的概念也已经存在。私有公共空间因为它的非正式性，所以一些言行可以被相对宽容地对待。这个现象也符合常见的道德直觉，比如，相比于在大庭广众之下发表种族或性别歧视的言论，在私下发表类似言论的影响就不那么坏。就Reddit社区/r/bitcoin子版块这个案例而言，无论程序上谁是大版主，都无法否认一个事实：这个子版块是一个公共空间。下面这些证据可以证明这一点：

●它占据了"优质不动产"，尤其是"比特币"这个主题。这让人们认定这里是讨论比特币的默认场所。

●该空间的价值不是由泰莫斯一个人创造的，而是由成千上万来到这里讨论比特币的人一起创造的。这意味着，不论现在还是将来，这里都已成为讨论比特币的公共空间。

●对很多人来说，泰莫斯的管理协议变更在他们的意料之外，而这显然无法提前预见。

相反，如果他们创建一个名为/r/bitcoinsmallblockers的子版块，并且明确表示它是少数节点支持者的专属空间，不欢迎有关硬分叉争议的讨论，那么估计现在很少会有人感到不妥。人们会有不同的意识形态，但很少有人（至少在区块链社区中）会认为，持对立意识形态的人不应该拥有内部讨论的空间。回到现实，泰莫斯试图"将公共空间据为己有，还要求空间内的其他人遵守他的私人规范"，因此我们才看到比特币社区由于区块大小的分歧导致了剧烈的分叉和链分裂，最终形成了比特币和比特币现金之间的冷和平。

去平台化

大约一年前，在Deconomy[①]峰会上，我曾向克雷格·赖特（Craig Wright）[②]，一个自称中本聪的骗子公开喊话，指出他的发言毫无意义，并质疑主办方"为什么允许这个骗子在峰会上发言"。

当然，克雷格·赖特的拥护者也以言论审查指控回应了我。

我试图让克雷格·赖特"闭嘴"了吗？当然没有。有人可能会反驳我说，"呵呵，Deconomy峰会可不是公共空间"。但我想说的是，大会是和互联网论坛完全不同的。不管发生什么，互联网论坛都可以成为一种完全中立的媒介。但大会本质上是一个经过策划的演讲清单，有限的演讲时间被精心分配，那些有幸发言

---

① 2018年和2019年在韩国举行的"努力发展分布式经济概念"会议。
② 克雷格·赖特，澳大利亚籍科学家，拥有信息安全、计算机等多科博士学位，2016年曾宣称自己就是中本聪，却拿不出证据。因此很多人将其视为骗子，并戏称其为"澳本聪"（即澳大利亚的中本聪）。——译者注

的演讲者因此得到大量关注。大会是一场经过组织者"编辑"的活动，用来传达组织者的意图——"这里有我们认为值得了解和聆听的观点和想法"。每场大会都会"审查"所有演讲者的观点，因为没有足够的机会让所有人发言。这是大会的固定模式。因此，对大会人选提出异议，绝对是一种合法的行为。

这一点可以延展到其他各种带有选择性的平台。脸书、推特、油管等平台都已经在用算法主动选择内容，使推送的内容是用户最喜闻乐见的。这些平台的操作通常是出于自己的利益，其目的是最大程度吸引用户，而这些做法经常会带来一些预期之外的负面效应，比如让地平说[①]这样的阴谋论大行其道。因此，考

[①] 地平说是近年来流行的一种阴谋论。持地平说观点的人认为，地球并不是一个球体，而是一个大圆盘，在这个大圆盘中，北极是中心，南极是边缘，在天空当中还有天罩一样的东西。地平说的支持者对他们的观点也给出了很多支持的"证据"，比如飞机的航线有穿过北极的，但是没有穿过南极的，这是因为南极只有一个圈，所以根本飞不出去。——译者注

虑到这些平台都已启动了（自动）个性化推荐，批评它们没有将舆论导向一些更亲社会的目标，至少是所有政治派别都公认的亲社会目标（例如高质量的知识论述），似乎就是非常合情合理的。此外，"审查制度"并没有严重阻碍人们了解克雷格·赖特的故事，你现在仍然可以访问他们的网站（https://coingeek.com/）。总之，如果已经有人在运营平台输出经过编辑筛选的内容，那么要求他们以同等程度输出更多亲社会标准的内容，似乎也是非常合理的。

有关这一原则的最新案例便是推特"下架BSV"[①]。一些加密货币交易所宣布下架对BSV交易（克雷格·赖特主导的比特币分叉币）的支持，其中最著名的代表是币安交易所（Binance）。很多人（包括一些理性派）因此谴责下架BSV是一种审查制度，甚至将它与信用卡公司阻止维基解密相提并论：

> **Angela Walch**
> @angela_walch
>
> 这种现象表明，致力于对抗审查、消除人的能动性和自由裁量权（human agency/discretion）的加密货币社区，或许即将拥有决定审查与否的权力。
>
> 这是权力转移，而非权力分散。
>
> 3:43 PM · 15 Apr 2019
>
> 8 Retweets　39 Likes

---

① BSV（Bitcoin Satoshi Vision）是比特币现金的一个分叉，它宣称遵循中本聪的原始设计。——译者注

我个人一直是中心化交易所霸权的批评者。那么这次我会以言论自由为由反对"下架BSV"活动吗？不，我认为支持它才是对的，但肯定要做一些澄清。

许多像Kraken交易所这样"下架BSV"活动的参与者，并不是那种"什么都做"的平台。它们对接受和拒绝哪些加密货币做过很多编辑决策。Kraken只接受少数加密货币，因此它们被动地"审查"了几乎所有项目。Shapeshift交易所支持更多加密货币，不过它不支持SPANK①，甚至KNC②。因此，在Kraken和Shapeshift这两个案例中，下架BSV更像是对稀缺资源（注意力/正当性）的重新配置，而非审查项目。币安有些不同，它的确接受了数量更多的加密货币，其理念也更接近于"什么都做"，而作为具有大量流动性的市场领导者，它也拥有独特地位。

于是，有人基于两点对币安提出了质疑。首先，当他们用法律信函威胁彼得·麦科马克（Peter McCormack）等批评者时，审查制度正在报复某些BSV社区核心成员实行的真正的恶意审查。在"无政府主义"环境中，人们对规范的认识存在很大分歧，"以牙还牙"式的实际报复是一种更好的社会规范，因为它确保人们只会面临某种意义上的惩罚，而这些惩罚反过来证明他们相信的事物是正当的。此外，下架并不会使人们难以交易BSV，加密交易所Coinex就已表示不会下架BSV（实际上，我也反对"什么都做"的二级市场

---

① SPANK是基于以太坊的娱乐平台SPANKChain发行的通证。——译者注
② KNC（KyberNetwork）是基于支持多种数字资产即时币币兑换的去中心化协议而发行的通证。——译者注

交易所将BSV下架）。但是下架确实释放了对BSV进行社会谴责的强烈信号，这是有用且必要的。因此到目前为止，有理由支持所有交易所下架BSV。但仔细思考后，出于"言论自由"而主张让币安放弃下架BSV，也确实不像乍看之下那么完全没有道理。

总之，反对中心化通常是合理的。但集权始终存在，所以请将中心化用于你认为的亲社会目标［参阅布莱恩·卡普兰（Bryan Caplan）关于协调支持开放边境和支持反埃博拉限制的论述①］。反对中心化只是要让人们相信这些中心化可能导致危害和滥用，并不是让人们反对这些集权所做的一切。

如果有人设法建立一个无须任何权限且支持跨链交易的去中心化交易所，以促进所有资产间的交易，那么交易所"上币"时就不需要借助社交网络释放宣传信息，因为人人都可"上币"。我支持这样的交易所，即使它允许用户交易BSV。我支持的是将BSV从已经具有排他性的位置上移除，这种排他性被赋予了比简单存在更高的正当性。

所以，我的结论是：在公共空间进行审查是糟糕的，即便在非政府运营的公共空间也是如此；在真正的私人空间（尤其是广大社区的非"默认"空间）则可以进行审查；以项目的目标为由排斥它们是不好的，拒绝它们的效果也不会好；但因为项目缺乏正当性而排斥它们则没有问题。

---

① Bryan Caplan, "Ebola and Open Borders," *EconLog*, October 16, 2014.

作为责任的控制

在过去十年中,有关互联网服务和应用程序的监管和法律环境发生了很大变化。当21世纪初,大型社交网络平台首次流行时,人们对海量数据收集的普遍态度基本上是:"为什么不呢?"马克·扎克伯格曾说"隐私时代已经过去",埃里克·施密特(Eric Schmidt)则认为,"如果你有什么东西不想让任何人知道,也许你一开始就不应该这么做"。他们认为这对于个人是有意义的:你能获得的关于他人的每一点数据都可以转化为潜在的机器学习优势,而对此的每一个限制则都是弱点。即使搜集的数据带来了什么麻烦,其成本也相对较小。但十年之后,情况则发生了很大变化。

以下是一些尤其值得关注的趋势。

- 隐私。在过去十年中,很多国家已经通过了关于隐私的法律,其中以欧洲最为激进,但其他国家也差不多。最近的一部法律是欧盟的《通用数据保护条例》(General Data Protection Regulation,GDPR),它包括了很多部分,其中最引人关注的

---

* 原文发布在2019年5月9日的vitalik.ca上。

是：（i）明确同意的要求，（ii）对处理数据的法律依据的要求，（iii）用户下载其全部数据的权利，（iv）用户要求删除其所有数据的权利。其他司法管辖区也在探索类似的规则。

• 数据本地化规则。印度、俄罗斯和其他许多司法管辖区正在加速出台或探索要求将本国用户数据存储在国内的规则。即使没有明确的法律，人们也越来越担心数据被转移到一些无法充分保护数据权益的国家。

• 共享经济监管。鉴于它们对应用程序的控制和对司机活动的管理程度，诸如优步等共享经济企业很难向法院辩称它们在法律上不应该被归类为雇主。

• 加密货币监管。最近的 FinCEN[①] 指南试图澄清在与加密货币相关的活动中，哪些类别需要遵从美国的监管许可要求，哪些不需要。做托管钱包？要受监管。做用户控制自己资金的钱包？不受监管。做匿名混合服务呢？如果是由你经营的，就要受监管。但如果你只是写代码，则不受监管。

FinCEN 加密货币指南并非随意为之；相反，它试图区分开发人员主动控制资金的应用程序与开发人员无法控制的应用程序。该指南仔细区分了多签名钱包（操作员和用户都持有钥匙）的情况，它有时需要监管，有时则不需要：

---

① FinCEN，即金融犯罪执法网络，由美国财政部设立，是一个庞大的金融数据库，它与全美各大银行及其他金融机构的数据库、金融监管机构的数据库联网。——译者注

一方面，如果多签名钱包供应商将其角色限制为创建非托管钱包，需要在钱包所有者的私钥中添加第二个授权密钥才能验证和完成交易，则该供应商不是货币发送者，因为它不接受和传输价值。另一方面，如果……该价值被表示为供应商账户中的一个条目，所有者不直接与支付系统交互，或者供应商对该价值保持完全独立的控制，那么供应商也有资格成为货币发送者。

尽管这些事件发生在不同的背景和行业，但我认为有一个共同的趋势正在发挥作用。这个趋势是：对用户数据、数字财产和活动的控制正迅速从资产变成负债。以前，你拥有的每一点控制都是好的，它给你更多的灵活性来赚取收入，不是在现在，就是在将来。现在，你拥有的每一点控制都是一种责任：你可能会因此受到监管。如果你表现出对用户加密货币的控制，你就是一个货币发送者。如果你"对票价有唯一的决定权，规定如果司机选择不接单就向他们收取违约金、禁止他们接送不使用该应用程序的乘客，否则就暂停或吊销他们的账户"，那你就是雇主。如果你控制了用户的数据，你就必须确保可以对此提出正当理由，你还要有一名合规官，并让你的用户有权下载或删除数据。

如果你开发应用程序，却既懒惰又害怕法律问题，有一个简单的方法可以确保你没有违反上述新规则：不要构建中心化控制的应用程序。如果你创建了一个钱包，让用户持有他们的私钥，那你仍然"仅仅是一个软件供应商"。如果你建立一个"去中心化的优步"，那它实际上只是一个结合了支付系统、声誉系统和搜索引擎的顺畅的用户界面，如果你自己不控制这些组件，就不会受到许多类似的法律问题的影响。如果你建立的网站不收集数据（静态网页？但那是不可能的！），你甚至不必考虑《通用数据保护条例》。

当然，这种方法并不适用于所有人。在很多情况下，如果没有中心化控制的便利性，只会让开发人员和用户付出巨大的代价，而且在某些情况下，从商业模式的角度考虑，采用更中心化的方法也相对更好（例如，如果将软件放在服务器上，就可以更容易地防止非付费用户使用软件）。不过，我们肯定还远远无法穷尽更加去中心化的方法带来的所有可能性。

一般来说，那些试图以外科手术般的方式禁止某些特定事情的法律都会产生意外后果，并对这一类活动造成阻碍，这被认为是一件坏事。不过，这里我要指出，强制要求开发人员转变思维模式，从"为防万一，我想控制更多的东西"转变到"为防万一，我想控制更少的东西"也会产生很多积极的后果。自愿放弃控制，自愿采取措施剥夺自己的作恶能力，对许多人来说并非自然而然的事，尽管由意识形态驱动的去中心化最大化项目现在业已存在，但乍看之下，让它们成为行业主流的趋势似乎并不明显。在这种背景下，监管趋势的作用是：它给那些愿意采取中心化程度最低、用户主权最大化的"不作恶"路线的应用程序提供了很大的推动力。

因此，即使这些监管变化并不利于自由，但至少对于那些关心应用程序开发人员的自由,以及热衷于将互联网转变为政治焦点的人而言,这绝对会产生很多负面的连锁反应,但"控制成为一种负担"的趋势却以一种奇怪的方式,比最大化应用程序开发人员自由的政策给了密码朋克更大的支持(即使并非有意而为之)。尽管几乎所有人都认为当今的监管环境远非最佳,但它是一只执行愿景的强力之手,在无意中推进了最小化不必要的中心化,最大化用户对自己的资产、私钥和数据的控制等运动。好好利用它,这对于变革是十分有益的。

圣诞特辑

现在是圣诞时光，理论上我们应该开开心心，与家人共度时光，而不是在推特上进行无休止的论战，这篇博客文章将提供一些可以和朋友一起玩的游戏，这将会让你在玩得开心的同时，理解一些不可思议的数学概念！

1.58维象棋

> **Emin Gün Sirer**
> @el33th4xor
>
> 一段来自IC3训练营的小插曲：人们在下"1.58维象棋"来放松，这个由维塔利克发明的游戏真是好玩得出奇。

---

* 原文发布在2019年12月24日的vitalik.ca上。

这是国际象棋的一种变体，棋盘设置如下：

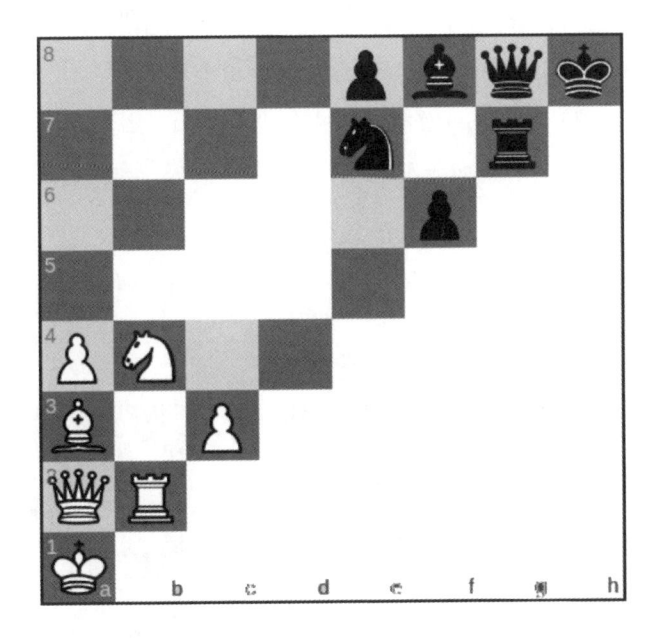

棋盘仍然是一个普通的 8×8 方盘，但只有 27 个开放格子。其他 37 个格子应该被跳棋子、围棋子或其他东西覆盖，以此表示它们不可用。游戏规则与国际象棋相同，但有几个例外。

- 白棋向上移动，黑棋向左移动。白棋可以走左上或右上，黑棋可以走左下或左上。白棋到达顶部时升级，黑棋到达左侧时升级。
- 禁止吃过路兵、王车易位或棋子直进两格。
- 一般棋子不能移动到或穿过 37 个格子。马不能移动到 37 个被覆盖的格子上，但可以穿过它们。

该游戏被称为 1.58 维国际象棋，是因为这 27 个开放的方块是根据基于谢尔宾斯基三角形[1]的模式选择的。你从一个开放的方形开始，每次将宽度增加一倍，然后把上一步结束时得到的形状复制到左上角、右上角和左下角，但右下角不可访问。在一维结构中，宽度加倍会使空间增加到原来的两倍，在二维结构中，两倍宽度会使空间增大到原来的四倍（$4=2^2$），而在三维结构中，将宽度加倍会将空间增大到原来的八倍（$8=2^3$），在这里，宽度加倍将使空间增大到原来的三倍（$3=2^{1.58496}$），因此它是"1.58维"。

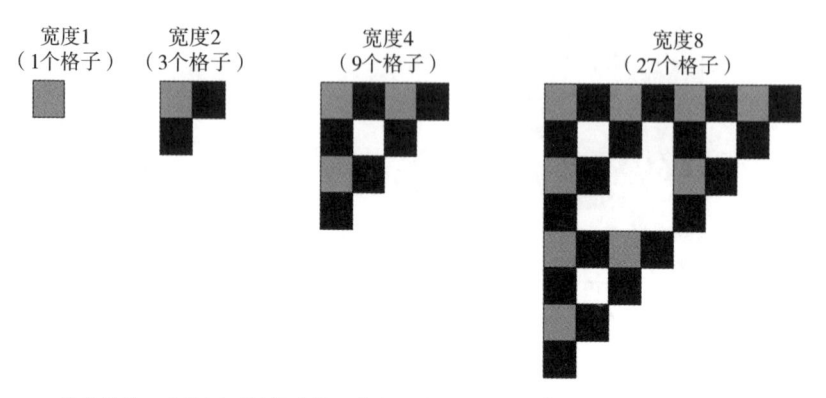

宽度1　　宽度2　　　　宽度4　　　　　　　宽度8
（1个格子）（3个格子）　（9个格子）　　　　（27个格子）

棋盘是从一个格子开始构建的。在每一步中，都将前一步骤中的三个棋盘拷贝组合在一起。

这个游戏比下完整的国际象棋要简单得多，也更容易"驾驭"，这是一个有趣的练习，展示了在低维空间中防守要比进攻容易得多。请注意，不同棋子的相对价值可能会在此处发生变化，并且可能出现新的结局类型（例如，您可以只用一个象就将死对手）。

---

[1] 谢尔宾斯基三角形（Sierpinski triangle）是一种分形，由波兰数学家谢尔宾斯基在1915年提出。它是自相似集的例子，其豪斯多夫维度是$\log(3)/\log(2) \approx 1.585$。——译者注

三维四子棋

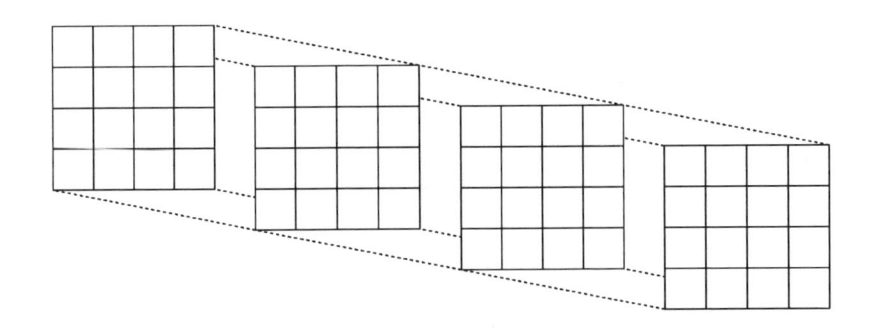

这一游戏的目标是在一条直线上放四个棋子，直线可以沿着轴线或对角线的任何方向，也可以跨越平面。例如，在此例中，X 获胜。

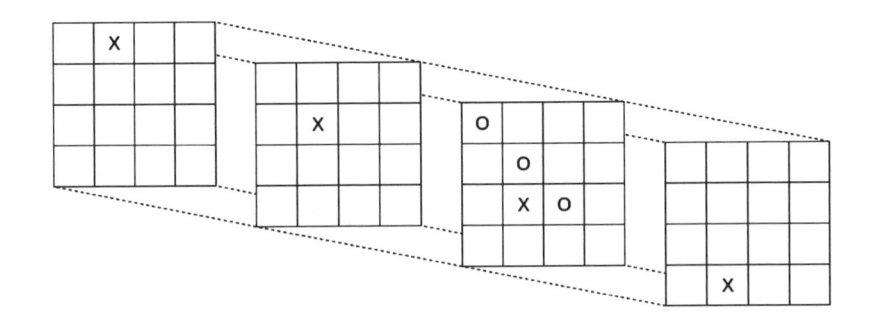

这要比传统的二维四子棋难得多，但也要有趣得多。

模数四子棋

现在，我们回到二维情形，不过我们将允许线条环绕：

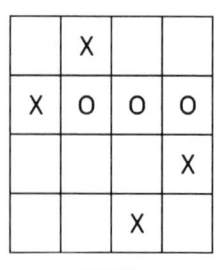

X获胜

请注意，我们允许任何斜率的斜线，只要它们穿过所有的四个点。特别是，这意味着斜率为正负2和正负1/2的直线是被允许的。

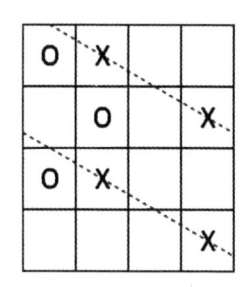

从数学上讲，棋盘可以被解释为由模4[①]（modulo 4）的整数组成的二维向量空间，这个游戏的目标是填充一条线，让其穿过该空间上的所有四个点。请注意，任何两点之间至少可以有一条直线穿过。

---

① 指一个数除以4后的余数，可能为1、2、3、0。——译者注

四元素二元域上的四子棋

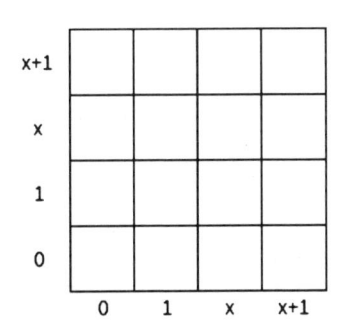

这里，我们采用与前面类似的概念，除了将使用一个更让人感到神奇的数学结构，即 Z_2 模 x^2+x+1 构成的多项式的四元素域。这种结构几乎没有合理的几何解释，所以我将只给你看它的加法表和乘法表：

好的，为了简洁起见，除了水平线和垂直线（它们也是可以的），以下是所有可能的线：

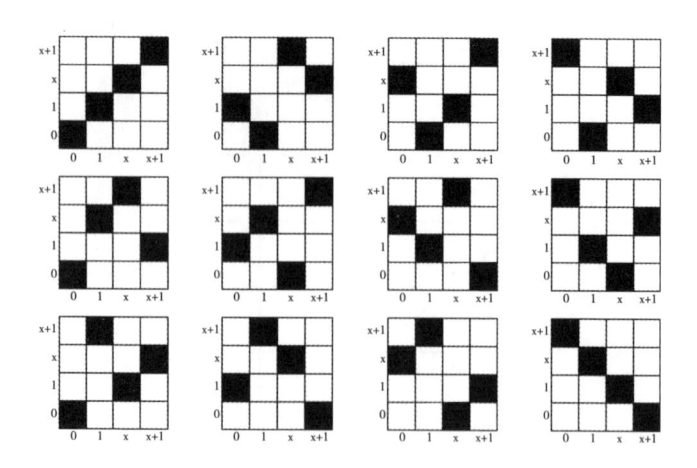

缺乏几何解释确实让游戏变得更难玩；你几乎必须记住这20个获胜的组合，请注意它们基本上是四个相同的基本形状的旋转和反射（轴线、对角线，以及从中间开始的斜线——那个看起来不像线的奇怪东西）。

现在来玩1.77维四子棋，我向你挑战！

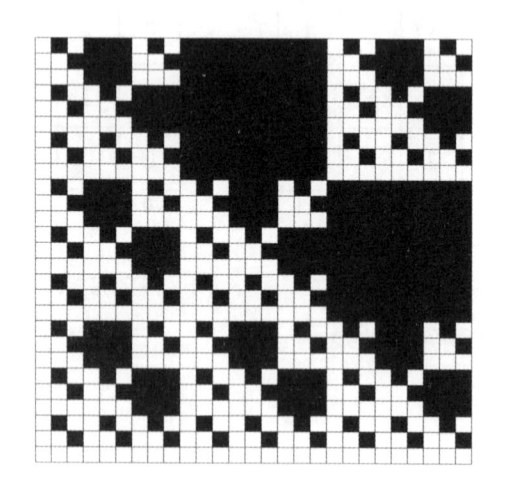

模数扑克

每个玩家拿五张牌（你可以根据任何你想要的扑克规则来决定如何发牌，以及玩家是否有交换牌的权利）。扑克中的花牌被解释为：J＝11，Q＝12，K＝0，A＝1。如果一副牌比另一幅牌拥有一个更长的等差数列（允许元素重复），那么它就可以取胜。

从数学上讲，这可以表示为，如果玩家能想出一条线 $L(x)=mx+b$，使得他们有代表数字 $L(0)$、$L(1)$ $\cdots$ $L(k)$ 的牌，那么有更大 k 值的那副牌将会更强。

获胜牌示例：$y=4x+5$。

当出现最大长度序列相等的平局时，计算两副牌有长度为三的序列的数量；数量更多的牌将获胜。

圣诞特辑

这副牌有四个长度为3的序列：K-2-4，K-4-8，2-3-4，3-8-K，这很少见。

仅考虑长度为3以上的线。如果一副牌有三个或更多的相同数值，这算是一个序列，但如果一副牌有两个相同数值，任何包含该数值的序列只算一次。

这副牌没有长度为3的序列。

如果两副牌平手，那么最大牌更大的那副牌获胜（按照上面的设定，用 J = 11，Q = 12，K = 0，A = 1）。

玩得开心！

第三篇 权益证明

到2020年初，以太坊已经摆脱了早期的成长困境。在新冠疫情期间，重大安全漏洞已经得到解决，以太币正在增值，而它也正在成为孕育艺术品NFT（非同质化通证）爆发性增长的系统。在The DAO黑客事件中，布特林一改自己的克里斯玛①形象，他强调了"可信中立"的原则，并反思了去中心化系统如何实现广泛的正当性。他关注的不是眼前的危机，而是有关"公共品"的长期问题：基于经济激励的制度如何生产必要但不总是有利可图的东西？谁来为这个新世界的道路和桥梁买单？问题一出现，答案也就随之而来了。

---

① 克里斯玛（Charisma）一词源自《新约·哥林多后书》，意指神授的能力，常用于形容古代的宗教先知、战争英雄等，由马克斯·韦伯引入政治学领域，指具有超凡气质和神秘个人魅力的领袖。——译者注

去中心化自治组织（DAO）的想法终于实现了。DAO有时会完全脱离任何实在的公司或基金会，生产产品并支付工人工资。一些人管理着数百万美元的资金，另一些人则以惊人的失败告终。出于必要，加密社区正在试验新的治理和决策过程，如能够平衡通证和人的权力的投票系统，以及基于用户之间的关系，而非基于他们与国家关系的身份系统。布特林认为，对于一个有众多重叠价值形式的世界，需要重新考虑不平等的衡量标准。当他试图通过预测市场押注2020年的美国总统大选时，我们看到，即便是他，在使用基于他设计的协议构建的软件时也会有点困惑。

只见树木，就容易不见森林。在预测市场下注到底有什么意义？布特林希望，更好的机制将有助于更好地利用在人们之间不均匀分布的信息和判断，引导人们做出更好的集体决策。但良好的意图和巧妙的设计只能走到这一步。不可控制的通证价格炼金术总是有可能使其他任何东西黯然失色。

此时此刻，向以太坊2.0的过渡正在发生，这是布特林从一开始就希望实现的。到2021年，虽然工作量证明还会持续一段时间，但人们已可以将他们的以太币质押在权益证明上了。能源浪费几乎结束了。以Optimistic rollups和ZK rollups等名称命名的"第二层"（Layer 2）协议已经就绪，它们将终结通过以太坊购物或使用应用程序的人面临的延迟和交易成本。与此同时，更新近的区块链则声称从一开始就解决了这些问题。

在关于"加密城市"的文章中，布特林就像回到了在《比特币杂志》上撰文的时代，用满怀希望的长篇大论讨论新兴项目。

但现在的含义不同了。区块链并没有取代政府这样的旧机构，而是与它们建立起了密切的关系。

布特林曾表示，在《魔兽世界》游戏背后的公司因一次软件变更而让他伤心后，他就开始厌恶中心化平台。（"我哭着哭着就睡着了"，他补充道，然后他放弃了游戏。）但他在这里的最后一篇文章中提出，加密货币可以学习《魔兽世界》中的一个概念，这个概念就是"灵魂绑定"，即玩家拥有的东西无法买卖。区块链不应仅关注经济、关注可以买卖的东西，更应该清楚地看到使用它们的人类。在设计社会基础设施时，我们的人性就经受着考验。

作为指导原则的可信中立

看看以下这些情况：

- 人们有时候会因为政府用 GDP 的 5% 支持某个公共项目或某个特定产业而感到不满，但是，当政府通过产权执行来实现更大规模的资本再分配时，这些人并不会感到不满。

- 人们有时候会因某个区块链项目将大量代币直接分配（或者说"预挖矿"）给开发者亲自挑选的接受者而感到不满，但是，当比特币或者以太坊通过工作量证明给他们的矿工发放数亿美元时，他们并不会感到不满。

- 人们有时候会因为社交媒体平台对某些带有它们不喜欢的政治内容进行审查或降权而感到不满，甚至这些平台本身就不认可这些被审查的内容。但是，当共享乘车软件赶走评分很低的司机时，这些人并不会感到不满。

当你发现类似的上述情况时，或许会大喝一声"可逮到你了"，然后就开始沉浸在揭开伪君子面具的骄傲之中。确实，有时候这么做并没有错。在我看来，将碳排放税视为国家干预主义而

---

* 原文写于 2020 年 1 月 3 日。

将政府对产权的执法视为对自然法的维护，这是一种谬误。同样错误的观点还有，认为我们应该补偿矿工，因为他们是为维护区块链安全做了真实的"热力学功"的劳动者，但对改进区块链代码的开发者进行补偿就成了"印钱"。

虽然将人的直觉系统化的尝试常常会将人引入歧途，但类似的深层道德直觉也并非毫无价值。在这种情况下，我认为有一个很重要的原则在发挥作用，该原则很可能会成为我们建立以自由为导向的高效、公平且包容的组织的关键，并让我们能影响并管理自己生活的方方面面。这个原则就是：如果某机制可能导致利益攸关的结果，那么在构建该机制时，让它保持可信中立（credibly neutral）是至关重要的。

机制就是算法加激励

首先，什么是机制？当我在本文中谈及机制设计时，我采用的是类似博弈论文献的处理方式：从根本上说，一种机制就是一种算法加上不同的激励。机制是一种工具，它从不同个体那里得到输入，并用这些输入来决定参与者获得的值，最终参与者据此做出人们关心的决定。一个行之有效的机制必须是高效且激励相容的。高效意味着在给定参与者偏好的前提下，一个决定带来的结果是最好的，而激励兼容则意味着人们有动力"诚实地"参与其中。

我们可以轻易举出各种机制的例子，比如：

- 私有财产权及其交易。这里的"输入"指的是人们可以通过捐赠或者交易的形式变更所有权，而"输出"就是一个（有时是有正式凭证的，有时只是隐含的）包含谁有权决定如何使用某个物品的数据库。该机制的目标是鼓励人们生产出有用的物品，并把它们交给能最好地利用它们的人。
- 拍卖。"输入"是叫价，"输出"是谁能获得在售的拍品，以及买家需要承担的价格。
- 民主。"输入"是选票，"输出"是谁能在被选出的政府中控制多少席位。
- 点赞、点踩、喜欢和转发等社交媒体功能。"输入"就是这些点赞、点踩、喜欢、转发，"输出"是谁能看到什么内容。学究式的博弈论专家也许会说这只是算法，算不上什么机制，因为这里没有体现内置激励（built-in incentives），但在未来的版本中很可能就有了。
- 工作量证明与权益证明中的区块链奖励激励（blockchain-awarded incentives）。"输入"是参与者生产的区块与其他信息，"输出"是网络最终接受哪条链是合法的，奖励用来鼓励"正确的"行为。

我们正在进入一个高度网络化与中介化，并且高速发展的信息时代，中心化机构正在失去公众的信任，人们在寻求改变。不同形式的机制是我们明智地集中群体智慧的方式（也将这些智慧从以往出现过的非智慧部分中筛选出来），它们在人们的互动中将变得越来越重要。

可信中立究竟是什么？

现在我们来谈谈可信中立这个至关重要的概念。从本质上讲，在考虑一个机制是否为可信中立时，只要简单地看一下这个机制的设计。如果这个机制并不歧视或针对某些人群，那么我们就说这个机制是可信中立的。可信中立的机制对所有人一视同仁，即使在每个人的能力与需求都不尽相同的世界里，它也能做到待人公平。比如，"挖出一个区块即可获得 2 以太币"就是可信中立的；而"鲍勃获得了 1 000 代币是因为他写了很多代码，我们应该奖励他"就不是可信中立的。"任何被五个人点踩的帖子都不予显示"也是可信中立的；而"管理员团队认为针对蓝眼睛人群的帖子都不能显示"则不是可信中立的。"政府对所有发明创造都给予 20 年的有限垄断权"是可信中立的（尽管在确定哪些发明符合条件上还存在着严重挑战）；而"政府认为治疗癌症非常重要，所以成立了一个委员会来管理 10 亿美元的资金以资助尝试治疗癌症的人"则不是可信中立的。

当然，完全彻底的中立性永远不可能存在。区块奖励机制有利于那些能获取硬件以及低价电力的人；资本主义机制有利于中心化的利益集团和富人，而不利于穷人和高度依赖公共品的人；政治话语不利于任何站在社会期望偏好（social-desirability bias）反面的人或事。而且，任何对协调失灵加以调整的机制都必须先对那些失灵做出一些假设，因此不利于被忽视的失调问题。但这一切都无法贬低某些机制比另一些要更中立的事实。

这也是私有产权如此高效的原因：并非因为它是天赋人权，而是因为它的可信中立可以解决许多社会问题，尽管远非所有问题，但也足够了。这也是为什么按照流行程度过滤信息是可以的，但以政治意识形态过滤就很有问题。我们更容易同意让一个中立机制公平地对待每个人，而要说服不同群体都同意将持有某些政治观点的人放上黑名单则不那么容易。这也是为什么直接给链上开发者奖励看起来比给矿工奖励要令人生疑，因为我们很容易证明谁是矿工而难以证明谁是开发者，而且在实际操作中，大多数试图确定谁是开发人员的尝试很容易让人产生偏袒某人的嫌疑。

注意，我们并不只需要中立，而是需要可信中立。也就是说，仅仅让机制被设计得不偏向特定人群或特定结果是不够的，这个机制还需要能让一个足够大且多样的群体相信，它至少在努力地实现公平。类似区块链、政治体制与社交媒体这样的机制都是为方便不同群体协作而设计的。为了让一个机制可以真正地充当这样的共同基础，所有机制参与者都必须看到机制的公平性，同时还要看到其他的参与者也都知道这一点，因为所有参与者都希望能确保其他人不会在第二天就放弃这个机制。

也就是说，我们需要一个类似博弈论中的"共同知识"的概念，或者用一个不那么数学的说法，即对正当性的广泛共识。要实现这样一种对中立的共同知识，机制的中立必须非常明显，明显到即使面对敌对一方散布关于该机制有明显偏向性、不值得信任的言论时，那些受教育水平不高的人也能一眼识破这些谎言。

建立可信中立的机制

以下四点是建立一个可信中立的机制所需遵守的基本规则：

（1）不将特定人群或结果写入机制；

（2）开源且执行过程可以公开检验；

（3）保持简洁；

（4）不要经常更改。

规则（1）很容易理解，我们再回头看一下之前的例子，"挖出一个区块即可获得2以太币"是可信中立的，而"鲍勃获得1 000代币"并不具有该性质，"帖子被点踩得多，其可见度就下降"也是可信中立的，"针对蓝眼睛人群的帖子可见度下降"并不具有该性质。因为"鲍勃"是一个特定的人，"针对蓝眼睛的人"是一个特定的结果。当然，鲍勃可能是非常棒的开发者，对区块链项目的成功举足轻重，值得获得奖励，而针对蓝眼睛人群的想法当然是我（希望你也一样）不愿意看到的。但在设计可信中立的机制时，我们的目标是不把想要的结果直接写进机制里，而是让参与者的行动来逐步发现它们。在自由市场中，查理做出来的小工具没有用，而大卫的有用，这是通过价格机制的变化被发现的。最终，人们不再购买查理的工具，他就破产了，同时大卫可以获得更多的利润，进而生产更多的工具。输出中的大部分信息应该来自参与者的输入，而不是来自机制内部的硬编码规则本身。

规则（2）也很好理解：机制的规则应该公开，而且人们应该可以公开检验这些规则是否得到正确执行。有一点需要注意的是，在很多情况下，我们并不希望输入和输出本身被公开，我的文章《论合谋》详细解释了为什么保持高度私密性甚至你自己都无法证明自己的参与方式是可取的。幸运的是，我们已经能够将零知识证明与区块链技术结合起来，同时获得可验证性与私密性。

规则（3），即简洁性这个概念反而是最不简单的。一个机制越简单、参数越少，就越没有偏好或歧视某个目标群体的操作空间。如果某个机制有50个参数以复杂的方式相互作用，那么你就很有可能找到某个参数来实现你想要的特定结果。但如果某个机制只有一两个参数，达成上述结果就非常困难。你也许能给比较宽泛的群体（比如蛊惑人心的政客、富人等）制造特权，但你无法针对一小群人，并且随着时光的流逝，你对达到某个目标结果的控制程度会越来越低，因为你能够获利的时间点B距离创建机制的时间点A越远，它们中间的"无知之幕"就越大，干扰这个机制获益多少的特殊状况也可能越多。

这就为我们引入了规则（4），不要经常更改机制。改写机制是件复杂的事情，而且也会将"无知之幕"的时钟归零。这会给你调整机制的机会，让你可以运用系统最新状况的信息（比如不同群体所在的特殊位置与对机制的不同调整导致的不同影响等）来偏袒你特定的朋友，针对你特定的敌人。

不只是中立：有效性也很重要

我在本文开头提到过一种该意识形态的极端版本，这是一种中立最高纲领主义：如果某事无法完全中立，那就不要做了！该观点的谬误在于它为了达到一种狭义的中立而牺牲了广义的中立。比如，我们可以保证所有矿工的回报都是一致的（比如，每挖出一个区块获得 12.5 比特币或者 2 以太币），而且所有开发者的回报也都一致（除了大家的感谢，并没有金钱回报），但这导致与给予矿工的激励相比，给予开发者的激励严重不足。最后 20% 的矿工对区块链成功的贡献不可能比开发者要大，但现在的奖励机制似乎正是暗示矿工的贡献比开发者大。

更广泛地说，社会上有许多需要生产的东西：私有物品、公共品、准确的信息、良好的政府决策、一些对我们现在而言没有价值但在未来却很值钱的东西……对于其中的一些物品，我们更容易为它们打造可信中立的机制，而对于另一些，则不那么容易。如果我们毫不妥协地采用狭隘的中立纯粹主义，只接受极端可信中立的机制，那么我们只能够解决一部分容易建立起这类机制的问题。而我们群体的其他问题则得不到任何系统性的支持，这也是广义中立的问题。

因此，可信中立原则也必须以另一项原则，即有效性原则作为补充。一个好的机制必须能够解决我们事实上关心的问题，这也就意味着最可信中立的机制的开发者也应当虚心接受批评，因为很可能一个机制是高度可信中立的，但它同时也很糟糕（专利制度就经常被认为如此）。

有时，这甚至意味着对某个问题，如果我们还未找到一个可信中立的机制去解决，就应该先在短期内采用一个不完美的中立机制。区块链中的预挖矿和有时限的开发者奖励就是这类例子，用中心化的方法来检测代表某个个体的账号并过滤掉其他账号是另一个例子。但我们还是要认识到可信中立对我们而言非常宝贵，我们应该不断努力地接近这个理想。这一点非常重要。

如果有人对不完美的中立机制可能导致的失信或者政治俘获有所担忧，则可以采取一些"防故障"（fail-safe）的方法来执行它。比如，我们可以直接用交易手续费来资助开发者（而不是增发货币给他们），打造自己的"谢林栏"①来限制开发者能筹措到的资金。我们也可以增加时间限制或者"冷冻期"，让奖金随着时间流逝而消失，并必须进行明确的更新。我们还可以在第二层（Layer 2）②中执行这个机制，比如用一个 rollup 合约或者以太坊 2.0 执行环境，它们都能实现一定的网络效应锁定，而且一旦该机制失效，大家可以协同放弃它。当听见它可能崩溃的意见时，我们可以改进自由退出机制来缓解风险。

可以解决多种问题的可信中立机制在理论上确实存在，而且我们需要通过实践来发展和改进它们。比如：

● 预测市场，例如，electionbettingodds.com 就是一个关于谁能赢得下一次大选的"可信中立"来源。

---

① 这是对"谢林点"概念的一个调整，该概念是由其最早提出者、加利福尼亚州著名心理学家斯科特·亚历山大（Scott Alexander）以冷战时期的博弈理论家托马斯·谢林（Thomas Schelling）的名字命名的。围栏是指由参与者共同商定的对系统的限制。

② 从这个意义上讲，"第二层"是指构建在"第一层"以太坊区块链之上的基础设施，它使应用程序能够实现更高效的处理。

- 以二次方投票和二次方融资来决定治理公共品的方式。
- 以哈伯格税代替纯产权作为分配非同质且非流动性资产的更高效的替代方案。
- 对等预测。[①]
- 包含传递信任图的信誉系统。

我们还不确知类似上述这些想法,或者其他一些想法要怎样才能行得通,并且还需要大量的实验才能知道什么样的规则可以在不同情况下都导致好的结果。同时保持开放性和抗攻击性会是一个挑战。不过,随着密码学的发展,我们可以将开放规则、可验证的执行与结果以及输入私密性结合起来,这会让一些事情变得容易一些。

原则上,我们知道创造出这样一组稳健的规则是完全可能的,如上文所述,我们已经在很多不同情况下基本实现了这一点。但随着我们依赖的以软件为媒介的各种市场不断增多,我们更要确保这些系统不会最终只为少数几个人提供力量——不论这些人是这些平台的操作者还是比他们有更大能量的人,而应该让这套可信的规则能够惠及所有人。

[①] 对等预测会在评级系统中比较不同用户生成的各种评分,并奖励准确预测他人评分的用户。这与前面提到的谢林点的概念十分类似。只不过在后者中,声誉系统依赖于与社交网络中的特定用户相关联的信任,而对等预测则是对自我评分与他人评分的差别进行评估。

好的协作和坏的协作

"协作"即一大群行为人为其共同利益而共同努力的能力,它是宇宙中最强大的力量之一。它的力量体现在:一个国王可能用压迫性的独裁方式来舒适地统治一个国家,但如果人民团结一致,就可以联合起来推翻他。全球变暖可能让气温上升3℃~5℃,但如果我们一起努力阻止全球变暖,就可以让气温的上升幅度小很多。协作是一种让公司、国家和任何有一定规模的社会组织能够正常运转的关键。

协作可以通过很多方式来改善:更快的信息传播;更好的规范(用以识别哪些行为被归类为作弊,并施加更有效的惩罚);更强大或更有力的组织、工具(如智能合约);允许低信任度场景下的互动、治理技术(投票、股份、决策市场……);等等。事实上,每过十年,我们都能在协作问题上有所进步。

但协作也有一个在哲学上非常反直觉的黑暗面:虽然"所有人都与所有人协作"比"所有人都为自己"的结果要好得多,但这并不意味着每个人朝着更协作的方向迈出的每一步都是有益的。

---

* 原文发布在2021年9月11日的vitalik.ca上。

如果以一种不平衡的方式改善协作,那么结果很容易是有害的。

我们可以把这个问题呈现在一张地图上,不过实际上这张地图有很多的"维度",而不只是画出来的两个维度。

```
AB间更多          非平衡的协作              完全协作
的协作            (压迫、合谋攻击)           ("乌托邦")


                        现实中可能达到的
                        中间状态


              所有人都为自己                  非平衡的协作
              (霍布斯的丛林)                 (压迫、合谋攻击)
                                              AC间更多的协作
```

在左下角,"所有人都为自己",这是我们不希望看到的情况。而右上角是"完全协作",这很理想,但很可能无法实现。而位于中间的广袤地带却远非平缓的上坡,这里有不少我们希望栖身的安全、多产之地,但也有很多我们避之不及的黑暗洞穴。

那么,那些危险的"部分协作",即人们只与特定群体协作,

好的协作和坏的协作

却不与其他人协作,是如何将人们引入黑暗深渊的呢?这里最好用例子来说明。

- 一个国家的公民在战争中为了国家的利益英勇牺牲,而这个国家是二战时期的德国或日本。
- 游说者向政客行贿,以换取政客采纳该游说者的倾向性政策。
- 有人在选举中卖出自己的选票。
- 市场上所有的产品销售商同时串通涨价的行为。
- 某区块链的大型矿工相互勾结发起 51% 攻击。

在上述所有案例中,我们看到的是一群人聚在一起,相互合作,但极大地损害了协作圈外的群体,从而在总体上对世界造成了实质性的损害。在第一个例子中,所有在协作圈之外的人民都成了上述这些国家侵略的受害者,并因此蒙受了巨大的损失;在第二个和第三个例子中,受害者是那些受到腐败选民和政客所做的决策影响的人民;在第四个例子中,受害者是客户;在第五个例子中,受害者是没有参与攻击的矿工和区块链的用户。这不是个体对群体的背叛,而是一个群体对更广泛群体,甚至是整个世界的背叛。

这种局部协作通常被称为"合谋",但需要注意的是,我们所说的行为范围相当广泛。在正常的语境中,"合谋"一词更常用于描述相对对称的关系,但上述案例有好几个都有浓厚的不对称特征。从这个意义上讲,即使敲诈勒索的关系("投票支持我喜欢的政策,否则我会公开揭露你的外遇")也是一种合谋。在本文的其余部分,我将使用"合谋"泛指"不受欢迎的协作"。

评估意图，而不是行动

合谋案例，尤其是较为轻微的合谋案例的一个重要特征是，人们不能仅仅通过观察行动本身来确定一个行动是否属于不受欢迎的协作。原因在于，一个人采取的行动，是这个人的内部知识、目标和偏好与外部强加给这个人的激励因素共同作用的结果，因此，人们在合谋时采取的行动，与人们自愿采取的行动（或良性的协作）往往是重叠的。

例如，考虑卖家之间合谋的情况（反垄断违法行为的一种）。如果是独立经营，三个卖家可能各自将某种产品的价格定在 5 美元到 10 美元之间；这个范围内的价差反映了卖家的内部成本、在不同薪酬下的工作意愿，以及供应链问题等因素。但是，如果卖家进行了合谋，他们可能会把价格定在 8 美元到 13 美元之间。这个价格范围同样反映了关于内部成本和其他难以看到的因素的不同可能性。如果你看到有人以 8.75 美元的价格出售该产品，他们是否做错了什么？在不知道他们是否与其他卖家合谋的情况下，你无法判断！通过制定一部法律，规定将该产品卖到 8 美元以上不是个好主意，因为也许有正当的理由可以解释为什么目前的价格必须很高。但制定一部反对合谋的法律，并成功执行，就会得到理想的结果：如果价格必须那么高才能覆盖卖家的成本，你就能得到 8.75 美元的价格，但如果推动价格上涨的自然因素很少，你就不能采用这个价格。

这一点也适用于贿赂和贩卖选票案：很可能有些人合法地投

票给"橙党",但有些人投票给橙党则是因为他们被收买了。从决定投票机制规则的人的角度看,事先并不知道橙党是好是坏。他们知道的是,人们基于诚实的内心情感而投票的效果相当好,但选民可以自由买卖选票的效果就很糟糕。这是因为贩卖选票是"公地悲剧":每个选民只能从正确的投票中获得一小部分利益,但如果他们按照贿赂者的意愿投票,就会获得全部贿赂。于是吸引每个选民所需的贿赂,会远远小于补偿民众因贿赂者的政策而蒙受的损失所需的代价。因此,允许贩卖选票的投票很快就会蜕变成财阀统治。

用去中心化反合谋

但是从这个思路出发,还有另一个更光明、更具可操作性的结论:我们知道,如果想要创建稳定的机制,一个重要的因素就是找到让合谋尤其是大规模合谋更难发生或维持的方法。在投票场景下,我们有"无记名投票",它可以确保投票者没有办法向第三方证明他们的投票内容,即使他们想证明也不行(MACI[①]是一个试图使用密码学将无记名投票原则扩展到在线环境的项目)。这破坏了选民和贿赂者之间的信任关系,从而极大地限制了不受欢迎的潜在合谋。对于反垄断和企业其他的不法行为,我们往往依

---

① MACI即最小化反合谋基础设施(Minimum Anti-Collusion Infrastructure),是以太坊上用来执行防贿赂、安全、隐私等任务的数字投票基础层。——译者注

赖举报人，甚至给予他们奖励，明确鼓励有害合谋的参与者采取背叛行为。而在更广泛的公共基础设施方面，我们有一个非常重要的概念：去中心化。

对于为什么去中心化有价值，有一种朴素的看法是，它降低了单点技术故障的风险。在传统的"企业"分布式系统中，情况通常如此，但在其他很多情况下，我们知道这并不足以解释正在发生的事情。看一看区块链就很有启发。一个大型矿池公开展示了其内部的节点分布和网络依赖性，这对平息社区成员对挖矿中心化的恐惧并没有什么作用。而下面这张图显示当时比特币哈希算力90%的拥有者出现在同一个会议讨论小组上，这确实有点吓人。

为什么这张图会很吓人呢？从"去中心化即容错"的角度看，大型矿工能够互相对话并不会造成任何伤害。而如果我们把"去

中心化"看成有害合谋的障碍，那么这个画面就变得相当可怕了，因为它表明这些障碍并没有我们想象得那么大。在现实中，这些障碍还远没有消失；这些矿工可以很容易地进行技术协作，甚至可能都在同一个微信群里，但这一事实并不意味着比特币"实际上不比中心化的公司好多少"。

那么，剩下的合谋障碍是什么呢？一些主要障碍包括：

● 道德障碍。在《我们的信任》（机械工业出版社，2013年出版）一书中，布鲁斯·施奈尔（Bruce Schneier）提醒我们，很多"安全系统"（门锁、提醒人们受到惩罚的警示牌等）其实也具有道德功能，它们提醒潜在的不轨者即将采取的行为是严重违法的，如果他们想做个好人，就不应该这样做。可以说，去中心化就具备这个功能。

● 内部谈判失败。个别公司可能会开始要求让步以换取参与合谋，这可能会导致谈判直接陷入僵局（见经济学中的"敲竹杠问题"）。

● 反协作。一个去中心化系统可以让没有参与合谋的人很容易做出一个分叉，把合谋的攻击者剥离出来，然后从那里继续运行系统。用户加入分叉的门槛很低，去中心化的意图会形成有利于参与分叉的道德压力。

● 背叛风险。五家公司联合起来作恶，比它们联合起来做没有争议的或善良的事情要困难得多。五家公司之间并不太互相了解，所以很可能有其中一家拒绝参与，并迅速充当"吹哨人"的角色，因此合谋的参与者很难判断风险。公司内部个别员工也可能会"吹哨"。

综上所述，这些障碍确实非常大，事实上往往会大到足以阻止潜在的攻击，即使这五家公司完全有能力同时迅速协作，做一些合法的事情。例如，以太坊矿工完全有能力协作增加燃料上限，但这并不意味着他们可以如此轻易地勾结起来攻击区块链。

区块链的经验表明，将协议设计成制度性的去中心化架构，即使在提前知道大部分活动将由少数公司主导的情况下，往往也是一件非常有价值的事情。这个想法并不局限于区块链，它也可以应用于其他情况。

用分叉反协作

但我们并不总是能有效地防止有害的合谋行为发生。为了处理那些确实发生了的有害合谋，最好能让系统在抵御合谋方面变得更为稳健，也就是说，让合谋变得更为成本高昂，而让系统恢复变得更为容易。

我们可以通过两个核心操作原则来实现这一目的：（1）支持反协作和（2）"共担责任"（skin in the game，又译为共担风险）。反协作背后的理念是这样的：我们知道，不可能将系统设计成面对合谋时是被动稳健的，这很大程度上是因为组织合谋的方式极其繁多，没有被动的机制可以检测到它们，我们可以做的是对合谋做出主动反应，并进行反击。

在数字系统中，比如区块链（这也可以应用于更主流的系统，比如DNS[①]）中，一个主要且关键的反协作形式就是"分叉"。

如果一个系统被有害的联盟接管，持不同意见的人可以聚集在一起，并创建一个替代版的系统，该系统具有（大部分）相同的规则，只是它剥夺了攻击联盟控制系统的权力。在开源软件的背景下，分叉非常容易；创建一个成功分叉的主要挑战通常是收集所需的"正当性"（在博弈论中被认为是"共同知识"），让所有不同意主联盟方向的人跟随你走。

市场和共担责任

另一类抵制合谋的策略是"共担责任"的概念。大致上，"共担责任"是指任何让决策中的个别贡献者对其贡献负责的机制。

[①] 域名系统是互联网的一个组成部分。尽管互联网是去中心化的，但域名系统是中心化的。早期的区块链项目Namecoin试图提供去中心化的替代品。以太坊名称服务在以太坊生态系统中使用以.eth结尾的域名来实现这一点。

如果一个群体做出了一个错误的决定，那么批准该决定的人必须比试图提出异议的人遭受更多的痛苦。这就避免了投票制度中固有的"公地悲剧"。

分叉是一种强大的反协作形式，正是因为它引入了"共担责任"。

市场在一般情况下是非常强大的工具，正是因为它们能最大限度地增加"共担责任"。决策市场（用于指导决策的预测市场，也叫 Futarchy）是将市场的这种好处扩展到组织决策的一种尝试。尽管如此，决策市场只能解决一些问题，特别是，它们不能告诉我们应该首先对哪些变量进行优化。

结构化协作

这一切都让我们对建立社会系统的人所做的事情形成了一个有趣的看法。构建一个有效的社会系统的目标之一，在很大程度上就是确定协作的结构：哪些群体、以什么样的配置可以走到一起，以推进他们的群体目标，而哪些群体则不能（见下图）？

不同的协作结构，不同的结果

有时，更多的协作是有益的：当人们能够共同努力集体解决问题时，情况会更好。在其他时候，更多的协作则是危险的：一小部分参与者可能会通过协作来剥夺他人权利。而在另一些时候，出于另一个原因，则需要进行更多的协作：使更广泛的社区能够对攻击系统的合谋予以"反击"。

在这三种情况下，都有不同的机制可以用来实现这些目的。当然，直接阻止沟通是非常困难的，也很难让协作变得完美。但是，在这两者之间仍然有很多选择，可以产生强大的效果。

下面是几种可能的协作结构化技术。

• 保护隐私的技术和规范。

• 让人难以证明自己行为的技术手段（秘密投票、MACI和类似的技术）。

• 有意识地去中心化，将某种机制的控制权分配给众所周知不能被很好地协调的广大群体。

• 物理空间的去中心化，将不同的功能（或同一功能的不同份额）分离到不同的地点。

• 在基于角色的选区（constituencies）之间去中心化，将不同的功能（或同一功能的不同份额）分离给不同类型的参与者（例如，在区块链中的"核心开发者""矿工""持币者""应用开发者""用户"）。

• 谢林点，允许多个大型群体围绕单一路径迅速协作。复杂的谢林点甚至有可能在代码中实现（例如，如何从51%的攻击中恢复）。

- 使用共同的语言（或者，在多个说不同语言的选区之间划分控制权）。
- 使用按人投票，而不是按币或股份投票，以大大增加通过串谋影响决定所需的人数。
- 鼓励和依靠背叛者提醒公众注意即将发生的勾结行为。

这些策略都并不完美，但它们可以在各种情况下使用，并取得不同程度的成功。此外，这些技术可以而且应该与机制设计结合起来，以尽可能降低有害合谋的利润，增加有害合谋的风险；在这方面，"共担责任"是一个非常强大的工具。哪种组合最有效，最终取决于你的具体用例。

特别感谢卡尔·弗洛尔什（Karl Floersch）和王静兰（Jinglan Wang）的反馈与评论。

预测市场：来自选举的故事

触发警告：我在文中表达了一些政治观点。

预测市场是我多年来一直感兴趣的主题。这个想法让大众投注未来的事件，并将这些投注的赔率作为对这些事件的预测概率的可信中立来源，这是机制设计的一个迷人应用。类似的想法（一个例子是 Futarchy）一直都让我很感兴趣，因为它们是可以改善治理和决策的创新工具。正如 Augur 和 Omen，还有最近的 Polymarket[①] 所展示的，预测市场也是区块链（对于以上三个案例，是以太坊）的一个吸引人的应用。

在 2020 年美国总统大选中，预测市场似乎终于来到了聚光灯下，尤其是区块链上的市场，从 2016 年的近乎不存在，发展到 2020 年拥有了数以百万美元的交易量。作为一个热衷于推动以太坊应用程序跨越鸿沟并被广泛采用的人，这当然引起了我的浓厚兴趣。起初，我只是袖手旁观，而没有亲自参与：我不是美国选举政治的专家，所以怎么会自以为我的观点比已经在预测市场上交易的人更正确

---

* 原文发布在 2021 年 2 月 18 日的 vitalik.ca 上。
① Augur、Omen 和 Polymarket 都是以太坊上的预测市场。——译者注

呢？但在我的推特圈子中，我看到了越来越多我尊敬的、"非常聪明的人"都提出了市场事实上真的很不理性的论点，所以如果可以的话，我应该参与市场，然后和他们对赌。最后我被这个想法说服了。

我决定在这个我参与创立的区块链上做一个实验：我在Augur买了价值2 000美元的NTRUMP通证（如果特朗普输了，每个通证值1美元）。当时我几乎不知道，我的头寸最终会增加到308 249美元，并赚了超过56 803美元的利润。更没想到的是，即使在特朗普已经输掉大选之后，我还会把剩下的赌注全部拿来与心甘情愿同我交易的对手对赌。在接下来的两个月里发生的事情，注定会成为一个对于社会心理学、专业知识、套利和市场效率极限都会产生十分重要结果的研究案例，任何对经济制度设计的可能性感兴趣的人也都会受到重要的影响。

大选之前

我对这次大选的第一次投注其实根本不是在区块链上。当坎耶在7月宣布竞选总统时，有一位让我相当尊重的政治学家（因为他的思路独特且水平很高），在推特上声称他确信这会分化反特朗普的选票，导致特朗普获胜。我记得，当时我认为他这种特别的观点有些过于自信，甚至有可能是他过度内化了"如果一个观点看起来很睿智又很反直觉，那它一定是对的"这一直观推断。所以，我当然愿意赌200美元，我自己赌的是乏味的传统亲拜登观点，他很爽快地接受了。

> **Neoliberal** @ne0liberal · 2020年9月2日
> 预测市场在政治方面表现糟糕。它们效率不高,而且容易被利用。
>
> > **Nate Silver** @NateSilver538 · 2020年9月2日
> > 就在美国共和党全国委员会执行民调,以及预测市场出现胶着之后不久,拜登在《福布斯新闻》对威斯康星州进行的民调中的支持率上升了8个百分点。twitter.com/ForecasterEnte...
>
> 💬 15   🔁 13   ❤ 242   📤

> **vitalik.eth** @VitalikButerin
> 回复 @ne0liberal
> 如果你不同意,那你何不自己参与一下呢,反正是免费的。

9月,大选话题又出现在我的视野内,这次是预测市场引起了我的注意。市场给出了特朗普近50%的胜算。但在我的推特圈子中,我看到了越来越多我尊敬的"非常聪明的人",都在说着一件事:这个数字似乎太高了。这当然就引出了我们熟悉的"有效市场之争":如果你能以0.52美元的价格买到一个如果特朗普输了就给你1美元的通证,而特朗普实际输掉的概率比这要高得多,为什么人们不干脆在这个通证的价格涨得更高前买入它?如果没有人这么做,你又凭什么认为自己比别人聪明?

网民Ne0liberal在选举日之前的推特很好地总结了他当时觉得预测市场不准确的理由。简单来说,2020年以前大多数人使用的(非区块链)预测市场都有各种限制,这使得人们只能用少量的现金来参与。因此,即使一个非常聪明的个人或专业机构看到了一个他们认为是错误的概率,他们也只有非常有限的能力把价格推向自己认为正确的方向。

推文①中指出的重要限制包含：

- 每人可投注的金额很低（远低于1 000美元）。
- 高额的手续费（如PredictIt②收取5%的提款费用）。

而这也是我在9月反驳NeOliberal的原因：虽然呆板的、旧世界的中心化预测市场有很高的手续费和很低的投注上限，但在加密市场却没有！在Augur或Omen上（见下图），如果有人认为某个预测结果的通证价格过低或过高，他就可以无限制地买入或卖出。而当时基于区块链的预测市场也遵循了与PredictIt相同的价格。如果真的是因为高手续费和低投注上限的关系，让头脑更冷静的交易者无法战胜过于乐观的交易者，才导致特朗普的胜率最后被高估的话，那么为什么明明区块链市场没有这些问题，却也有着同样的价格走势呢？

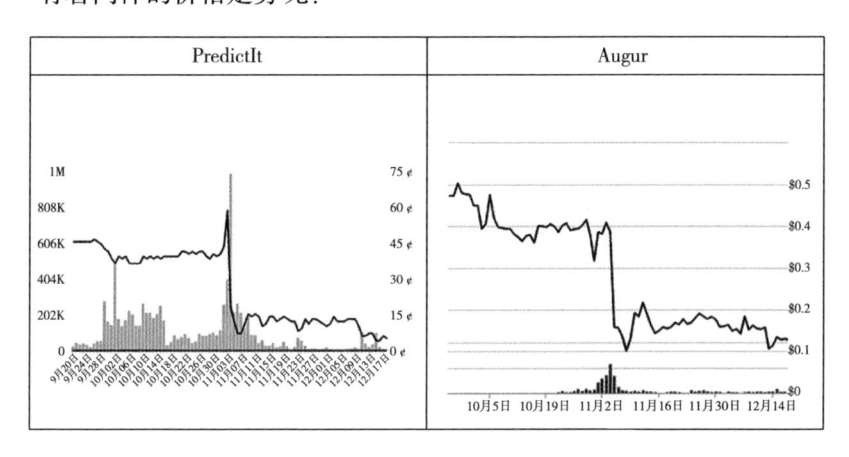

PredictIt	Augur

---

① 参考上面提到的推文中引用的一篇论文：Andrew Stershic and Kritee Gujral,"Arbitrage in Political Prediction Markets,"*Journal of Prediction Markets* 14, No. 1（2020）。
② PredictIt是惠灵顿维多利亚大学的一个项目，旨在促进对市场预测事件的方式的研究。——译者注

预测市场：来自选举的故事　　199

我在推特上的朋友对此给出的主要反应是，区块链预测市场极端小众，只有很少的人（尤其是那些了解政治的人）能轻易接触到加密货币。这看起来似乎很有道理，但我对这个论点不太有信心。于是我押了 2 000 美元赌特朗普输，就没有再继续。

大选

然后，选举举行了。虽然在一开始，我们因特朗普赢得的席位超过了我们的预期而大惊失色，但拜登还是成为最终的赢家。但至于大选本身究竟是验证还是驳斥了预测市场的效率，据我所知，这仍然是一个悬而未决的问题。一方面，通过运用标准的贝叶斯法则，我应该降低对预测市场的信心，至少是相对于纳特·西尔弗（Nate Silver）而言。预测市场对拜登给出的胜率为60%，而纳特·西尔弗对拜登给出的胜率则是90%。既然拜登事实上赢了，这就是一个证据，证明在我生活的世界中纳特的答案比较正确。

但另一方面，你也可以说预测市场对输赢规模的估计更胜一筹。纳特给出的概率分布中位数大约是538张选举人团选票中的370张会投给拜登（见下页图）。

虽然特朗普市场没有给出概率分布，但如果你要从"特朗普有40%的胜率"这个统计中推算一个概率分布，你猜测的中位数可能会是拜登拿到300张左右的选举人团选票。而实际结果是306

拜登胜选 →

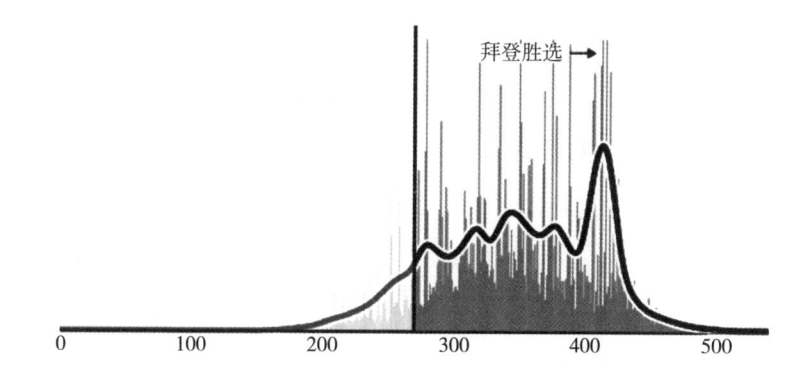

张。所以，在我看来，预测市场与纳特究竟孰优孰劣仍然没有定论。

大选之后

但是，当时我无法想象的是，选举本身只是开始。选举结束几天后，拜登就被各大组织，甚至一些外国政府宣布当选。特朗普不出意料地对选举结果发起了各种法律挑战，但这些举动很快就失败了。尽管如此，在一个多月的时间里，NTRUMP 通证的价格一直保持在85美分！

一开始，人们似乎有理由猜测特朗普有15%的概率推翻选举结果，毕竟他任命了三位大法官进入最高法院，当党派纷争加剧的时候，许多法官都开始站队而非坚守原则。尽管如此，在接下来的三周里，这些法律挑战失败的迹象越来越明显，特朗普的希望也随着时间推移变得越来越渺茫，但NTRUMP的价格并没有动摇；事实上，它甚至短暂地下降到0.82美元左右。在12月11日，大选结束已经过了五周的时候，最高法院果断地一致驳回了特朗普推翻投票结果的企图，这让NTRUMP的价格终于涨到了0.88美元。

到了11月，我终于相信市场怀疑论者是对的，所以我自己也投身其中，赌特朗普输。这个决定并不是为了钱，毕竟在不到两个月之后，光是我从持有的狗狗币升值中赚到并捐给GiveDirectly[①]的钱都要比从预测市场赚到的更多。所以倒不如说这是我参与的一场实验，不仅是作为一个观察者，而且是作为一个积极的参与者，这样就能提高我对其他人的理解，了解到底为什么大家没有赶在我之前蜂拥而上购买NTRUMP。

进场

我的NTRUMP是在Catnip上买的，这是一个前端界面，它将Augur预测市场和Balancer这个Uniswap[②]风格的恒定功能做市商结合在一起。Catnip是迄今为止做预测市场交易最好用的界面，我觉得它对Augur的可用性贡献很大。

用Catnip对赌特朗普的方法有两种：

1. 使用DAI[③]直接在Catnip上购买NTRUMP。

---

① GiveDirectly是一个专门提供数字现金转账的非政府组织。——译者注
② Uniswap是一种基于以太坊的协议，旨在促进以太币和ERC20代币数字资产之间的自动兑换交易，在以太坊上自动提供流动性。——译者注
③ DAI被称为"稳定币"，旨在保持相对于美元或多或少的恒定价值。它由一个名为MakerDAO的DAO管理。

2. 使用Foundry调用Augur功能，将1个DAI转换成1个NTRUMP+1个YTRUMP+1个ITRUMP（"I"代表"无效"，后面会详细介绍），然后将YTRUMP卖到Catnip上。

一开始，我只知道第一个选项。但后来我发现Balancer上YTRUMP的流动性更高，所以我转而使用第二个选项。

还有一个问题：我没有任何DAI。我有以太币，我可以卖出我的以太币来获得DAI，但我不想牺牲我的以太币风险敞口；就算我在对特朗普的押注中赚取了50 000美元，但如果因为以太币价格变化而让我赔了50 000美元，那就得不偿失了。所以我决定在MakerDAO上开立抵押债务头寸（CDP，现在也叫"保险箱"）来保持我的以太币价格风险敞口。

CDP是DAI的产生方式：使用者将以太币存入一个智能合约，然后可以提出相当于以太币价值2/3的DAI，这些DAI是新产生出来的。使用者可以放入与自己之前提出相同金额的DAI加上额外的利息费用（目前为3.5%），来取回抵押在其中的以太币。如果你存入的以太币抵押品价值下降到低于你取出的DAI价值的150%，任何人都可以开始清算你的金库，强制卖掉以太币来买回DAI，并向你收取高额罚金。因此，在价格突然变动的情况下，最好有较高的抵押率；我用价值超过3美元的以太币作为我提出1美元的CDP抵押品。

回顾一下，下图显示了操作过程。

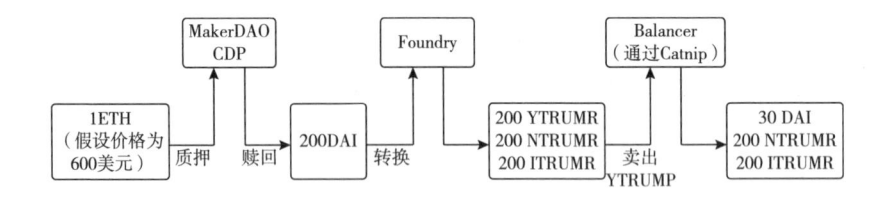

```
1ETH                              200 YTRUMR         30 DAI
(假设价格为  MakerDAO          Foundry    200 NTRUMR  Balancer   200 NTRUMR
  600美元)   CDP    200DAI              200 ITRUMR  (通过Catnip)  200 ITRUMR
         质押   赎回        转换                卖出
                                              YTRUMP
```

我重复操作了很多次；Catnip上的滑价[①]，代表我通常一次只能做大约5 000美元到10 000美元的交易，不然价格会变得非常不利（如果我跳过Foundry的步骤，直接用DAI购买NTRUMP，基本上只能交易到接近1 000美元）。两个月后，我已经积累了367 000个NTRUMP。

为什么其他人不这么做？

在开始解释之前，我有四个主要假设，想办法解释为何没有多少人以85美分的价格买入明明就值1美元的通证。

1. 担心Augur的智能合约会出问题，或者特朗普的支持者会操纵预言机（一种去中心化的机制，让Augur的REP通证持有者可以把通证押在事件结果上，以此进行投票），使其返回的结果与发生的事实不符。

2. 资本成本：要购买这些通证，你必须将资金锁定两个月以上，这就让你不能在这段时间内使用这些资金，更让你无法进行其他更有利可图的交易。

---

① 滑价是指执行交易订单的价格与交易时确认的价格有差异。——译者注

3. 技术上太复杂了，让人无法轻易交易。

4. 真的是我想错了，就算机会摆在面前，有足够动力尝试这种奇怪机会的人也真的太少了。

以上四个假设听起来都很合理。智能合约违约是一个真正的风险，而 Augur 的预言机此前也从未在这样一个充满争议的环境中测试过。资本成本是真实的，尽管在预测市场中押注某些东西比在股票市场中对赌要更容易，因为你知道价格永远不会超过 1 美元，但锁仓资本仍然会与加密市场中其他有利可图的机会竞争。毕竟，在 Dapp 中做交易在技术上很复杂，所以对未知有一定程度的恐惧也是合理的。但在我实际进入金融壕沟战，并观察了预测市场的价格演变之后，我对上述假设有了更多的了解。

对智能合约漏洞的恐惧

起初，我认为"对智能合约漏洞的恐惧"可能是解释的一个重要部分。但随着时间推移，我越来越相信这可能不是一个主要因素。要想知道我为什么这样想，可以比较 YTRUMP 和 ITRUMP 的价格。ITRUMP 代表"无效特朗普"，"无效"是指在一些特殊情况下会触发的事件结果，这些特殊情况包括：事件描述模糊不清、市场结束时真实生活的事件还没有结束、市场本身不道德（例如暗杀市场），以及其他一些类似情况。在这个市场上，ITRUMP 的价格始终保持在 0.02 美元以下。如果有人想通过攻击市场来赚取利润，那么他们不以0.15美元的价格买入YTRUMP，而以0.02美元的价格买入ITRUMP会更加有利可图。如果他们买入大量的ITRUMP，并迫使"无效"的结果被触发，就能赚取50倍的回报。所以如果你害怕被攻击，买入ITRUMP是当时最理性的反应。然而很少有人这么做。

另一个反对"智能合约出事很可怕"的论点是，在除了预测市场以外的每一个加密应用中（例如Compound，各种收益耕种计划），人们对智能合约风险的态度都超级乐观。如果人们只是为了仅仅5%~8%的年回报率，就愿意把钱投入各种未经测试的高风险项目中，那么他们为什么在预测市场上就突然变得如此谨慎呢？

资本成本

资本成本，即锁定大量资金带来的不便和付出机会成本确实是一个挑战。相比于之前，我现在对此更有体会。仅从Augur方面看，我需要锁定308 249个DAI，平均约两个月才能获利56 803美元。算下来，年化利率约为175%；所以即使与2020年夏天的各种收益耕种热潮相比，这也是相当不错的选择。但如果你考虑到我必须在MakerDAO上做的操作，情况就没有这么好了。因为我想保持以太币的风险敞口不变，所以需要用CDP来获得DAI，而要安全使用CDP需要3倍以上的抵押比例。因此我实际需要锁定的资金总额在100万美元左右（见下图）。

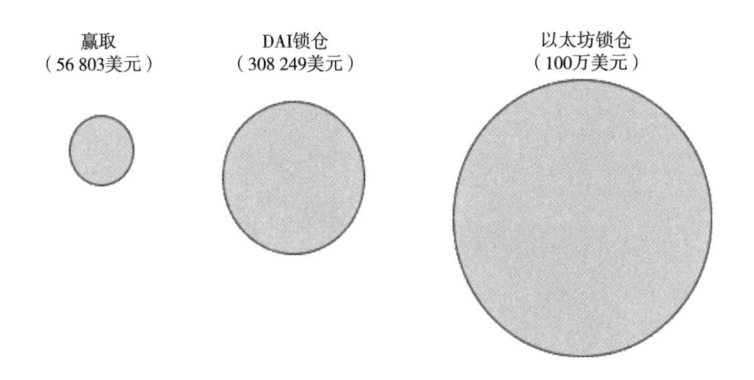

赢取　　　　　DAI锁仓　　　　　以太坊锁仓
（56 803美元）　（308 249美元）　（100万美元）

现在，收益率看起来就不那么可观了。如果再考虑一些可能性，例如智能合约被黑客攻击，或者发生了史无前例的政治事件，只要它们是可能发生的，则无论其可能性有多小，结果看起来就会更糟。

即使如此，假设需要的锁仓抵押为3倍，Augur出事的可能性也有3%（我已经买了ITRUMP来防止事件结果变成"无效"，所以我只需要担心事件结果变成"当选"，以及资金被直接偷走的风险），据此计算出来的风险中立收益率约为35%，如果你考虑人们对风险的看法，收益率还会更低一些。当然这笔交易还是非常有吸引力的，但现在看来可以理解的是，这些数字对那些浸润于币圈的人来说就不那么具有吸引力了，毕竟加密货币的涨跌波动幅度很大。

当然，特朗普的支持者并不用管这些挑战，他们只用投入6万美元，就能取消我308 249美元的赌注（因为手续费的关系，我赚的比这个数字更少）。当概率接近0或1时，这个赌局对那些想要把概率推离两端极值的人就非常有利。这不仅解释了特朗普的

预测市场：来自选举的故事　　　　207

状况，也是那些小众但没有胜算的候选人经常能获得高达5%获胜概率的原因。

技术复杂度

起初，我曾尝试在Augur上购买NTRUMP，但用户界面中的技术故障让我无法直接在Augur上下单（我问过其他人，但他们没有遇到过这个状况……我现在还是不知道这是什么问题）。Catnip的界面要简单得多，而且工作出色。然而像Balancer（和Uniswap）这样的自动做市商只在小额交易上有优势；要做大额交易的时候则滑价太多。这是关于"自动做市商还是订单簿"争论的一个好例子。自动做市商模式更方便，但订单簿模式在大额交易上确实更好用。Uniswap v3正在引入具有更高资本效率的自动做市商设计，我们可以观察情况是否会有所改善。

虽然还有其他复杂的技术问题，不过幸运的是，它们似乎都很容易解决。像Catnip这样的界面应该能够很容易地把"DAI→Foundry→卖出YTRUMP"的路径整合到合约中，这样你就可以在一次交易中用这种方式买入NTRUMP。事实上，这个界面甚至可以检查"DAI→NTRUMP"路径和"DAI→Foundry→卖出YTRUMP"路径的价格和流动性，并自动为你提供更好的交易方式。我们甚至可以加入从MakerDAO CDP中提出DAI这个步骤。我的结论很乐观：技术复杂度确实是这次参与市场投注的障碍，但随着技术进步，未来的参与将变得更加容易。

智识上的不自信

现在我们讨论最后一种可能：许多人（尤其是聪明人）都有一种毛病，那就是他们过度谦虚，而且很容易得出结论，"如果别人没有采取某一行动，那么一定有一个充分的理由说明这种行动不值得被采取"。

埃利泽·尤德科夫斯基在他的优秀著作《不充分的均衡》的后半部分就提出了这个理由，他认为太多人过度采取了"谦虚的认识论"这种态度，而我们应该更加愿意按照自己的推理结果行事，即使这些结果可能意味着大多数人其实是不理性、懒惰或者错误的。当我第一次读到这些段落的时候，我觉得埃利泽说错了，他看起来太过自大。但经历了这些事情后，我看到了他的立场中蕴含的智慧。

这不是我第一次亲身体验到"相信自己的推理"是多么好的优点。当我最初开始研究以太坊的时候，曾一度被恐惧困扰，认为这个项目一定会因一些不可避免的理由而失败。我认为，一个带有完全可编程功能的区块链比之前的区块链好上这么多，应该有很多人早就在我之前想过了吧。所以我当时觉得，我一发表这个想法，就应该会有很多聪明的密码学家跑来告诉我，像以太坊这样的东西是根本不可能实现的。但是，并没有人这么做。

当然，并不是每个人都患有过度谦虚的毛病。很多人预测特朗普会赢得大选，他们明显被自己过度的逆势思维①蒙蔽。以太坊的成功得益于我年轻时对自己谦虚和恐惧的压制，不过，还有很多其他项目可以从更多的智力谦逊中受益并避免失败。

这不是一个过分谦虚的人

但在我看来，正如叶芝的名言所说，"最好的人缺乏信念，而最坏的人充满激情"，这一点比以往任何时候都更为真实。虽然过度自信或逆势思维有时候都是错的，但我认为，社会上流行的一个观点是错误的，这个观点认为"解决问题的最好办法是相信社会上已有的成果，无论它们是来自学术机构、媒体、政府、市

---

① 逆势思维是美国知名独立投资顾问大卫·达斯特（David Darst）提出的概念。在逆势思维主义者看来，对于人人都在参与的某事，最好的应对方法就是不要参与，情愿采取与大众不一样的想法和立场。因为在大多数情况下，当大多数人认为某一项投资是正确或错误的，那往往一定是相反的观点才是正确的。——译者注

场"。所有这些机构能良好运作，正是因为有人认为它们不起作用，或者在某些时候会犯错。

来自Futarchy的一课

亲眼看到资本成本的重要性及其与风险的相互作用，也是判断Futarchy这种决策系统的重要证据。Futarchy，以及更一般的"决策市场"，是预测市场的一个充满潜力且对社会非常有用的应用场景。对谁将成为下一任总统做出更准确的预测并没有多少社会价值。但是，条件预测（conditional predictions）却有很大的社会价值：如果我们做了A，那么它有多大的机会导致某一好事情X，如果我们改做B，机会又有多大？条件预测之所以重要，是因为它不仅能满足我们的好奇心，还能帮助我们做出决策。

虽然选举预测市场远不如条件预测有用，但它们可以帮助我们了解一个重要的问题：操纵市场、偏见和错误意见会给准确率带来多大影响？我们可以通过观察套利的难度来回答这个问题：假设条件预测市场目前给出的概率（在你看来）是错误的（这可能源于交易者信息不对称，也可能源于明显的操纵企图；对于真正的原因，我们并不在乎）。你能在这样的市场中产生多大的影响？通过把概率和赔率推回正常，你能够赚多少钱？

让我们从一个具体的例子开始。假设我们正试图利用预测市场在决策A和决策B之间做出选择，其中每个决策都有一定概率实现某种理想的结果。假设你的看法是，决策A有50%的机会实现目标，而决策B有45%的机会。与此同时，市场（在你看来是错误的）认为决策B有55%的机会，决策A有40%的机会（见下表）。

选择这一策略后可以得到好结果的概率	现在市场的位置	你的看法
A	40%	50%
B	55%	45%

假设你是一个小参与者，所以你的个人投注不会影响结果，只有许多投注者一起行动才会影响结果。你应该下注多少钱？

这里的标准理论依赖于凯利准则[①]。也就是说，你应该设法让预期的资产对数最大化。在这种情况下，我们可以解下面的方程。假设你将r份额的资金以0.4美元的价格购买了A通证。从你的角度看，你对新的财富对数的期望值将是：

$$0.5 \times \log\left((1-r) + \frac{r}{0.4}\right) + 0.5 \times \log(1-r)$$

[①] 凯利准则是由约翰·凯利（John Kelly）提出的一项投资规则。具体来说，令K为应该投资在项目上的资金比例（以百分数表示），W为获胜的概率，R为可能的收益与可能的损失之比，则有K=W−(1−W)/R。举例来说，假设你有一个投资机会，成功的概率是80%。如果投资成功，你将得到20%的收益。但是，如果投资失败，你将损失10%的资金。在这种情况下，凯利准则建议你投资70%的资金。最初，凯利只是用这个准则来分析对无线电行业的投资，但后来包括沃伦·巴菲特、比尔·格罗斯在内的很多投资家都开始采用这个公式作为他们投资的参考，凯利准则也由此成为一个著名的投资公式。——译者注

这里的第一项代表（从你的角度看）赌注有50%的机会可以有回报，你投资的r份额的资金增长了2.5倍（因为你用0.4美元购买的通证涨到了1美元）。

第二项代表你的赌注有50%的机会没有得到回报，你失去了你的赌注。我们可以用微积分来找到令上式最大化的r。答案是r = 1/6。如果随着其他人的买入，市场上A的价格上升47%（而B的价格下降48%），我们可以对最后一笔令市场反转并让预测概率对A有利的交易来重复以上计算：

$$0.5 \times \log\left((1-r) + \frac{r}{0.4}\right) + 0.5 \times \log(1-r)$$

在这里，使财富对数的期望值最大化的r仅为0.0566。结论很清楚：当人们的决策很接近，而且噪声很大的时候，只将一小部分资金投资于市场才是合理的。这已经是理性假设的情形了，大多数人对不确定赌博的投资比凯利准则所说的要少。再加上资本成本，差距就更大了。但是，如果攻击者仅仅出于个人理由而想让结果B发生，他们可以很简单地投入所有资本购买该通证。总而言之，这个赌局将以超过20∶1的优势偏向于攻击方。

当然，现实中很少有攻击者愿意把所有资金押在同一个决策上。而且Futarchy也不是唯一容易被攻击的机制：股票市场也同样脆弱，非市场决策机制的部分也可能被既坚定又富有的攻击者以各种方式操纵。尽管如此，我们还是应该注意观察，到底Futarchy能不能将我们决策的准确度提升到一个新的高度。

有趣的是，数学似乎表明，当预期的操纵者希望将结果推向极值时，Futarchy将发挥最佳作用。一个例子是责任保险，当有人希望以不正当的方式获得保险理赔时，这相当于强行把市场估计不利事件发生的概率降到零。事实证明，责任保险是Futarchy的发明者罗宾·汉森（Robin Hanson）最喜欢的新对策。

预测市场会变得更好吗？

我们最后要问的问题是：预测市场会重蹈覆辙吗？像2020年12月初的时候，市场预测了特朗普有15%的机会推翻选举结果，甚至在最高法院（包括他任命的三名法官）叫他滚蛋之后，市场还是预测特朗普有12%的机会能推翻选举结果。或者随着时间推移，市场能越变越好吗？出人意料地，我的答案完全偏向乐观的一面，而且我有几个保持乐观的理由。

作为自然选择的市场

首先，这些事件给了我一个新视角，让我得以了解市场有效性和理性究竟是如何产生的。很多时候，市场有效性的支持者声称，市场之所以会有效，是因为大多数参与者都是理性的（或者至少理性的人超过了其他被欺骗的群体），这作为一个公理，当然是正确的。不过，我们也可以从进化的角度来看待正在发生的事情。

加密圈是一个年轻的生态系统。尽管埃隆最近发表了推文[①]，但这一生态系统仍然与主流脱节，而且在选举政治的细节方面还没有太多专业知识。那些选举政治学方面的专家很难进入加密货币领域，而且加密货币圈有很多逆势思维的政治言论都不怎么正确。但是，今年（指2021年）在加密货币圈内发生的事情是这样的：正确预测了拜登获胜的预测市场用户，其资本得到了18%的增长，而错误预测特朗普获胜的预测市场用户的资本遭受了100%的减少（他们投入市场的部分）。

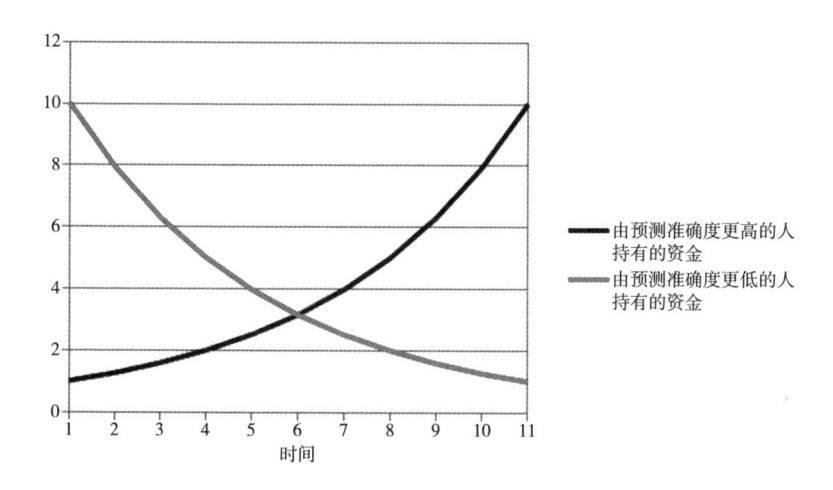

因此，选择压力会有利于下注结果正确的人。经过十轮之后，好的预测者会有更多的资本下注，而坏的预测者可以拿来下注的

[①] 当然，提到亿万富翁埃隆·马斯克（Elon Musk），他关于加密货币的推文有可能引起价值的重大转变。

资本则会变得更少。这不需要任何人在这个过程中"变得更聪明"或"吸取教训",更不需要假设其他人类的推理和学习能力。这仅仅是选择动力学的结果,随着时间的推移,善于做出正确猜测的参与者将在生态系统中占据主导地位。

请注意,预测市场在这方面比股票市场表现得更好:股票市场的"暴发户"往往来自某次幸运的千倍收益,这成为信号中的噪声。但在预测市场中,价格被限定在 0 和 1 之间,这就限制了任何单一事件能带来的影响。

更好的参与者、更好的技术

其次,预测市场本身会有进步。其用户界面已经有了很大的改进,并将继续进一步完善。复杂的 MakerDAO→Foundry→Catnip 过程会被抽象为单一交易。区块链的扩容技术也会进步,并且会降低参与者的手续费。

再次,我们看到了预测市场正常运行,这样的例子会缓解参与者的忧虑。用户会看到,就算在非常有争议的情况下,Augur 预言机还是能给出正确的结果(这次有两轮争议,但选择"否"的那一方最终还是赢了)。来自加密货币领域之外的人看到这样的成功例子,也会更愿意参与其中。也许连纳特·西尔弗自己都可能弄来一些 DAI,并在 2022 年以后使用 Augur、Omen、Polymarket 和其他市场来增加自己的收入。

最后,预测市场技术本身可以改进。这是我自己提出的一个市场设计建议，它可以使同时押注许多不太可能发生的事件更具资本效率，并有助于防止不太可能发生的结果有不合理的高赔率。我相信会有其他的想法出现，并且我也期待看到更多这方面的实验。

结论

这一整段经历真是一场令人难忘的关于预测市场的第一手实验，它让人看到这个市场是如何与复杂的个人、社会心理相碰撞的。它展示了市场有效性事实上是如何运作的，它的局限究竟在哪里，又应该如何对它予以改进。

它也很好地展示了区块链的力量；事实上，对我而言它是以太坊应用中最有具体价值的。区块链经常被批评为投机玩具，只会自我套娃大玩金融游戏（用通证进行收益耕种，得到的回报是其他新出现的通证），没有任何有意义的产出。当然也有批评者没有注意到的例子；我个人从 ENS（以太坊域名服务）中受益，而且遇到过几次信用卡完全不能用的例子，最后只好使用以太币进行支付。但在过去的几个月里，我们似乎看到了以太坊的应用真的对人们有用，并开始与现实世界互动。预测市场就是一个重要的例子。

我预计预测市场将在未来几年间成为一个越来越重要的以太坊应用。2020年的大选只是一个开始，我预计未来人们对预测市场会有更多的兴趣，不仅仅是选举，还有条件预测、决策和其他应用。当然，如果预测市场能以数学最优的方式运作，将会带给我们很好的愿景；但同时这也会与人类现实的局限产生冲突。希望随着时间流逝，我们能更清楚地理解，这种新的社交科技究竟能在哪些方面提供最大的价值。

特别感谢杰夫·科尔曼（Jeff Coleman）、卡尔·弗洛尔什和罗宾·汉森的批评性反馈和评论。

最重要的稀缺资源是正当性

比特币和以太坊区块链生态系统在网络安全（即工作量证明挖矿的目标）上的投入远远超过在其他所有方面的投入。自今年（即2021年）年初以来，比特币平均每天向矿工支付约3 800万美元的区块奖励，外加约500万美元的交易费用。以太坊排名第二，每天的区块奖励为1 950万美元，外加1 800万美元的交易费用。同时，以太坊基金会每年用于研究、协议开发、捐款和各种其他费用的支出仅为3 000万美元（见下页图）。也有不是来自以太坊基金会的资金，但也就多出了几倍。比特币生态系统在研发上的支出可能更低。比特币生态系统的研发主要由公司提供资金（迄今为止已筹集了2.5亿美元）。公司约有57名员工，假设他们的工资相当高，并且除了正式员工外还有很多有偿开发人员，那么每年的工资支出约为2 000万美元。

显然，这种支出模式可以说是一种严重的资源错配。最后20%的网络哈希率对生态系统的价值将远远低于将相同资源投入研究和核心协议开发所能带来的价值。那么，为什么不将工作量

---

* 原文发布在2021年3月23日的vitalik.ca上。

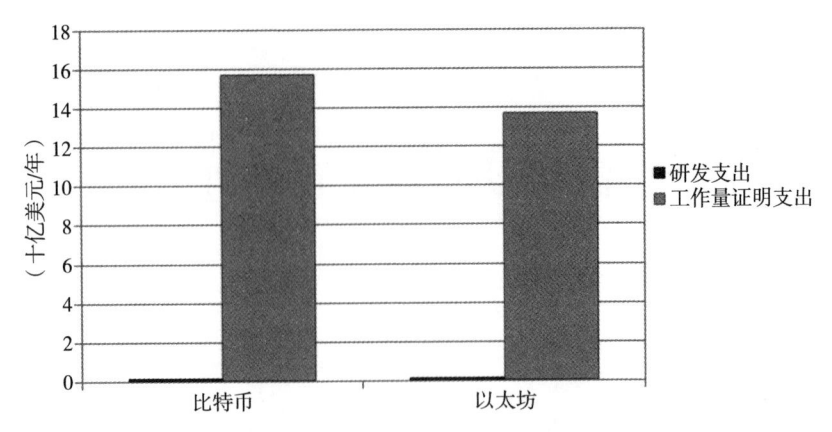

比特币和以太坊在工作量证明及研发支出上的估算值

证明的预算削减20%，然后将资金转移至其他地方呢？

这个难题的标准答案与"公共选择理论"和"谢林栏"之类的概念有关：即使我们可以轻松地识别一些有价值的公共品，将某些资金一次性转移到其他地方，也可以形成一种常规的制度化模式，但从长远看，这样的决定会带来政治混乱和政治俘获的风险，因而是不值得的。但不管是什么原因，我们都面临一个有趣的事实，即比特币和以太坊生态系统能够筹集数十亿美元的资本，却对这些资本的流向有着奇怪且令人难以理解的限制。

产生这种效应的强大社会力量引人深思。正如我们将要看到的，这也是为什么以太坊生态系统能够首先聚集这些资源背后的社会力量（而技术上几乎相同的以太坊经典[①]却不能）。这种社会

---

① 以太坊经典是以太坊区块链的一个分叉，它没有采用"硬分叉"来消除2016年对DAO的黑客攻击。在此事件之前，它是与以太坊相同的；在此事件发生后，它们分叉了。

力量对于帮助从51%攻击中恢复而言至关重要，并且支撑着远远超出区块链空间的各种极其强大的机制。在接下来的部分中，我将给这个强大的社会力量起一个名字：正当性。

代币可以归社会契约所有

为了更好地理解我们获得的力量，另一个重要的例子是Steem和Hive的史诗传奇。2020年初，孙宇晨收购了Steem公司，该公司并不等同于Steem区块链，但确实拥有约20%的STEEM通证。不过，社区天然地不信任孙宇晨。因此，他们进行了一次链上投票，正式确认了他们认为是长期"君子协定"的内容，即Steem公司的代币是为了Steem区块链的共同利益而托管的，不应该被用于投票。在交易所提供的代币的帮助下，孙宇晨赢得了足够多的控制权，从而单方面控制了该链。社区没有看到更多的协议选项，因此，他们制造了一个名为Hive的Steem分叉链，并复制了除参与攻击者和孙宇晨的代币之外的所有STEEM通证余额（见下页图）。

从上述这种情况中得到的教训是：Steem从未真正拥有过代币。如果他们这样做的话，将有实践能力来按照他们想要的任何方式使用甚至滥用代币。但事实上，当该公司试图以一种社区不喜欢的方式享受和滥用这些代币时，社区成功阻止了这种行为。这里产生的是一种与尚未发布的比特币和以太坊代币奖励类似的模式：归根到底，这些代币并不属于加密密钥的所有者，而是属于某种社会契约。

> **Hive生态系统**
>
> Hive有一个由Apps、社群和个人组成的繁荣生态系统。这个生态系统促进着Hive区块链及去中心化结构的改变。
>
> Splinterlands　Peakd　Hive.Blog　3Speak
>
> Brewmaster　Ecency　Rabona　D.Buzz

他们拥有大量的应用程序，如果没有做到这一点，那将会有更多的用户要么留在Steem上，要么完全转移到其他项目上。

我们可以将相同的推理应用于区块链空间中的许多其他结构。例如，ENS root multisig[①]。ENS root multisig由7个著名的ENS和以太坊社区成员控制。如果其中四个人聚在一起，并将注册器"升级"为一个可以将所有最好的域名转移给自己的注册器，会发生什么情况？在智能合约系统的环境中，他们完全有能力做到这一点。但如果他们真的试图以这种方式滥用自己的技术能力，所有人都明白将会发生什么：他们将被社区排斥，其余的ENS社区成员将签订一份新的ENS合约，恢复原始的域名所有者，并且每个使用ENS的以太坊应用程序将重新指向其UI（用户界面）以使用

---

① 如前所述，ENS是以太坊的域名服务，以太坊生态系统中广泛使用的.eth域的注册商。"root multisig"是一个以太坊钱包，它控制一个特定的合约，在本例中，该合约控制ENS系统。

新的UI。

这远远超出了智能合约的结构。为什么埃隆·马斯克可以出售其推文的NFT，但杰夫·贝佐斯（Jeff Bezos）很难做到这一点？杰夫和埃隆具有相同级别的能力，他可以截屏埃隆的推文并将其粘贴到NFT Dapp中，所以这其中有什么区别？对于任何一个对人类社会心理（或伪艺术场景）有基本直观理解的人来说，答案是显而易见的：埃隆出售的推文NFT是真实的，而杰夫的不是。数百万美元的价值再次受到控制和分配，不是由个人或密钥控制的，而是由正当性这个社会观念控制和分配的。

进一步看，正当性支配着各种社会地位博弈、知识话语、语言、财产权、政治制度和国界。甚至区块链共识也以相同的方式工作：被社区接受的软分叉与51%攻击之间的唯一区别就是正当性。

什么是正当性？

要了解正当性的运作方式，我们需要深入研究一些博弈论的知识。生活中有许多需要协调一致的行为：如果你仅以某种特定的方式行事，那么你可能一事无成（或更糟），但如果每个人都一起行动，就可以实现预期的结果（见下图）。

	A	B
A	(5, 5)	(0, 0)
B	(0, 0)	(5, 5)

一个抽象的协调游戏。如果你的行动与其他人一样，你将大获裨益。

一个自然的例子是靠道路的左侧还是右侧行驶，人们行驶在道路的哪一侧实际上并不重要，只要他们靠同一侧行驶即可。如果你和其他所有人同时换边，并且大多数人都喜欢新的安排，那么你将获得净收益。但是，如果你一个人转换，无论你愿意在哪一边开车，最终结果都对你非常不利。

现在，我们准备定义正当性。

> 正当性是高阶接受（higher-order acceptance）的一种模式。如果某一社会背景下的人们广泛接受某个结果，在导致该结果的过程中发挥自己的作用，并且每个人之所以这样做，是因为他们希望其他所有人也这样做，那么在这种社会背景下，这个结果就具有正当性。

正当性是在协调博弈中自然产生的一种现象。如果你不在协调博弈中，就没有理由按照你对他人行为方式的期望采取行动，因此正当性并不重要。但是，正如我们看到的，协调博弈在社会中无处不在，因此正当性确实非常重要。在几乎所有存在足够长期的协调博弈的环境中，都会不可避免地出现一些机制，让人们可以通过这些机制来选择要做出的决定。这些机制由既有文化驱动，在这种文化中，每个人都会注意这些机制，并通常按照它们规定的去做。每个人都有理由认为，由于其他人都遵循这些机制，所以特立独行的行为只会带来冲突和痛苦，或至少会被他人孤立在一个孤独分叉的生态系统当中。如果某个机制成功地具有让人们做出这些选择的能力，这个机制就具有正当性。

在任何有长期协调博弈的情况下，都可能存在正当性的概念。区块链充满了协调博弈。你运行哪种客户端软件？要求哪个分散域名注册机构的哪个地址与.eth名称相对应？你接受哪一份Uniswap合约作为"Uniswap交易所"？[①]甚至NFT都是一个协调博弈。NFT价值的两个最重要部分分别是：(i)拥有NFT的自豪感和有资格炫耀你的所有权，(ii)将来出售它的可能性。对于这两个部分，你购买的任何NFT均被其他人视为正当的是非常重要的。在所有这些情况下，拥有与其他所有人相同的答案将大有好处，而决定均衡的机制将具有很大的力量。

正当性理论

正当性的产生有很多不同的方式。一般来说，正当性之所以产生，是因为获得正当性的东西在心理上对大多数人具有吸引力。当然，人们的心理直觉可能相当复杂。尽管我们不可能完整列出正当性理论，但可以从以下几个方面入手。

● 暴力带来的正当性：有的人能够说服所有人，他们有足够的能力实施自己的意志，而反抗他们将非常困难。这促使大多数人屈服，因为每个人都期望其他所有人也害怕被拒绝。

[①] 以.eth结尾的名称是以太坊域名系统的一部分，这是一个将域名与以太坊地址链接起来的域名注册中心。Uniswap是一个通证交易平台，在以太坊区块链上作为智能合约协议运行；它是一个开源软件，任何人都可以复制和修改。

- 连续性带来的正当性：如果某事物在时间T正当，则在默认情况下，它在时间T+1也正当。

- 公平带来的正当性：某些事物可以满足人们对公平的直觉概念，因此可以成为正当事物。但请注意，这并不是唯一的公平。

- 过程带来的正当性：如果过程正当，则该过程的输出结果就具有正当性（例如，有时民主国家通过的法律被以这种方式描述）。

- 绩效带来的正当性：如果一个过程的结果让人们满意，那么这个过程就可以获得正当性（例如，有时成功的独裁统治被以这种方式描述）。

- 参与带来的正当性：如果人们参与选择结果，则他们更有可能认为它是正当的。这类似于公平，但并不完全相同，它取决于与你以前的行为保持一致的心理愿望。

请注意，正当性是一个描述性的概念。即使你个人认为这很可怕，也可能是正当的。如果足够多的人认为结果是可怕的，那么将来发生某些事件，导致其正当性丧失的可能性就更大。通常，正当性会在一开始就逐渐下降，然后突然消失。

正当性是一种强大的社交技术，我们应该利用它

加密货币生态系统中的公共品融资状况相当糟糕。有数千亿美元的资本在流动，但对于这些资本的持续生存至关重要的公共品，每年仅能获得几千万美元的资金。

有两条途径可以解决这个问题。第一条途径是为你的社区所

做的这些有限但勇敢的努力（即便不是特别有效）感到自豪。这似乎是比特币生态系统经常采用的路线：

> **Vlad "1 bitcoin = 1 million bits" Costea** @TheVladCostea · Mar 1
> 这是一种方式。当开发人员得到应有的奖励时，我总是很高兴。我们都在他们工作的基础上自由发挥，并从他们的专业知识中学习。
>
> > **NAKED FACE + bullbitcoin.com** @francispouliot_ · Mar 1
> > Bull Bitcoin和Wasabi钱包联手向小卢克（@LukeDash）授予40万美元无附加条件的比特币开发捐赠。
> >
> > 卢克，感谢您为维护比特币而做的工作，感谢您为比特币的去中心化做出的不懈努力。
> >
> > medium.com/bull-bitcoin/b...
> > 显示这个话题
>
> ♡ 1   ⟳ 4   ♡ 28   ⬆

慈善合作

这就是为什么zkSNACKs和Bull Bitcoin的首席执行官弗朗西斯·波略特会携手合作，为支持Bitcoin Knots（一种开源增强型比特币节点/钱包软件）的成长和发展而贡献了0.86比特币，即40 000美元（由两家公司平均分摊）。更具体地说，Bitcoin Knots是一种比特币的完整节点和钱包软件，可以作为更流行的Bitcoin Core的替代品。

Bull Bitcoin的核心价值之一是利益绑定。

> 加密朋克编写代码，但加密朋克并不总是获得报酬。我们不能指望世界上最有才华的专家在没有经济补偿的情况下无限期地做出贡献。如果从比特币开源开发中获利的公司不提供必要的资金，那谁会这么干呢？——弗朗西斯·波略特

资助核心开发团队的个人奉献精神固然令人钦佩，但这与对埃鲁德·基普乔格（Eliud Kipchoge）在不到2个小时完成马拉松比赛的钦佩一样，这确实是人类坚韧精神的一次令人印象深刻的展示，但并不是交通（或者公共品基金）的未来。正如我们拥有更好的技术，让人们无须付出特殊的毅力和多年的训练就可以在1小时内移动42千米一样，我们应该专注于建设更好的社会技术，

以我们需要的规模和系统性的方式为公共品提供资金，作为我们经济生态的一部分，而不是依靠一次性的慈善活动。

我们现在回到加密货币。加密货币（以及域名、虚拟土地和 NFT 等其他数字资产）的主要力量在于，它允许社区筹集大量资本，而无须任何个人亲自捐赠这些资本。但是，这种资本受到正当性概念的限制：不能简单地将加密货币资金分配给一个中心化团队而又不损害其价值。虽然比特币和以太坊已经依靠正当性概念来应对 51% 攻击，但通过使用正当性概念来指导公共品的协议融资则要困难得多。不过，在不断创建新协议、日益丰富的应用层上，以太坊在资金流向上拥有更大的灵活性。

比特股的正当性

比特股的社会共识模型是一个早已被遗忘，但在我看来非常具有创新性的想法。本质上，比特股将自己描述为愿意共同支持新项目生态系统的一群人（PTS 和 AGS[①] 持有者），但是要使一个项目受到生态系统的欢迎，它必须将其通证的 10% 分配给现有的 PTS 和 AGS 持有者。

当然现在任何人都可以创建一个不给 PTS 和 AGS 持有者分配任

---

① PTS 和 AGS 都是持有比特股的方式。PTS 是 ProtoShares 的简称，ProtoShares 是 BitShares 的一种筹资方式，取 Prototype（原型）之意。AGS（Angel Shares）是天使投资基金里面的股份，该基金用于支持研究、开发和创造比特股的相关技术。——译者注

何代币的项目,甚至可以分叉某个已经分配了代币的项目,并将其代币分配出去。但是,正如丹·拉里默(Dan Larimer)所说的:

> 你不能强迫任何人做任何事,但是在这个市场上,这都是网络效应。如果有人提出了令人信服的实施方案,那么你可以说服整个PTS社区花费成本,生成一个新的创世区块。决定从头开始的个人必须围绕自己的系统建立一个全新的社区。考虑到网络效应,我怀疑接受ProtoShares的代币会赢。

这也是正当性的概念:任何分配给PTS和AGS持有者的项目都将得到社区的关注和支持,而任何未进行分配的项目都不会。现在,这肯定不是我们要照搬的正当性概念。以太坊社区对于让一小群早期使用者变得富有并没有什么兴趣,但其核心概念可以适用于更具社会价值的东西。

将模型扩展到以太坊

区块链生态系统,包括以太坊,都珍视自由和去中心化。但遗憾的是,大多数区块链中的公共品生态仍然由权威驱动,并且是中心化的:无论是以太坊、Zcash[①],还是任何其他主要区块链,

---

① Zcash 即 Zerocash,是一种旨在使用加密技术为其用户提供比其他竞品(如比特币)有更强隐私的加密货币。著名密码学家马修·格林(Matthew Green)参与了 Zcash 的设计。——译者注

通常都有一个（或最多2~3个）实体的花费远远超过其他所有实体，这使得想要构建公共品的独立团队几乎没有选择。我将这种公共品融资模式称为"公共品的中央资本协调员"（CCCPs）。

这种状况的存在并不是组织本身的错，组织通常会竭尽全力支持生态系统。相反，生态系统规则对该组织不公平，因为它们用了不公平的高标准来衡量组织。任何单一的中心化组织都不可避免地存在盲点，并且至少会有一些类别和团队无法理解其价值；这不是因为任何人做错了事，而是因为这种完美并非少数群体能及。因此，创造一种更多元化、更具弹性的公共品融资方式，以减轻任何单一组织的压力将具有巨大的价值。

幸运的是，我们已经有了潜在的替代方案。以太坊应用层的生态系统业已存在，并且正在变得越来越强大，其公众意识已经显现。像Gnosis这样的公司一直在为以太坊客户端的开发做出贡献，各种以太坊的DeFi[①]项目已经向Gitcoin Grants配套池捐赠了数十万美元。

---

① DeFi是指"去中心化金融"：在区块链网络上运行的金融工具和应用程序。

Gitcoin Grants已经获得了很高的正当性：其公共品融资机制，即二次方融资在反映社区的优先事项和价值以及填补现有融资机制留下的漏洞方面，被证明是可信中立和有效的。有时，获得Gitcoin Grants的顶级匹配资金还能吸引那些更中心化捐款实体的资金。以太坊基金会本身在支持这种实验和多样性方面发挥了关键作用，孵化了Gitcoin Grants、MolochDAO等各种项目，得到了广泛的社区支持。

通过采用比特股模型并进行修改，我们可以使这个新生代的公共品投资生态系统更加强大：我们会支持那些将一小部分资金投入公共品，让它自己以及它依赖的生态得以运作的项目，而不会支持那些将通证分配给一些小寡头，并在2013年购买PTS或AGS的项目。而且，至关重要的是，对于那些将既有项目分叉，又不将价值返还给更广泛生态系统的项目，我们可以拒绝给付收益。

支持公共品的方法有很多：长期致力于支持Gitcoin Grants配套池、支持以太坊客户端开发（由于以太坊客户有明确的定义，因此这也是一项相当可信中立的任务），甚至启动自己的捐赠计划，这可以让授权范围超出特定的应用层项目本身。关于多少支持才算足够的支持，对此达成共识的最简单方式就是对捐赠多少钱达成共识，比如说，将项目支出的5%用于支持更广泛的生态系统，另外1%用于超出区块链空间的公共品，然后凭借真诚来选择资金的去向。

社区真的有这么大的影响力吗？

当然，这种社区支持的价值是有限的。如果某个竞争项目（甚至是现有项目的分叉项目）为用户提供了更好的服务，那么用户将蜂拥而至，转而使用他们认为更亲社区的替代产品。

但是这些限制在不同的环境下是不同的。社区的影响力有时很弱，有时却很强大。在这方面有趣的案例研究是泰达币[1]与DAI。泰达币有许多丑闻，尽管如此，交易员仍一直都在用它进行交易转账。更加去中心化、更加透明的DAI尽管有其好处，但至少在用户看来，它无法夺走泰达币的大部分市场份额。DAI的长处在于其应用：Augur使用DAI，xDai使用DAI，PoolTogether使用DAI，zk.money计划使用DAI……有哪些Dapps用的是泰达币呢？很少。

因此，尽管社区驱动的正当性效应的力量并非无限，但其影响空间确实非常大，大到足以鼓励项目将百分之几的预算用于更广泛的生态系统。参与这种均衡甚至还有一个自私的理由：如果你是以太坊钱包的开发者，或者是播客或新闻通讯的作者，并且

---

[1] 泰达币（Tether，即USDT）是一种将加密货币与法定货币美元挂钩的虚拟货币。——译者注

看到了两个相互竞争的项目，其中一个对包括你自己在内的生态系统级公共品做出了重大贡献，而另一个没有，那你会尽最大的努力帮助哪一个去获得更多的市场份额呢？

NFT：支持以太坊以外的公共品

通过公众支持的正当性概念来"凭空"（out of the ether）创造价值，然后用这些价值支持公共品，这一理念的价值远远超出了以太坊生态系统的范畴。NFT是一个重要而直接的挑战和机遇。NFT很可能对众多种类的公共品大有助益，尤其是创意类公共品，这至少可以部分解决其长期和系统性的资金短缺问题（见下图）。

杰克·多西（Jack Dorsey）的第一条推特有望获得250万美元的收入，他将会把这笔收入用于慈善捐赠。
拍卖将在3月21日结束
By Jay Peters | @jaypeters | Mar 9, 2021, 12:06pm EST

真是非常令人钦佩的第一步

但这也可能是一个错失的机会：在我们看来，帮助埃隆·马斯克出售自己的推文赚100万美元，这钱只是落入了他自己的腰包

（值得称赞的是，他最终决定不出售），而不会产生什么社会价值。如果NFT只是变成一个赌场，在很大程度上使本已富裕的名人受益，那就是个无趣的结果。

幸运的是，我们有能力塑造出不一样的结果。人们觉得哪些NFT有想购买的吸引力，哪些没有想购买的吸引力，这其实是一个正当性问题：如果每个人都同意一个NFT很有趣，而另一个NFT很差劲，那么大家就会更倾向于购买第一个，因为它既有更高的吹嘘权价值，持有它的个人自豪感也更高，还因为其他人的想法都是一样的，它可以被转售给更多人。如果可以将NFT正当性的概念拉向正确的方向，那就有机会为艺术家、慈善机构，以及其他组织建立一条可靠的资金渠道。

这里有两个可能的想法。

1. 某些机构（甚至DAO）可以"祝福"（bless）NFT，以保证部分收入用于慈善事业，确保多个团体同时受益。这种"祝福"甚至可以被官方分类：NFT是致力于全球扶贫、科学研究、创意艺术、地方新闻、开源软件开发、赋予边缘化社区权力，还是其他什么？

2. 我们可以与社交媒体平台合作，让NFT在人们的个人资料上更加显著，让购买者能够展示他们承诺的价值观。可以将此与第1条结合使用，把用户推向那些对有价值的社会事业有所贡献的NFT。

肯定还有更多其他的想法，这是一个绝对值得更多积极协作和思考的领域。

总结

- 正当性（高阶接受）的概念非常强大。正当性出现在任何有协作的环境中，尤其是在互联网上，协作无处不在。

- 正当性的形成方式有很多种：暴力、连续性、公平、过程、绩效，以及参与性都是重要因素。

- 加密货币之所以强大，是因为它使我们能够通过集体经济意愿来筹集大量资本，而这些资本在一开始就不受任何人的控制。恰恰相反，这些资本池是由正当性概念直接控制的。

- 通过在基础层上发行通证来为公共品融资的风险过大。幸运的是，以太坊拥有非常丰富的应用层生态系统，在这里以太坊拥有更大的灵活性。这一定程度上是因为以太坊不仅有机会影响现有项目，而且会影响将来出现的新项目。

- 支持社区公共品的应用层项目也应该得到社区的支持，这一点很重要。DAI的例子[①]表明，这种支持确实很重要。

- 以太坊生态系统关心机制设计以及社交层的创新。以太坊生态系统本身的公共品融资挑战就是一个很好的起点！

- 但这远远超越了以太坊本身。NFT只是依赖正当性概念的大规模资本池的一个例子。NFT产业对艺术家、慈善机构和其他公共品提供者也许会是一个巨大的福音，它的影响远远超越了我

[①] 如上所述，DAI的母公司MolochDAO从以公共品为重点的Gitcoin Grants项目中获得了早期资助。

们自己所在的虚拟世界角落，不过这样的结果并不是预先确定的，它有赖于积极的协作与支持。

特别感谢卡尔·弗洛尔什、宫口绫（Aya Miyaguchi）和傻瓜先生（Mr. Silly）的想法、反馈和评论。

反对基尼系数的过度使用

基尼系数（也称为基尼指数）是迄今为止最受欢迎和广为人知的不平等衡量标准，它常被用来衡量某些国家、地区或其他社区的收入或财富的不平等程度。由于它易于理解，并且其数学定义可以很容易地在图形上进行可视化，所以非常受欢迎。

然而，正如所有试图将不平等缩减为一个数字的方案一样，基尼系数也有其局限性。即使在衡量各国收入和财富不平等的原始背景下也是如此，而当基尼系数被移植到其他背景（尤其是加密货币）时，情况更是如此。在这篇文章中，我将讨论基尼系数的一些局限，并提出一些替代方案。

什么是基尼系数？

基尼系数是科拉多·基尼（Corrado Gini）在1912年提出的衡量不平等的指标。它通常用于衡量国家收入和财富的不平等程度，但它也越来越多地被用于其他情况。

---

* 原文发布在2021年7月29日的vitalik.ca上。

基尼系数有两个等价的定义。

- **曲线上方面积定义**：绘制函数图，$f(p)$等于最低收入的那部分人口赚取的总收入份额［例如，$f(0.1)$表示收入最低的10%人口赚取的收入在总收入中所占的份额］。基尼系数是该曲线和直线$y=x$之间的面积与整个三角形的面积之比。

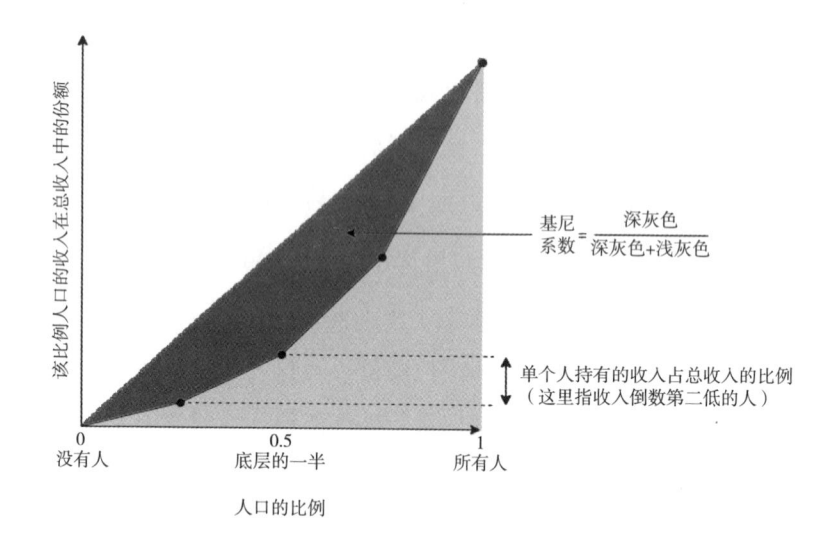

- **平均差定义**：基尼系数是所有可能的个体对之间的平均收入差除以平均收入后所得结果的一半。

例如，在上面的示例图中，四个收入为[1，2，4，8]，因此16个可能的差异为[0，1，3，7，1，0，2，6，3，2，0，4，7，6，4，0]。因此平均差异为2.875，平均收入为3.75，基尼系数=2.875/（2×3.75）≈0.3833。

事实证明，两者在数学上是等价的（证明这个结论是给读者的一个练习）！

基尼系数存在什么问题？

基尼系数很有吸引力，因为它是一个相当简单且易于理解的统计量。它可能看起来并不简单，但相信我，几乎所有处理任意规模人口的统计量都那么糟糕，而且往往更糟。看看像标准差这样基本的公式：

$$\sigma = \frac{\sum_{i=1}^{n} x_i^2}{n} - \left(\frac{\sum_{i=1}^{n} x_i}{n}\right)^2$$

以下则是基尼系数：

$$G = \frac{2 \times \sum_{i=1}^{n} i \times x_i}{n \times \sum_{i=1}^{n} x_i} - \frac{n+1}{n}$$

我保证，它实际上很"温顺"！

那么，这有什么问题呢？嗯，有很多问题，人们写了很多文章，指出关于基尼系数的各种问题。在本文中，我将重点讨论一个把基尼系数作为整体考虑时讨论不足，但与分析互联网社区（如区块链）中的不平等密切相关的具体问题。基尼系数将实际上看起来完全不同的两个问题，即资源缺乏导致的困苦以及权力集中，结合到一个单一的不平等指数中。

为了更清楚地理解这两个问题之间的区别，让我们看一下两个反乌托邦：

- 反乌托邦 A：一半人口平均分享所有资源，其他人什么都没有。
- 反乌托邦 B：一个人拥有一半的资源，其他人平分剩余的一半。

以下是两个反乌托邦的洛伦兹曲线（我们上面看到的花哨图表）。

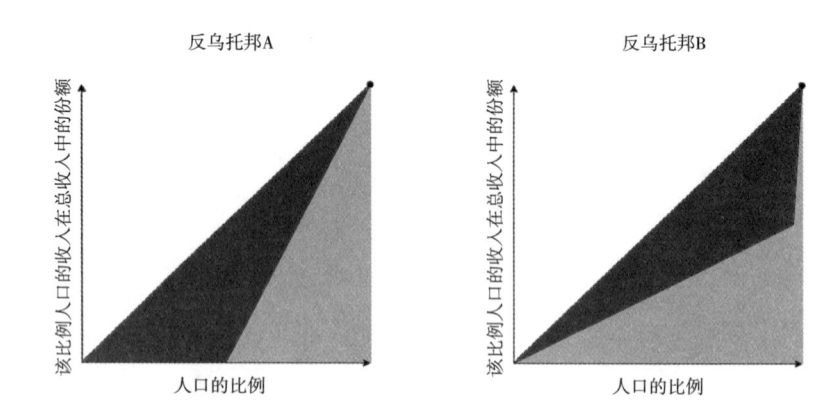

反乌托邦A　　　　　　　　反乌托邦B

（纵轴：该比例人口的收入在总收入中的份额；横轴：人口的比例）

显然，这两个反乌托邦都不是生存的好地方，但它们令生活不美好的方式却不一样。反乌托邦A让每个居民在难以想象而又可怕的大规模饥饿（如果他们最终在分布的左半部分）和平等主义的和谐（如果他们最终在分布的右半部分）之间抛硬币。如果你是灭霸①，你可能真的会喜欢这种方式！如果你不是，就值得让你竭尽所能来避免这种情况。另一方面，反乌托邦B类似于《美丽新世界》：每个人都过着不错的生活（至少在拍快照展示每个人的资源时），但付出了权力结构极其不民主的高昂代价，你最好希望你有一个好的霸主。如果你是柯蒂斯·雅文（Curtis Yarvin）②，你可能真的会喜

---

① 漫威漫画中的一位人物，为了给死神夫人留下深刻印象，他杀死了全宇宙一半的人口。

② 一位鼓吹新君主主义的博客作者，他开发了一个点对点服务器平台Urbit。

欢它！如果你不是，那也最好避免这种情况的发生。

这两个问题差别很大，值得分别分析和衡量，并且这种差异也不仅仅是理论上的。下图显示了底层 20% 人群的收入在总收入中所占的份额（刻画多大程度上可以避免反乌托邦 A 的一个不错的代理变量）与顶层 1% 人群的收入在总收入中所占的份额（刻画多大程度上接近反乌托邦 B 的一个不错的代理变量）。

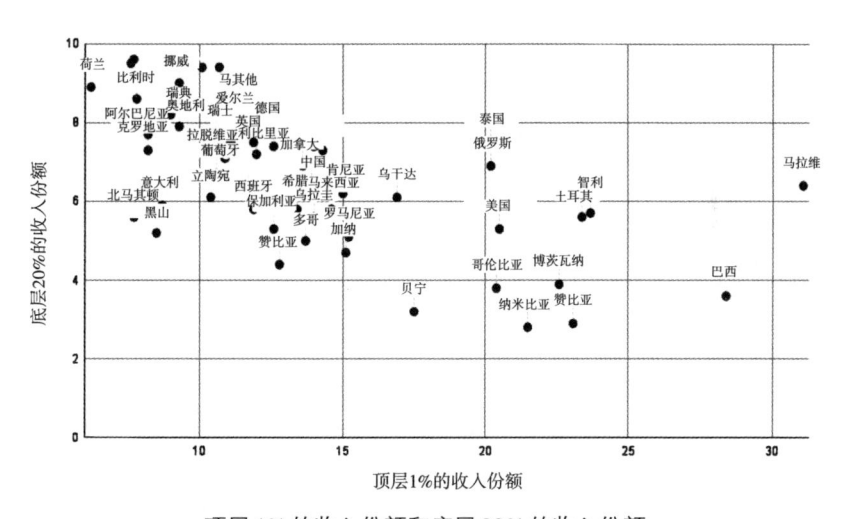

顶层1%的收入份额和底层20%的收入份额

资料来源：https://data.worldbank.org/indicator/SI.DST.FRST.20（合并 2015 年和 2016 年的数据）和 https://hdr.undp.org/en/indicators/186106。

两者明显相关（系数为 –0.62），但远非完全相关（统计学认为 0.7 是"高度相关"的下限，而我们的结果甚至低于此阈值）。图中有一个有趣的第二个维度可以分析两组国家之间的不同，其中一组是顶层 1% 赚取 20% 的总收入，而底层 20% 赚取 3% 的总收入的国家，另一组是顶层 1% 赚取 20% 的总收入，而底层 20% 赚取7%的总收入的国家。不过，这样的探索最好留给比我更有经验且更有进取心的数据和文化探索者。

为什么基尼系数在非地理社区（例如互联网或加密社区）中很成问题？

区块链领域的财富集中是一个尤其重要的问题，它值得我们予以衡量和理解。这对整个区块链领域很重要，因为许多人（和美国参议院听证会）都在试图弄清楚加密货币在多大程度上是真正的反精英主义，以及它在多大程度上只是用新精英取代了旧精英。在比较不同的加密货币时，这也很重要。

MESSARI
公有链的初始通证分配
集中的内部人所有权可能会对区块链成为可信公共基础设施的能力造成永久性的损害。

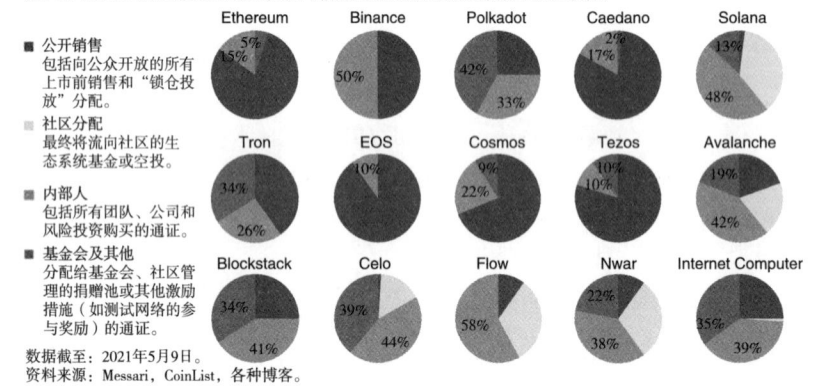

- 公开销售
  包括向公众开放的所有上市前销售和"锁仓投放"分配。
- 社区分配
  最终将流向社区的生态系统基金或空投。
- 内部人
  包括所有团队、公司和风险投资购买的通证。
- 基金会及其他
  分配给基金会、社区管理的捐赠池或其他激励措施（如测试网络的参与奖励）的通证。

数据截至：2021年5月9日。
资料来源：Messari, CoinList, 各种博客。

Ethereum 5%/15%	Binance 50%	Polkadot 42%/33%	Caedano 2%/17%	Solana 13%/48%
Tron 34%/26%	EOS 10%	Cosmos 9%/22%	Tezos 10%/10%	Avalanche 19%/42%
Blockstack 34%/41%	Celo 39%/44%	Flow 58%	Nwar 22%/38%	Internet Computer 35%/39%

在加密货币的初始供应中明确分配给特定内部人员的代币份额就是一种不平等。请注意，这里的以太坊数据略有错误：内部人员和基金会的份额应为 12.3% 和 4.2%，而不是 15% 和 5%。

鉴于这些问题的受关注程度，有很多人尝试计算加密货币的基尼系数也就不足为奇了。

除了此类分析经常犯的常见方法论错误（它们通常会混淆收入与财富不平等，混淆用户与账户，或两者兼有）之外，使用基尼系数进行此类对比分析还存在一个深刻而微妙的问题，即典型地理社区（例如城市、国家）和典型互联网社区（例如区块链）之间的关键区别：地理社区的典型居民将大部分时间和资源花费在本社区，因此地理社区中衡量的不平等反映了人们可用总资源的不平等。但在互联网社区中，衡量到的不平等可能有两个来源：（ⅰ）不同参与者可用总资源的不平等，以及（ⅱ）参与社区的兴趣水平的不平等。

拥有 15 美元法定货币的普通人很穷，并且失去了过上美好生活的能力。拥有 15 美元加密货币的普通人只是一个业余爱好者，他们曾经为了好玩而打开过一个钱包。兴趣水平的不平等是一件健康的事情；每个社区都有自己的业余爱好者和全职铁杆粉丝。因此，如果一种加密货币具有非常高的基尼系数，但事实证明这种不平等在很大程度上来自兴趣水平的不平等，那么这个数字指向的现实就远没有标题暗示的那么可怕。

加密货币，即使那些高度财阀化的加密货币，也不会让世界的任何地方接近反乌托邦 A。但分布不均的加密货币很可能看起来像反乌托邦 B，如果使用代币投票治理来做出协议决定，问题将更加复杂。因此，为了检测加密货币社区最担心的问题，我们需要一个指标来更具体地刻画与反乌托邦 B 的接近程度。

另一种选择：分别衡量反乌托邦 A 问题和反乌托邦 B 问题

衡量不平等的另一种方法是直接估计资源分配不均带来的痛苦（这是对反乌托邦 A 问题而言的）。首先，从一些表示拥有一定数量货币价值的效用函数开始。Log（x）是一个很受欢迎的函数，因为它抓住了直觉上吸引人的近似性，即收入翻倍在任何水平上都同样有用：从 10 000 美元到 20 000 美元与从 5 000 美元到 10 000 美元或从 40 000 美元到 80 000 美元的效用增量都是相同的。这个值可以用于衡量与每个人都获得平均收入相比，现实的分配状况会造成多少效用损失。

$$\log\left(\frac{\sum_{i=1}^{n} x_i}{n}\right) - \frac{\sum_{i=1}^{n} \log(x_i)}{n}$$

第一项（均值的对数）是如果货币完全重新分配，每个人都会拥有的效用，因此每个人都获得了平均收入。第二项（对数平均值）是现在该经济体的平均效用。如果你狭隘地将资源视为用于个人消费的东西，则这种差异代表了不平等造成的效用损失。还有其他方法来定义这个公式，但它们最终是接近等价的〔例如，安东尼·阿特金森（Anthony Atkinson）1969 年的论文提出了一个"平均分配的等价收入水平"指标，在 U（x）=log（x）这种情况下，它只是上面的一个单调函数，并且泰尔 L 指数（Theil L index）①在数学上完全与上述公式等价］。

要衡量集中度（或反乌托邦 B 问题），赫芬达尔－赫希曼指数（Herfindahl–Hirschman index）②是一个很好的起点，并且已经被用于衡量行业的经济集中度：

$$\frac{\sum_{i=1}^{n} x_i^2}{\left(\sum_{i=1}^{n} x_i\right)^2}$$

下图将这个指数进行了可视化。

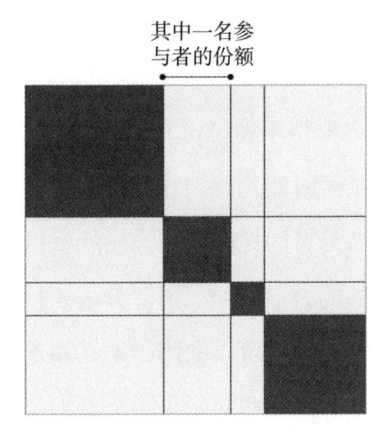

其中一名参与者的份额

赫芬达尔－赫希曼指数：深灰色面积除以总面积

---

① 用于衡量各地区之间经济发展水平的差异。泰尔指数一般有两个指标：泰尔 T 指数和泰尔 L 指数。T 测度方法用收入的对数值与等值分配的对数测度它们之间的差别，并用收入比重加权；L 测度方法的区别仅在于用人口比重加权。泰尔 T 指数对上层收入水平的变化敏感，而泰尔 L 指数对底层收入水平的变化敏感。——译者注
② 赫芬达尔－赫希曼指数（简称 HHI 指数）在反垄断实践中经常被用于衡量市场的集中程度。产业组织的相关研究表明，在古诺竞争模型中，企业的成本加成（markup）和 HHI 指数成反比，而成本加成状况常被用于衡量企业的市场力量。因此，一般认为，市场的 HHI 指数越高意味着市场中企业的市场势力越大。——译者注

对此还有其他选择：泰尔 T 指数具有一些相似的特性，但也存在一些差异。一个更为简单和笨拙的替代方案是中本聪系数：最少需要多少个参与者加起来超过总份额的 50%。请注意，所有这三个集中度指数都非常关注顶层部分发生的事情（并且故意如此）：拥有少量资源的大量参与者对指数贡献很小或没有贡献，而两个顶层参与者合并的行为则可能造成指数的重大变化。

对于加密货币社区来说，资源集中是系统面临的最大风险之一，但只有 0.00013 个币的人实际上未必在挨饿。采用这样的指数是显而易见的方法，但即使对国家来说，权力的集中和资源短缺带来的困苦可能也值得单独讨论和衡量。

也就是说，在某些时候，我们甚至必须超越这些指数。中心化的危害不仅取决于参与者的规模；它们还严重依赖于参与者之间的关系及其相互勾结的能力。同样，资源分配依赖于网络：如果缺乏资源的人有一个非正式网络可以利用，那么缺乏正式资源的危害可能就没那么大。但是处理这些问题是一个更加艰巨的挑战，由于可以使用的数据仍然有限，所以我们确实需要更简单的工具。

特别感谢巴纳比·蒙诺特（Barnabé Monnot）和甄天虹的反馈与评论。

超越代币投票的治理

过去一年，区块链领域的一个重要趋势是，从关注去中心化的金融（DeFi）过渡到同时思考去中心化治理（DeGov）。2020年普遍且有充分理由被称为DeFi年。在此后的一年里，构成这一趋势的DeFi项目的复杂性和能力不断增加，这使得人们越来越热衷于用去中心化的治理来应对这种复杂性。以太坊内部有一些例子，如YFI、Compound、Synthetix、UNI、Gitcoin和其他项目都已经启动，甚至已经开始使用了某种DAO。在以太坊之外也是如此，例如关于比特币现金中的基础设施资金提案、Zcash中的基础设施资金投票等问题，都有相关的讨论。

不可否认的是，某种形式的正式去中心化治理正越来越受欢迎，有很多重要理由可以解释人们为何对它如此喜爱。但同样重要的是，也要牢记这种项目的风险，最近对Steem的恶意收购，以及随后向Hive的大逃亡事件就清楚地说明了这一点。我进一步认为，这些趋势是不可避免的。在某些情况下，去中心化治理既是必要的，也是危险的，原因我将在这篇文章中加

---

* 原文发布在2021年8月16日的vitalik.ca上。

以阐述。那么，我们如何才能既获得去中心化治理的好处，又将风险降到最低？我将论证答案的一个关键部分：超越现有形式的代币投票。

去中心化治理是必要的

自1996年的《网络空间独立宣言》以来[①]，在所谓的赛博朋克[②]意识形态中一直存在着一个关键但未被解决的矛盾。一方面，赛博朋克的价值观都是利用密码学来减少胁迫，并最大限度地提高当时可用的主要非胁迫协作机制，即私有财产及市场的效率和影响力。另一方面，私有财产和市场的经济逻辑最适用于那些可以被"分解"为重复的一对一互动的活动，而信息圈，包括艺术、文件、科学和代码，却是通过不可减少的一对多互动产生和消费的，这与私有财产和市场适用的环境截然不同。

在这样的环境中，有两个固有的关键问题需要得到解决。

● 资助公共品：对社区中广泛的人群来说都普遍具有价值的项目通常没有商业模式（例如，第一层和第二层协议研究、客户开发、文档等），它们应该如何获得资助？

[①] 这是约翰·佩里·巴洛（John Perry Barlow）在美国国会通过限制性法规之际，在达沃斯世界经济论坛上发表的声明。
[②] 赛博朋克是一种科幻流派和美术风格。赛博朋克的作品通常会设置一个科技先进，但社会秩序出现一定崩坏的未来时刻作为其创作背景，其中会含有大量关于对科技和文明的反思。——译者注

- 协议维护和升级：关于如何对协议进行升级，以及如何对协议中长期不稳定的部分（例如安全资产列表、价格预言机来源、多方计算密钥持有者）进行定期维护和调整操作，是如何商定的？

早期的区块链项目在很大程度上忽略了这两个挑战，假装唯一重要的公共利益是网络安全，而这可以通过永久固定的单一算法来实现，并支付固定的工作量证明奖励。这种融资状况之所以可能出现，首先是因为比特币价格从2010—2013年开始暴涨，然后是2014—2017年昙花一现的ICO（首次发行代币）热潮，以及2014—2017年同时出现的第二次加密货币泡沫，所有这些都使生态系统足够丰富，并可以暂时掩盖巨大的市场低效率。公共资源的长期治理同样被忽视：比特币走极端最小化的道路，专注于提供固定供应量的代币，并确保支持像闪电网络这样的第二层支付系统，仅此而已。由于其预先存在的路线图（基本上是："权益证明和分片"[①]）的强大合法性，并且成熟的应用层项目也不需要更多的东西，所以以太坊保持了和谐发展（除了一个主要的例外[②]）。

但是现在，这种运气正在耗尽，在避免中心化风险的同时协调协议维护和升级，以及资助文档、研究和开发的挑战成为首要任务。

[①] 区块链分片的基本思路是将区块链网络中的节点分成若干个相对独立的分片，单个分片处理规模较小的事务甚至只存储部分网络状态，多个分片并行处理事务，理论上整个网络的吞吐量将会提升。——译者注
[②] 指The DAO遭到黑客袭击的事件。

用去中心化治理资助公共品的必要性

有必要退后一步，看看目前荒谬的现状。以太坊每天的挖矿发行奖励约为 13 500 以太币，约合每天 4 000 万美元。交易费用同样很高；非 EIP-1559 燃烧的部分①每天仍约为 1 500 以太币（约合 450 万美元）。因此，每年有数十亿美元用于资助网络安全。现在，以太坊基金会的预算是多少？每年约 3 000 万至 6 000 万美元。也有以太坊基金会以外的参与者（例如 ConsenSys）为开发做出了贡献，但它们的规模并不大。比特币的情况类似，用于非安全公共品的资金可能更少。

这是一张熟悉的图表描绘的情况：

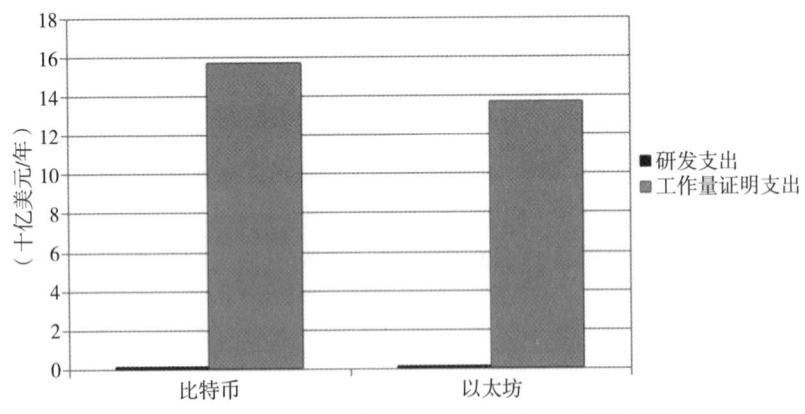

比特币和以太坊在工作量证明及研发支出上的估算值

---

① 这里指的是 2021 年的"以太坊改善建议"，该提案改变了燃料费用市场的结构。

在以太坊生态系统中，这种差异被证明并不重要；每年数千万美元"足以"开展所需的研发，增加更多的资金并不一定会改善现状。因此，建立协议内开发者资金对平台的可信中立所造成的风险超过了其收益。但在许多较小的生态系统中，包括以太坊内的生态系统和完全独立的区块链，如BCH和Zcash，同样的争论正在酝酿，而对于这些规模较小的生态系统，这种不平衡会造成巨大的差异。

再来说DAO。一个从开始就作为"纯"DAO启动的项目，可以实现以前不可能结合的两个属性的组合：(i)开发者资金的充足性，和(ii)资金的可信中立（人们梦寐以求的"公平启动"）（见下图）。开发者的资金不是来自硬编码的接收地址列表，而是可以由DAO本身做出决定。

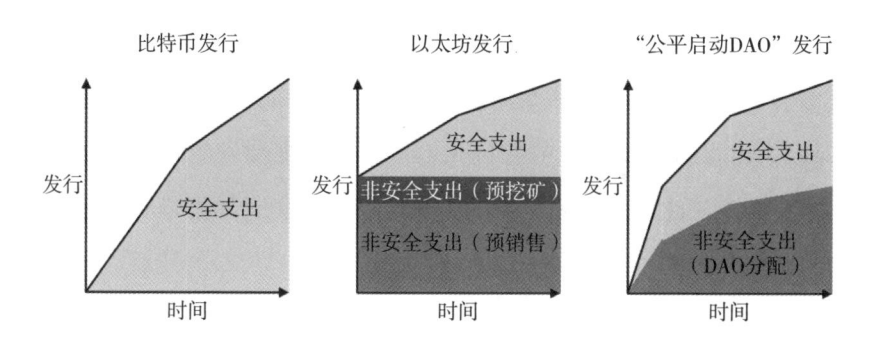

当然，很难让发行完全公平，而且信息不对称带来的不公平往往会比明确的预售带来的不公平更糟糕。（考虑到2010年底在1/4的供应量已经发放的时候，几乎没有人听说过比特币的发行，比特币真的公平吗？）但即使如此，从第一天起就对非安全的公共品进行协议内的补偿，似乎是朝着获得足够且更可信中立的开发者出资迈出的潜在重要一步。

对协议维护及升级的去中心化治理的需要

除了公共品融资，另一个同样重要且需要治理的问题是协议维护和升级。虽然我主张尽量减少所有非自动化参数调整（请参阅下面的"有限治理"部分），并且我是 RAI[①] 的"非治理"策略的粉丝，但有时治理是不可避免的。价格预言机的输入必须来自某个地方，有时某个地方需要改变。在协议"僵化"为最终形式之前，必须以某种方式协调改进。有时，一份协议的社区可能认为他们已准备好"僵化"了，但随后，这个世界就抛出了一个曲线球，它需要进行全面且有争议的重组。如果美元崩溃，RAI 不得不争先恐后地创建和维护自己的去中心化 CPI（消费者价格指数），以保持其稳定币的稳定和价值，那么将会发生什么？在这里，去中心化治理也是必要的，因此完全避免它并不是一个可行的解决方案。

一个重要的区别是链下治理[②]是否可行。长期以来，只要可能，我都是链下治理的"粉丝"。事实上，对于底层区块链，链下

[①] RAI 是一种算法稳定币，但它（不像 DAI 和 USDT）并不与美元等法定货币挂钩。它寻求更大的稳定性，同时反映潜在加密货币市场的变化。

[②] 链上治理指的是通过区块链协议直接进行投票和其他决策，而链下治理指的是基金会和公司、对 DAO 的寡头控制、非正式的宗教权威、耳语网络等机制。

治理绝对是可能的。但是对于应用层项目，尤其是DeFi项目，我们遇到的问题是应用层智能合约系统往往直接控制外部资产，并且这种控制无法分叉。如果 Tezos 的链上治理被攻击者捕获，那么除了协调成本（公认的高）之外，社区可以在没有任何损失的情况下实现硬分叉。如果 MakerDAO 的链上治理被攻击者捕获，社区绝对可以启动一个新的 MakerDAO，但将失去所有保留在现有 MakerDAO CDP（抵押债务头寸）中的以太币和其他资产。因此，虽然链下治理对基础层和一些应用层项目来说是一个很好的解决方案，但许多应用层项目，尤其是 DeFi，不可避免地需要某种形式的正式链上治理。

去中心化治理是危险的

然而，目前所有去中心化治理的实例都伴随着巨大的风险。对于关注我文章的人来说，这个讨论并不新鲜；我担心的代币投票问题主要有两类：（i）即使没有攻击者，也存在不平等和激励失调，以及（ii）通过各种形式（通常是模糊的）购买选票进行的直接攻击。对于前者，已经有很多建议的缓解措施（如授权），而且还会有更多。但后者则是更危险的"房间里的大象"，我认为在目前的代币投票范式中并没有解决方案。

不存在攻击者的情况下，代币投票存在的问题

没有明确攻击者的代币投票问题已经得到了越来越多的认识，它主要分为以下几类。

- 小规模富有的参与者（"巨鲸"）比大规模的小额持有者更善于成功执行决策。这是因为小额持有者之间的公地悲剧：每个小额持有者对结果只有微不足道的影响，因此他们没有动力真正投票而不偷懒。即使投票有奖励，他们也没有动力去研究和仔细思考他们投票的目的。

- 代币投票治理以牺牲社区其他部分为代价，增强了代币持有人的权力，赋予代币持有人利益：协议社区是由不同选民组成的，他们有许多不同的价值观、愿景和目标。然而，代币投票只把权力给了一个选区（代币持有者，尤其是富有的选区），并导致过度重视让代币价格上升的目标，即使这涉及有害的租金攫取。

- 利益冲突问题：将投票权交给一个选区（代币持有者），尤其是过度授权给该选区的富人，有可能导致该特定精英（例如，投资基金或同时持有与该平台互动的其他DeFi平台的代币的人）过度暴露在利益冲突之中。

为解决第一个问题（同时也会缓解第三个问题），有一种主要的策略正在尝试：委托。小额持有者不必亲自判断每个决定；相反，他们可以委托自己信任的社区成员。这是一个光荣而有价值的实验；我们将看到授权能多好地缓解问题（见下图）。

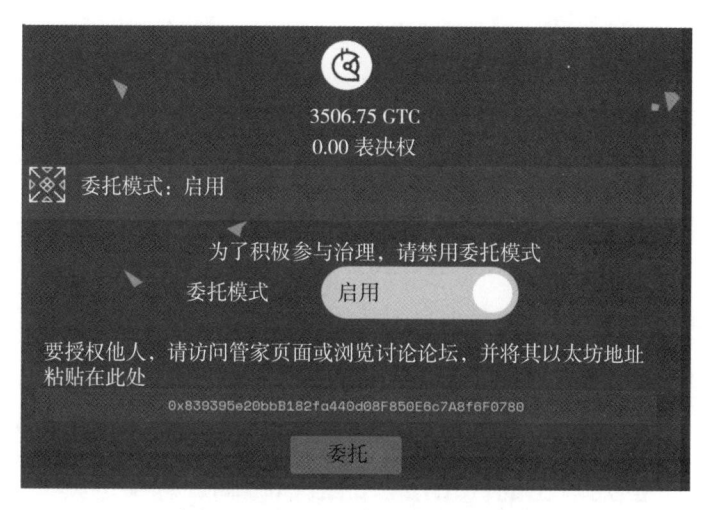

我在 Gitcoin DAO 中的投票委托页面

另一方面，持币人中心主义的问题明显更具挑战性：在一个持币人投票是唯一输入的系统中，持币人中心主义是固有的。认为持币人中心主义是一个预期的目标，而不是一个错误的观念已经造成了混乱和伤害。一篇（非常出色的）讨论区块链公共品的文章[1]抱怨道：

> 如果所有权集中在少数"巨鲸"手中，加密协议是否可以被视为公共品？通俗地说，这些市场原语[2]有时被描述为"公共基础设施"，但如果要说今天的区块链服务于"公共"，

---

[1] Sam Hart, Laura Lotti and Toby Shorin, "Positive Sum Worlds: Remarking Public Goods," *Other Internet*, July 2, 2021.
[2] 原语指由若干条指令组成的程序段，用来实现某个特定功能。市场原语指的是完成某一市场功能的模块。——译者注

那它主要是服务于去中心化金融。从根本上说，这些代币持有者只有一个共同关注的问题：价格。

这种抱怨是错误的，区块链服务于比 DeFi 代币持有者更丰富、更广泛的公众。但是我们的代币投票驱动的治理系统完全无法捕捉到这一点，而且如果不从根本上改变范式，似乎很难建立一个捕捉到这种丰富性的治理系统。

面对攻击时代币投票的根本漏洞：购买选票

一旦出现坚定的攻击者试图颠覆系统，问题就会变得更糟。代币投票的根本漏洞很容易理解。代币投票协议中的代币是组合成单一资产的两种权利的捆绑：（i）协议收入中的某种经济利益和（ii）参与治理的权利。这种捆绑是经过深思熟虑的，旨在使权力和责任保持一致。但实际上，这两种权利很容易相互分离。想象一个简单的封装合约（见下页图）[①]，它有以下规则：如果你将 1 个 XYZ 存入合约，就会得到 1 个 WXYZ。WXYZ 可以随时转换回 XYZ，此外它还可以累积红利。红利从何而来？好吧，虽然 XYZ 代币在封装合约中，但封装合约可以在治理中随意使用它们（提出提案、对提案进行投票等）。封装合约只是简单地每天拍卖这个权利，并将利润分配给原始存款人。

---

① 封装合约（wrapper contract）是指调用其他智能合约的智能合约。——译者注

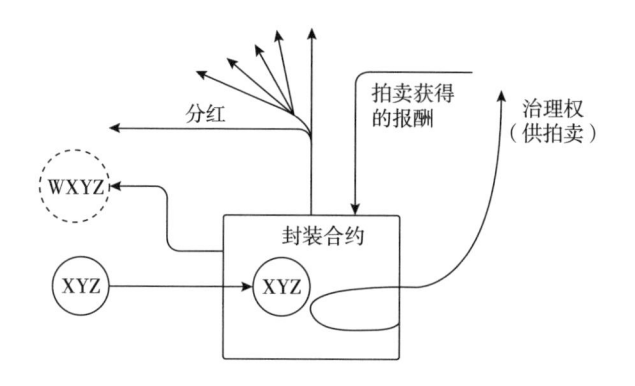

```
         分红    拍卖获得    治理权
                 的报酬    （供拍卖）
  WXYZ
         封装合约
   XYZ      XYZ
```

作为 XYZ 的持有者，将代币存入合约符合你的利益吗？如果你是一个非常大额的持有者，它可能不是；你喜欢红利，但你害怕一个不良行为人可能会用你出售给他们的治理权来做些什么。但如果你是一个小额持有者，那么它非常适合。如果封装合约拍卖的治理权被攻击者买走，你个人只会遭受你的代币造成的不良治理决策成本的一小部分，但你个人可以获得治理权拍卖带来的全部收益。这种情况就是典型的公地悲剧。

假设攻击者做出的决定破坏了 DAO，从而使攻击者受益。这一决策对每个参与者的损害是 D，每一次投票可能反转结果的概率是 p。假设攻击者贿赂的金额是 B，则博弈将如下表所示。

决定	你的收益	别人的收益
接受攻击者的贿赂	$B-D \times p$	$-999 \times D \times p$
拒绝贿赂，凭良心投票	0	0

如果 $B>D \times p$，你会倾向于接受贿赂，但只要 $B<1000 \times D \times p$，接受贿赂就对集体有害。因此，如果 $p<1$（p 通常远低于 1），攻击者就有机会贿赂用户采取净负决策（net-negative decision），而对

每个用户的补偿将远低于他们所遭受的伤害。

对选民贿赂恐惧（voter bribing fears）的一种自然批评是：选民真的会那么不道德，以致接受如此明显的贿赂吗？一般来说，DAO通证持有者都是狂热者，他们很难对如此自私和公然出售项目的行为感到满意。但这里忽略了一个问题，那就是有更多混淆视听的方法来区分利润分享权和治理权，这些方法不需要像封装合约那样明确的东西。

最简单的例子是从DeFi借贷平台（例如Compound）借款（见下图）。已经持有以太币的人可以将他们的以太币锁定在这些平台之一的CDP中，一旦他们这样做，CDP合约将允许他们借入一定数量的XYZ，例如，相当于他们投入的以太币的一半价值。然后他们可以用这个XYZ做任何想做的事情。为了收回以太币，他们最终需要偿还借来的XYZ及其利息。

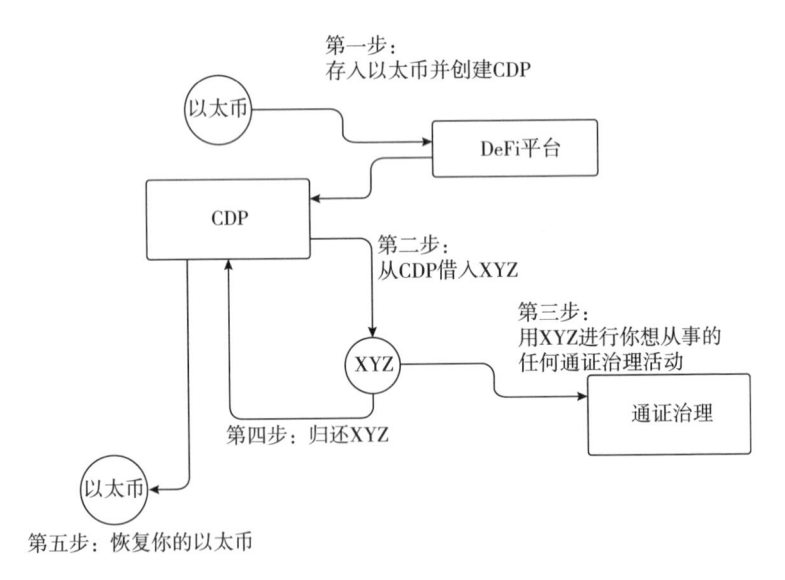

请注意，在整个过程中，借款人并没有关于XYZ的财务风险。也就是说，即使用他们的XYZ来投票支持破坏XYZ价值的治理决策，他们也不会因此损失一分钱。他们持有的XYZ是最终都必须偿还给CDP的XYZ，因此他们不在乎其价值是上涨还是下跌。因此我们实现了分拆：借款人拥有治理权而没有经济利益，贷款人拥有经济利益而没有治理权。

还有将利润分享权与治理权分开的中心化机制。最值得注意的是，当用户将他们的代币存入一个（中心化）交易所时，交易所拥有这些代币的全部保管权，并且有能力使用这些代币进行投票。这不仅仅是理论；有证据表明交易所在几个DPoS系统中使用其用户的代币。

一些DAO协议使用时间锁定技术来限制这些攻击，当用户要用通证投票时，它们会要求用户锁定其代币，并使之在一段时间内无法使用。这些技术可以在短期内限制先购买、后投票、再卖出的攻击，但最终用户可以通过发行通证的封装版（或者，更简单地通过中心化交易所）来持有并用他们的代币投票，从而绕过时间锁机制。就安全机制而言，时间锁更像报纸网站上的付费墙，而不是锁和钥匙。

目前，许多采用代币投票的区块链和DAO已经设法避免了这些最严重的攻击形式，但偶尔也有试图贿赂的迹象（如下图所示）。

不过，尽管存在所有这些重要问题，但与简单的经济推理相比，公然贿赂选民的例子（包括利用金融市场等模糊形式）要少得多。因此，一个自然要问的问题是：为什么还没有发生更多的直接攻击？

> **UNISWAP**
>
> **Luchango** 3d
>
> 嗨，我看到你对我的测温提案投了400万UNI的反对票……你为什么要这么做？这是一个对每个人都有利的建议！我看到这些投票都是委托的，但委托你投票的人知道你是这样投的吗？为什么你要伤害这样一个对所有人都非常有益的提案？请重新考虑一下，因为它不会伤害任何人！
>
> created 3d　last reply 2d　1 reply　4 views　1 user
> monet-supply　Luchango
> Add or Remove...
>
> **Luchango** 2d
>
> 如果你对我的提案投赞成票，我会给你5 000个USDT。如果你帮我进行共识检查，我会再给你5 000个USDT。如果你帮助我提出正式建议，我会给你10 000个USDT，你能够帮我吗？
>
> You flagged this as inappropriate

我的回答是，"为什么还没有"依赖于三个偶然因素。对于今天而言，这些因素都是现实的，但随着时间推移，它们可能会不再成立。

1. 来自紧密联系型社区的社区精神，它让每个人都在共同的部落和使命中感受到友情。

2. 通证持有者的财富高度集中和协作；大额持有者有更大的能力来影响结果，并且投资于彼此之间的长期关系（既是风险投资的"老男孩俱乐部"，也有许多其他同样强大但低调富有的通证持有者群体），这使他们更难被贿赂。

3. 治理通证的金融市场不成熟：用于制作封装通证的现成工具虽然已经以概念验证的形式存在，但并未被广泛使用，贿赂合约已经存在但同样不成熟，贷款市场的流动性低。

当一小部分相互协作的用户持有超过50%的代币，他们和其他用户都投资于一个紧密联系的社区，并且很少有通证以合理的利率被借出时，上述所有的贿赂攻击也许仍然是理论上的。但是随着时间推移，无论我们做什么，以上第1条和第3条都将不可避免地难以成立；如果我们希望DAO变得更加公平，那么第2条也必然会变得难以成立。当这些变化发生时，DAO还能保持安全吗？如果代币投票不能持续地抵御攻击，那什么可以呢？

解决方案1：有限治理

对上述问题的一个可能的缓解措施，也是一个已经在不同程度上被尝试的措施，就是限制由代币驱动的治理能做的事情。有几种方法可以做到这一点。

- 仅对应用程序而非基础层使用链上治理：以太坊已经这样做了，因为协议本身采取了链下治理，而在此之上的DAO和其他应用程序有时（但并不总是）则采取链上治理。
- 将治理限制为固定的参数选择：Uniswap这样做了，因为它只允许治理影响（i）通证分配和（ii）Uniswap交易所的0.05%的费用。另一个很好的例子是RAI的"非治理"路线图，随着时间推移，治理可以控制的功能将越来越少。

● 增加时间延迟：在时间T做出的治理决策在（比如说）T+90天后才能生效。这使那些认为该决定不可接受的用户和应用程序可以转移到另一个应用程序（可能是一个分叉）。Compound在它的治理中有一个时间延迟机制，但原则上，延迟可以（并且最终应该）更长。

● 对分叉更友好：让用户更容易快速协调和执行分叉。这使俘获治理的回报更小。

Uniswap的案例特别有趣：这是通过链上治理资助开发团队的一种有意行为，这些团队可能会开发Uniswap协议的未来版本，但用户可以选择是否升级到这些版本。这是一种链上和链下治理的混合体，只给链上一方留下了有限的作用。

但有限治理本身并不是一个可以接受的解决方案。最需要治理的领域（例如公共品的资金分配）本身就是最容易受到攻击的领域。公共品融资很容易受到攻击，因为攻击者有一种非常直接的方式可以从错误的决策中获利：他们可以尝试推动一个错误的决策，从而将资金发送到自己手中。因此，我们还需要技术来改善治理本身……

解决方案2：非代币驱动的治理

第二种方法是使用非代币投票驱动的治理形式。但是，如果代币不能决定一个账户在治理中的权重，那什么才能决定呢？有两种自然的选择方案。

● 人格证明系统：验证账户对应于唯一个人的系统，以便治理系统可以为每个人分配一票。有关实现这一点的两次尝试，请参见人类证明（Proof of Humanity）[1]和BrightID[2]。

● 参与证明：证明账户对应的人参与过某些活动、通过了某些教育培训或在生态系统中执行过某些有用工作的系统。请参阅POAP[3]以了解如何实现这一点。

也有混合的可能性：一个例子是二次方投票，这使单个选民的权力与他们投入的经济资源的平方根成正比。它可以防止人们将其手中的资源分配到多个需要提供人格证明的身份账户中，以此来操弄系统。与此同时，仍然存在的金融成分让参与者能够可靠地表明他们对某个问题的关注程度，以及他们对生态系统的关注程度。Gitcoin的二次方融资是二次方投票的一种形式，并且二次方投票DAO也正在建构中。

参与证明不太容易被人理解。关键的挑战是，确定参与程度本身需要非常强大的治理结构。最简单的解决方案可能是通过精心挑选的10~100名早期贡献者来引导系统，然后随着第n轮选定的参与者确定第n+1轮的参与标准，随着时间的推移，逐渐去中心化。分叉的可能性有助于提供一条从治理脱轨中恢复的途径，并提供一种激励措施。

人格证明和参与证明都需要某种形式的反合谋，以确保用于

---

[1] 人类证明是一个在区块链上建立独特的人类身份，而不依赖政府或企业等中央机构的项目。它经常被其他需要确认参与者身份的加密项目使用。
[2] BrightID是一个去中心化的匿名社交身份网络，通过创建和分析社交图谱来解决身份唯一性的问题。——译者注
[3] POAP即出席证明协议，用于在区块链上为出席者提供一种证明其生活经历记录的方式。——译者注

衡量投票权的非货币资源仍然是非金融性的，并且这些资源最终不会落入将治理权卖给出价最高者的智能合约中。

解决方案3：共担责任

第三种方法是通过改变投票本身的规则来打破公地悲剧。代币投票之所以失败，是因为虽然投票者对他们的决定负有集体责任（如果每个人都投票支持一个糟糕的决定，那么每个人的代币都会降为零），但每个投票者不承担个人责任（如果一个糟糕的决定发生了，支持它的人不会比反对它的人更痛苦）。我们能不能构建一个改变这种动态的投票系统，让投票者单独地而不仅仅是集体地对他们的决定负责？

如果分叉是按照 Hive 从 Steem 分叉的方式完成的，那么分叉友好性可以说是一种很好的共担责任策略。如果破坏性的治理决策成功了，并且在协议内部不再受到反对，那么用户可以自行决定分叉。此外，在那个分叉中，投票支持错误决定的代币可以被销毁。

这听起来很刺耳，甚至可能会让人觉得这违反了一种隐含的规范，即在分叉代币时，"账本的不变性"应该是神圣不可侵犯的。但从另一个角度看，这个想法似乎更合理。

我们保留了一个强大防火墙的想法，其中个人代币余额预计不会受到侵犯，但仅将这种保护应用于不参与治理的代币。如果你参与治理，即使通过将你的代币放入封装机制间接参与，你也可能要为你的行为成本负责。

这就产生了个人责任：如果发生攻击，并且你的代币投票支持该攻击，那么你的代币将被销毁。如果你的代币没有投票支持攻击，则它们是安全的。责任向上传递：如果你将代币放入封装合约中，并且封装合约投票支持攻击，封装合约的余额将被清除，因此你将丢失代币。如果攻击者从 DeFi 借贷平台借用 XYZ，当平台分叉时，任何借出 XYZ 的人都会失败（请注意，一般来说这会使借出治理通证变得非常危险；这是预期的结果）。

日常投票中的共担责任

但以上仅适用于防止真正极端的决策。那小规模的盗窃呢？它们将不公平地有利于攻击者对治理的经济性（economics of governance）进行操控，但还不足以严重到造成毁灭性的破坏。在根本没有任何攻击者的情况下，纯粹的懒惰，以及代币投票治理没有支持高质量意见的选择压力这一事实又如何呢？

对于这类问题，最流行的解决方案是罗宾·汉森在21世纪初提出的 Futarchy。在 Futarchy 中，投票变成了押注：投赞成票，你就押注该提案会带来好的结果，而投票反对该提案，你就押注该提案会导致糟糕的结果。Futarchy 引入个人责任的原因显而易见：如果你押得好，你会得到更多的代币，如果你押得不好，你就会失去你的代币（见下图）。

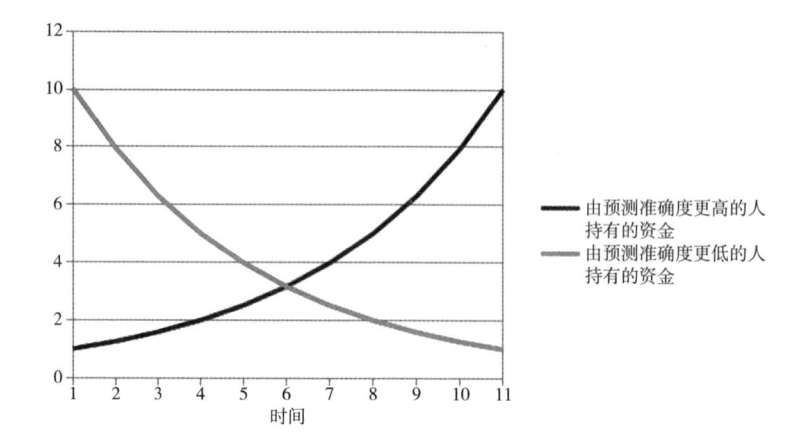

图例：
— 由预测准确度更高的人持有的资金
— 由预测准确度更低的人持有的资金

事实证明,"纯"Futarchy 很难引入,因为在实践中目标函数很难定义(人们想要的不仅仅是代币价格),但各种混合形式的 Futarchy 可能很有效。混合 Futarchy 的例子包括:

● 作为购买订单的投票:投票赞成一项提案需要制定一份可强制执行的购买订单,以略低于当前通证价格的价格购买额外的代币。这既确保如果一个糟糕的决定成功了,那些支持它的人可能会被迫买断他们的对手,又确保在更"正常"的决定中,如果代币持有者愿意,他们将有更多时间根据非价格标准做出决定。

● 对公共品的追溯性资助:在公共品已经取得成果后,由某种投票机制追溯资助。用户可以通过购买项目通证来资助他们的项目,同时表明对项目的信心;如果该项目被认为实现了预期目标,则项目通证的购买者将获得一份奖励。

● 升级游戏:较低级别决策的价值定位[①]因有可能吸引更高努

[①] 价值定位(value-alignment)就是校准人机关系具体目标价值的任务。——译者注

力但更准确的更高级别流程而受到激励；投票赞成最终决定的选民将获得奖励。

在后两种情况下，混合 Futarchy 依赖于某种形式的非 Futarchy 治理来衡量目标函数或作为最后的争议层。但是，这种非 Futarchy 治理有几个直接使用时没有的优点：（i）它激活比较晚，因此可以访问更多信息；（ii）它使用的频率较低，因此需要耗费的精力也更少；以及（iii）每次使用它都会产生更大的影响，因此仅依靠分叉来调整最后一层的激励措施将更容易被接受。

混合解决方案

还有一些解决方案结合了上述技术的元素。这里来看一些可能的例子。

- 时间延迟加上选出的专家治理：这是一个可能的解决方案，可以解决如何制作加密抵押稳定币这一古老难题，其锁定的资金可以超过获利通证的价值，而没有治理俘获的风险。稳定币使用由 n 个（比如 $n = 13$）选定供应商提交的价值中值，来构建价格预言机。通过代币投票选择供应商，但它每周只能替换 1 个供应商。如果用户注意到代币投票带来了不可信的价格提供者，他们有 $n/2$ 周的时间在稳定币中断之前切换到另一种稳定币。
- Futarchy + 反合谋 = 声誉：用户以"声誉"，即一种不能转让的通证进行投票。如果他们的决定导致预期的结果，用户就会获得更多声誉，如果他们的决定导致不希望的结果，则用户失去声誉。

- 松散耦合（咨询性）的代币投票：代币投票不直接执行提议的变更，而只是为了公开其结果，为链下治理建立正当性，以此执行该变更。这可以提供代币投票的好处，同时降低风险，因为如果有证据表明代币投票被贿赂或以其他方式被操纵，代币投票的正当性就会自动下降。

但这些都只是几个可能的例子。在研究和开发非代币驱动的治理算法方面还有很多工作要做。今天可以做的最重要的事情是抛弃代币投票是治理权去中心化的唯一正当形式这种想法。代币投票很有吸引力，因为它让人相信它是中立的：任何人都可以在Uniswap上获得一些治理通证。然而，在实践中，代币投票可能只是在今天看起来很安全，因为它的中立是有缺陷的（大部分供应量掌握在一个紧密协作的由内部人士组成的小集团手中）。

我们应该对认为当前的代币投票形式是"默认安全"的想法保持警惕。关于它们如何在更大的经济压力和成熟的生态系统以及金融市场条件下运作，还有很多有待观察之处，现在是时候开始同时试验替代方案了。

特别感谢卡尔·弗洛尔什、丹·罗宾逊（Dan Robinson）和甄天虹的反馈和评论。

信任模型

对于很多区块链应用程序而言，最有价值的特征之一是去信任化。应用程序能够以预期的方式运行，而无须依赖特定参与者以特定方式行事，即使他们的兴趣可能发生变化，导致他们在未来以某种不同的意外方式行事。区块链应用程序从来都不是完全去信任化的，但有些应用程序比其他应用程序更接近去信任化。如果我们想朝着信任最小化的方向采取实际行动，就需要能够比较信任的不同程度。

首先，我用一句话对信任进行简单的定义：信任是运用他人行为的假设。在新冠疫情之前，你可以走在街上，而无须确保与陌生人保持两米的距离，以防他们会突然掏出刀来刺伤你，那就是一种信任：你既相信人们很少会完全精神错乱，也相信管理法律系统的人会持续提供强有力的激励以阻止暴力行为。当你运行一段由他人编写的代码时，你会相信他们是诚实地编写代码的（无论这是出于他们自己的体面感，还是出于维护其声誉的经济利益），或者至少有足够多的人会检查代码并发现错误。不亲自种植

---

* 原文发布在2021年8月20日的vitalik.ca上。

粮食是另一种信任：相信足够多的人会意识到种植粮食符合他们的利益，这样他们就可以把粮食卖给你。你可以信任不同规模的人群，而信任也有不同的类型。

为了分析区块链协议，我倾向于将信任分解为四个维度：

- 你需要多少人按照你的预期行事？
- 有多少人按照你的预期行事了？
- 这些人的行为需要什么样的动机？他们需要利他主义，还是仅仅追求利润？他们不需要彼此之间的协作吗？
- 如果违反这些假设，系统会失灵到什么程度？

现在，让我们集中讨论前两个问题。我们可以画一张图。

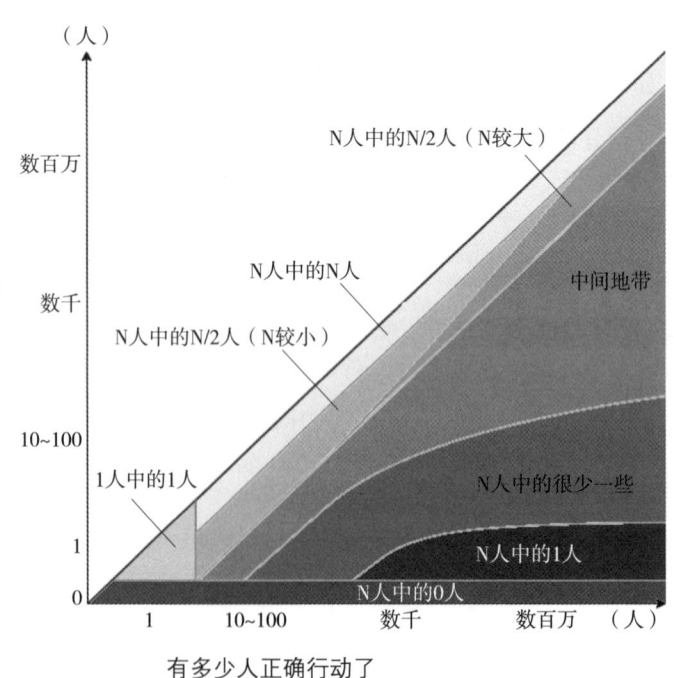

图中灰色越深越好。让我们更详细地探讨这些类别。

- 1人中的1人（1∶1）：只有一个参与者，当（且仅当）一个参与者做了你期望他做的事情，系统就可以工作。这是传统的中心化模型，我们正试图比它做得更好。

- N人中的N人（N∶N）："反乌托邦"世界。你依赖一大群行为人，他们都需要按照预期行事，才能让一切正常进行，如果其中的任何一个人没有按预期行事，系统就失去了支持。

- N人中的N/2人（N/2∶N）：区块链就是这样工作的。如果大多数矿工（或权益证明的验证者）都是诚实的，区块链就会工作。请注意，当N更大时，N中的N/2就变得更有价值；让拥有少数矿工/验证者的区块链主宰网络，会比让拥有广泛分布的矿工/验证者的区块链主宰网络无趣得多。也就是说，我们希望继续提高安全级别，因此我们对51%攻击的存在感到担忧。

- N人中的1人（1∶N）：有许多参与者，但只要其中至少有1人按照你的期望行事，系统就可以工作。任何基于欺诈证明的系统都属于这一类别，可信设置[①]也是如此，尽管在这种情况下，N通常较小。请注意，你确实希望N尽可能大！

- N人中的少数人（少数人∶N）：有很多参与者，只要他们中至少有一些固定数量的人做你期望他们做的事，系统就可以工

---

① 可信设置是我们生成零知识证明所需的基础设施的一部分。具体来说，它用于帮助生成网络上创建交易所必需的证明者和验证者密钥。——译者注

信任模型

作。数据可用性检查就属于这一类别。

●N人中的0人（0∶N）：系统可以不依赖任何外部因素就按预期工作。通过自行检查来验证区块就属于这一类别。

虽然除"0∶N"之外，其他所有类别都可以被视为"信任"，但它们之间非常不同！相信某个特定的人（或组织）会按照预期工作，这与相信任何地方的某个人会做你期望他们做的事情是完全不同的。"1∶N"看起来似乎比"N/2∶N"或"1∶1"更接近"0∶N"，但这两者在现实中是非常不同的：在"1∶N"系统中，如果正在与你合作的行为人消失或变坏，你可以切换到另一个，而如果在"1∶1"系统中发生这样的事，你就完蛋了。

特别需要注意的是，即使你正在运行的软件，其正确性通常也取决于"少数人∶N"信任模型，以确保如果代码中存在错误，就会有人发现它们。考虑到这一事实，努力把应用程序的其他方面从"1∶N"信任变为"0∶N"信任，就像在窗户敞开的同时，努力为你的房间安装一道坚固的铁门。

另一个重要的区别是：如果你的信任假设被违反，系统会如何失灵？在区块链上，最常见的两种故障类型是活性故障（liveness failure）和安全性故障（safety failure）。活性故障就是你暂时无法进行操作（例如，提币、将交易打包进区块、读取链上数据）。安全性故障就是出现了系统想要预防的情况（例如，无效块被添加到区块链上）。

以下列举了区块链第二层协议采用的一些信任模型。[①]我使用"小N"代表第二层系统本身的参与者集合,"大N"代表底层区块链的参与者,并假设第二层协议的社区规模总是小于其底层区块链的社区。另外,我用"活性故障"特指代币长时间卡住的情况。无法使用系统但能即时提款的情况并不算作活性故障。

- Channel 类(包括状态通道、闪电网络等):使用"1∶1"信任模型确保活性(你的交易对象可以暂时冻结你的资金,不过你可以将资金分散到多个通道中,从而减少负面影响),使用"N/2∶大N"模型确保安全性(攻击者可以通过51%攻击偷走你的资金)。

- Plasma(假设采用中心化运营者):使用"1∶1"模型确保活性(运营者可以临时冻结你的资金),使用"N/2∶大N"模型确保安全性(攻击者可以通过51%攻击偷走你的资金)。

- Plasma(假设采用半中心化运营者,如 DPoS):使用"N/2∶小N"模型确保活性,使用"N/2∶大N"模型确保安全性。

- Optimistic rollup:使用"1∶1"或"N/2∶小N"模型确保活性(取决于运营者的类型),使用"N/2∶大N"模型确保安全性。

- ZK rollup:使用"1∶小N"模型确保活性(如果运营者未能打包你的交易,你可以取回你的资金,如果运营者没有立即打包你的取款交易,就无法打包更多交易,你可以在 rollup 系统中

---

① 下面列出的模型是依赖如以太坊和比特币等第一层区块链的系统,同时以某种形式为其提供更大的容量。

信任模型　　273

任何一个全节点的帮助下自行提款）；不存在安全性故障风险。

- ZK rollup（轻取款增强型）：不存在活性故障风险和安全性故障风险。

最后是激励问题：你信任的行为人需要非常利他、一般利他，还是足够理性？默认情况下，"欺诈证明"需要参与者是利他主义的，但是程度如何取决于计算的复杂性，而且有很多方法可以修改博弈规则，使参与者变得理性。

如果我们增加一种方式来支付服务费，那么帮助他人从 ZK rollup 上取款的行为就是理性的，因此没必要担心无法退出 rollup 的问题。与此同时，如果整个社区都同意不接受通过 51% 攻击创建的区块链（将交易历史回滚到很久之前，或审查很久之前的区块），就可以减轻其他系统的风险。

结论：如果你听到有人说某个系统"依赖于信任"，请更详细地问他们这是什么意思！他们指的究竟是"1∶1"模型、"1∶N"模型还是"N/2∶N"模型？这个系统需要参与者是利他主义的，还是只是理性的？如果是利他主义的，参与者需要付出多大代价？如果违背了这个假设会怎么样？你是只需要等待几个小时或几天，还是说你的资产会被永久性卡住而无法取回？如果假设被违反，那么你需要等待多久才能取回自己的资金，几个小时？几天？还是永远无法取回？根据对以上问题的不同回答，你对是否要使用该系统的答案可能会非常不同。

加密城市

去年（即2020年）的一个有趣趋势是：人们对地方政府的兴趣越来越大，对地方政府有更广泛的差异和开展更多实验的想法也越来越感兴趣。在过去一年中，迈阿密市市长弗朗西斯·苏亚雷斯（Francis Suarez）采取了一种类似科技初创公司的策略，为了吸引人们对这座城市的兴趣，经常在推特上与主流科技行业和加密社区接触。怀俄明州现在有一个对DAO友好的法律结构，科罗拉多州正在实验二次方投票，同时我们也正在目睹越来越多的为线下世界创造行人友好型街道的实验。我们甚至看到了不同激进程度的项目，如Culdesac、Telosa、CityDAO、Nkwashi、Prospera等，它们都试图从头开始创建整个社区和城市。

去年的另一个有趣趋势是：代币、非同质化通证（NFT）和DAO等加密思想的迅速主流化。如果将这两种趋势结合在一起会发生什么呢？一个城市能否拥有它的代币、NFT、DAO，并将反腐败记录在链上，或者同时拥有以上四个工具？事实证明，已经有人尝试这样做了。

---

* 原文发布在2021年10月31日的vitalik.ca上。

- CityCoins.co是一个创建代币并用它们来充当本地交易媒介的项目，发行的一部分代币将被交给政府。目前，迈阿密币（MiamiCoin）已经存在，旧金山币（San Francisco Coin）似乎也将推出。
- NFT实验，通常被用作资助当地艺术家的一种方式。釜山正在主办一个由政府支持的会议，探讨可以用NFT做些什么。
- 里诺市市长希拉里·希夫（Hillary Schieve）对区块链化城市的广阔愿景，包括用NFT销售以支持本地艺术，成立向当地居民发行里诺币（RenoCoins）的里诺DAO（RenoDAO），它可以从政府出租房产、区块链担保彩票、区块链投票等业务中获得收入。
- 试图从头开始创建加密城市的更为雄心勃勃的项目是CityDAO，它将自己描述为"在以太坊区块链上建设一个城市"，采用DAO进行治理。

但是，就其目前的形式而言，这些项目会是好主意吗？通过哪些改变可以让这些设想变得更好？且让我们一探究竟……

我们为什么要关心城市？

世界各地很多国家的政府在应对长期存在的问题和人们潜在需求的快速变化方面都表现得效率低下、行动缓慢。简而言之，许多国家的政府都缺少快速反应机制。更糟糕的是，很多正在被考虑或正在实施的有关国家治理的政治主张实在是太可怕了。你想让美国被类似二战时期葡萄牙的独裁者安东尼奥·萨拉查（António Salazar）的人接管吗？或者出现一个"美国恺撒"来打击美国左派的祸害？每一种可以合理地被描述为自由扩展或民主的想法，都对应着十种不同形式的集中控制、隔离墙和普遍监视。

现在考虑地方政府。正如我们从本文开头的例子中看到的，城市和州至少在理论上能够实现真正的活力。城市之间存在着巨大且非常真实的文化差异，因此，找到一个公众有兴趣采纳某种激进想法的城市要远比说服整个国家接受这种思想更为容易。在地方公共品、城市规划、交通以及城市治理中的许多其他部门，都面临着非常现实的挑战和机遇，它们都可能被解决。城市拥有紧密结合的内部经济体，在这些经济体中，加密货币的广泛应用可能会独立发生。此外，城市内的实验不太可能导致可怕的结果，因为城市由更高级别的政府管理，而且城市有一个"逃生阀"：对正在发生的事情不满的人可以很容易地离开。

总而言之，地方政府的角色似乎被低估了。鉴于对现有智慧城市倡议的批评通常主要集中在中心化治理、缺乏透明度和数据隐私等问题上，区块链和加密技术似乎是实现更为开放、更为参与式的发展道路的一个颇有希望的关键因素。

现在的加密城市项目有哪些？

其实有很多！这些实验中的每一个规模都不大，很大程度上仍在努力寻找出路，但它们至少都是可以转化为有趣事物的种子。

许多最先进的项目都在美国，但全世界都对此颇有兴趣；韩国釜山政府正在举办NFT会议。以下是一些现在正在发生的例子。

里诺的区块链实验

内华达州里诺市市长希拉里·希夫是区块链爱好者，并尤其关注Tezos生态系统。在最近的城市治理中，她一直在探索与区块链相关的想法：

● 出售NFT以资助当地艺术，从城市中心的"太空鲸"雕塑的NFT开始（见下图）。

● 创建里诺DAO，并用里诺币进行治理，里诺居民有资格通过空投获得里诺币。里诺DAO可能已开始获得收入来源；其中一个提议是城市出租其拥有的房产，并将收入存入DAO。

● 使用区块链保护各种流程。用于赌场的区块链安全随机数生成器、区块链安全投票等。

里诺"太空鲸"雕塑

CityCoins.co

CityCoins.co是一个建立在Stacks上的项目，Stacks是一个由不寻常的"转移证明"（由于某种原因，其缩写为PoX而不是PoT）区块算法运行的区块链，该算法围绕比特币区块链及其生态系统构建。该项目70%的代币供应量是通过持续销售机制产生的：任何拥有STX（Stacks原生代币）的人都可以将手中的STX发送到城市代币合约以生成城市代币；STX的收入会分配给现有的城市代币持有者。剩余30%的项目代币则供应给市政府。

CityCoins做出了一个有趣的决定，试图建立一个不依赖任何政府支持的经济模型。当地政府不需要参与创建CityCoins.co币；一个社区团体可以自行发行代币。一个常见的问题是："我能用CityCoins做些什么？"其答案包括（见下图）"CityCoins社区将创

迈阿密币黑客马拉松获胜者：一个允许联合办公空间向迈阿密币持有者提供优惠的网站。

加密城市

279

建用代币作为奖励的应用程序"和"本地企业可以为那些……积累CityCoins的人提供折扣或福利"等。但是，在实践中，迈阿密币社区并不是单独行动的，迈阿密政府实际上已经在公开支持它。

CityDAO

CityDAO是所有实验中最为激进的：它与迈阿密和里诺不同，迈阿密和里诺是已有的城市，它们具备有待升级的基础设施以及人民的信任，而CityDAO则是根据怀俄明州DAO法律而具有法律地位的DAO，它试图从零开始创建全新的城市（见下图）。

到目前为止，该项目仍处于早期阶段。现在，该团队正在内华达州偏远角落购买他们的第一块土地。该项目打算从这块土地开始，然后在未来继续添加其他地块，用以建造城市，城市由DAO管理，并大量使用哈伯格税等激进的经济思想来分配土地，做出集体决策和管理资源。他们的DAO是回避代币投票治理的进步主义少数派的一员；它的治理是通过基于"公民"NFT的投票方案进行的，并且已经提出了通过使用人类证明验证（proof-of-humanity verification）从而进一步将投票限制为一人一票的想法。目前，该项目正在通过出售NFT进行众筹；你可以在OpenSea上购买其NFT。

我认为城市可以做什么？

显然，城市原则上可以做很多事情。它们可以增加更多的自行车道；可以使用远紫外线灯来更有效地减少新冠病毒传播，而不会给人们带来不便；甚至可以资助延长寿命的研究。但我的主要专长是区块链，本文也是关于区块链的，所以……让我们专注于区块链。

我认为有两种截然不同的关于区块链的想法是有意义的：

1. 使用区块链为现有流程创建更加可信、透明和可验证的版本。

2. 使用区块链对土地和其他稀缺资产实施新的试验性所有权形式，以及新的、试验性民主治理形式。

区块链和这两类设想之间有着天然的契合。区块链上发生的任何事情都很容易被公开验证，有许多现成的免费工具可以帮助人们做到这一点。任何建立在区块链上的应用程序都可以立即嵌入全球区块链生态系统中，并与其他应用程序进行交互。基于区块链的系统既具有基于纸张的系统所没有的高效，也可以用中心化计算系统不具备的方式公开验证。如果你想创造一种新的投票形式，让公民能够对数百或数千个不同问题提供大量的实时反馈，这是一个必要的组合。

所以，让我们进入细节。

区块链可以让哪些现有流程更加可信和透明？

很多人，包括世界各地的政府官员，在许多场合都向我提出了一个简单的想法：政府创建一个白名单内部专用（white-listed internal-use-only）的稳定币，用于跟踪政府内部支付。个人或组织的每一笔税款都可以与铸造该数量代币的公开可见的链上记录挂钩（如果我们希望个人纳税数量是私人信息，那么可以利用零知识的方法只公开总额，但仍然可以让所有人相信它是正确计算的）。部门之间的转账可以"明码"进行，代币只能用来支付个体承包商的付款或员工的薪水（见下图）。

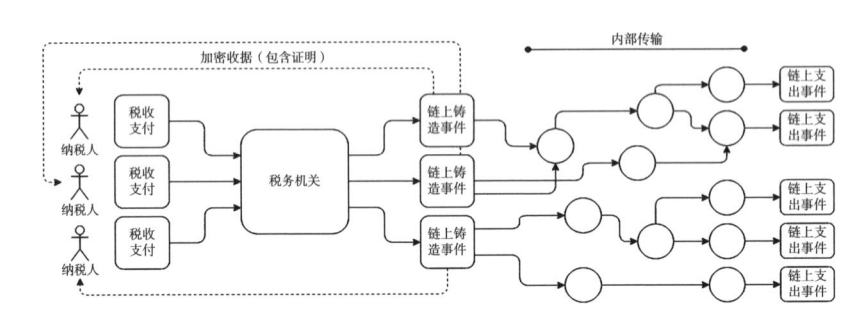

这个系统可以很容易地加以扩展。例如，选择哪个投标人赢得政府合同的采购流程主要可以在链上完成。

使用区块链可以使更多流程变得更加值得信赖：

- 公平随机数生成器（如用于彩票）。例如以太坊预计将包含的可验证延迟函数[1]，它可以用作公平随机数生成器，从而让政府运营的彩票更值得信赖。公平随机性也可用于许多其他用途，例如，让抽签成为产生政府的一种方式。
- 证书。例如某些特定个人是该城市居民的加密证明，这可以在链上完成，以增加其可验证性和安全性（例如，如果此类证书是在链上颁发的，一旦出现大量虚假颁发的证书，则很容易发现）。这可以用于各种地方政府颁发的证书。
- 土地和其他资产，以及更复杂的财产所有权形式，如开发权的登记。由于法院需要能够在特殊情况下执行任务，这些注册表可能永远不会像加密货币那样成为完全去中心化的无记名票据，但将记录放在链上仍然可以更容易地看到争端中依什么顺序发生了什么。

最终，甚至投票也可以在链上进行。在这里，许多复杂性和邪恶[2]隐约可见，小心行事非常重要；它需要一个结合区块链、零知识证明和其他密码学的复杂解决方案来实现所有想要的隐私和安全属性。然而，如果人类真的要转向电子投票，地方政府似乎是一个完美的起点。

---

[1] 可验证延迟函数（Verifible Delay Function，VDF）是一种新颖的机制，它将规定的延迟引入去中心化系统的操作中。——译者注
[2] 原文是龙（dragon），在西方，这有邪恶象征的意思。——译者注

有哪些有趣的激进经济和治理实验？

但除了将区块链用于政府已经做的事情之外，我们还可以将区块链视为政府在经济和治理方面开展全新和激进实验的机会。这些未必是我认为应该做的事情的最终想法；它们更多是对可能方向的初步探索和建议。一旦实验开始，现实世界的反馈通常是确定未来应该如何调整实验的最有用的变量。

实验1：城市通证的更全面愿景

CityCoins.co是关于城市通证如何运作的愿景之一。但这远非唯一的愿景。事实上，CityCoins.co模式存在重大风险，尤其是在经济模型严重倾向于早期采用者方面。创建新代币STX带来的收入的70%分配给了城市代币的现有持币者。未来五年发行的代币将比接下来的五十年还多。在2021年，这对政府来说是一笔不错的交易，但2051年呢？一旦政府认可特定的城市代币，它在未来就很难改变方向。因此，城市政府必须仔细考虑这些问题，并选择一条对长期有意义的道路。

这是另一种关于城市代币如何运作的可能概述。它远不是CityCoins.co愿景的唯一可能替代方案。无论如何，城市代币是一个广阔的设计空间，有很多不同的选择值得考虑。无论如何，继续前进……

当前形式的房屋所有权概念是一把引人注目的双刃剑，许多人认为，积极鼓励和合法构建房屋所有权的具体方式是我们今天犯下的最大的经济政策错误之一。作为居住场所的住宅和作为投资资产的住宅之间不可避免地存在着政治紧张关系,而让关心后者的社区感到满意的压力通常会严重损害关心前者的社区的可负担能力。一个城市的居民要么拥有一套房子,这会让他们受土地价格的过度影响,并引入使他们反对新房建设的不当激励;要么租房,这会使他们受到房地产市场的负面影响,进而使他们在经济上难以实现在城市安家的目标。

但即使存在所有这些问题,许多人仍然认为拥有房屋不仅是一个不错的个人选择,而且值得积极给予补贴或社会鼓励,一个重要的原因是它促使人们存钱并积累自己的净资产。另一个重要原因是,尽管存在缺陷,但它在居民和他们居住的社区之间建立了经济联系。但是,如果我们能够为人们提供一种储蓄方式,并在没有缺陷的情况下建立经济联系呢?如果我们可以创建一个可分割、可互换的城市代币,居民可以持有尽可能多的数量,他们可以负担得起或感到舒适,并且随着城市的繁荣,其价值就会上升,那会怎么样呢?

首先,让我们从一些可行的目标开始。并非所有这些目标都是必要的;一个通证只要完成了五个目标中的三个就已经是向前迈进了一大步。当然我们会尝试尽可能多地实现这些目标。

- 为政府获得可持续的收入来源。城市通证经济模型应避免改变现有税收的方向;相反,它应该找到新的收入来源。
- 在居民和城市之间建立经济联盟。这首先意味着随着城市变得更具吸引力,代币本身显然应该变得更有价值。但这也意味着经济学应该积极鼓励居民，而不是鼓励遥远的对冲基金多持有代币。

- 促进储蓄和财富积累。房屋所有权做到了这一点：当房屋所有者支付抵押贷款时，他们就默认建立了自己的净资产。城市代币也可以做到这一点，随着时间的推移，积累代币将变得很有吸引力，甚至可以将体验游戏化。
- 鼓励更多的亲社会活动，如帮助城市的积极行动，以及更可持续地利用资源。
- 要平等。不要偏袒富人胜过穷人（因为经常会出现设计得不好的经济机制）。代币的可分割性已经为避免富人和穷人之间尖锐的两极分化做出了很多贡献，但我们可以走得更远，例如，通过将大部分新发行的代币作为全民基本收入（UBI）分配给居民。[1]

一种似乎可以很容易满足前三个目标的模式是为持币者提供利益：如果你持有至少x个代币（其中x可以随时间推移而增加），你将免费获得一些服务。迈阿密币正试图鼓励企业这样做，但我们可以走得更远，让政府服务也以这种方式运作。一个简单的例子是，让现有的公共停车位只对持有一定数量代币的人免费使用。这将同时实现几个目标：

- 创造持有代币的激励，以维持其价值。
- 为居民，而不是其他不相关的遥远投资者持有代币创造特别的激励。此外，该激励措施的效用是对每个人都有上限的，因此它鼓励广泛分布的持币。

---

[1] 全民基本收入，指所有居民将定期获得平等、无条件的收入。

- 创建经济联系（城市变得更具吸引力→想要停车的人更多→代币更有价值）。与自有房屋不同，这是与整个城镇，而不仅仅是城镇中的特定位置相关的。

- 鼓励资源的可持续利用：这将减少停车位的使用（如果没有代币的人真正需要停车位，仍然可以付费停车），支持许多地方政府在道路上开辟更多对行人更友好的空间。或者，也可以允许餐厅通过相同的机制锁定代币，并要求将停车位用于户外座位。

但是，为了避免不正当的激励，非常重要的是拥有多种可能的收入来源，避免过度依赖于某个特定的想法。分区是一个绝佳的"金矿"，它可以赋予城市代币价值，同时也可以尝试新的治理理念。如果你至少持有 y 个代币，那么你可以对附近的土地所有者为绕过分区限制而必须支付的费用进行二次方投票。这种以市场+直接民主为基础的混合方式，将比目前过于烦琐的许可程序更有效，而且其费用本身也将是政府收入的另一个来源。更一般地说，下一节中的任何想法都可以与城市通证相结合，为城市通证持有者提供更多的使用场所。

实验2：更激进和更具参与性的治理形式

这就是哈伯格税、二次方投票和二次方融资等激进市场想法的用武之地。[1]我已经在上一节提出了其中的一些想法，但你并不

---

[1] 再次引用埃里克·波斯纳（Eric Posner）和格伦·韦尔（Glen Weyl）的同名书（及其提出的一系列概念）。

需要专门的城市通证来实现它们。政府对二次方投票和资金的一些有限使用已经发生：参见科罗拉多民主党以及尚未得到政府支持的实验，如Gitcoin的博尔德市中心刺激行动（Boulder Downtown Stimulus）。[①]但我们可以做得更多！

显然，激励开发商改善他们正在建造的建筑物的美感，是让这些想法能有长期价值的一个领域。哈伯格税和其他机制可用于从根本上改革分区规则，区块链可用于以更值得信赖和更有效的方式来管理此类机制。另一个短期内更可行的想法是补贴当地企业，这类似于市区刺激计划，但规模更大，更持久。企业一直在当地社区产生各种正外部性，这些外部性可以更有效地得到回报。本地新闻可以利用二次方融资来获得资金，重振长期苦苦挣扎的行业。广告的价格可以根据人们对每个广告的喜爱程度进行实时投票来设定，从而鼓励更多的原创性和创造力。

更多的民主反馈（甚至可能是追溯性的民主反馈）可能会在所有这些领域创造更好的激励措施。借助于线上的实时二次方投票和资助，21世纪的数字民主可能比20世纪的民主做得更好，这似乎已在实践，尤其是在建筑规范、规划和听证会方面（如下图所示）。当然，如果你打算使用区块链来确保投票的安全，那么使用新奇的投票似乎比改造现有的投票系统更安全，在政治上也更可行。

[①] 博尔德市中心刺激行动是在Gitcoin上发起的一个经济刺激计划，试图通过募集资金来帮助美国内华达州博尔德市从新冠疫情的打击中恢复。——译者注

旨在唤起人们正面想象的太阳朋克[1]图片：如果可以用实时二次方投票为所有事物设定补贴和价格的话，我们的城市可能会发生什么？

结论

无论是现有城市还是新城市，都有很多想法值得去尝试。新城市的优势当然是没有现有居民，因此对事情的处理方式没有期望的定势；但在现代，创建新城市这个概念本身相对来说还未经检验。也许，那些热衷于尝试新事物的人和项目手中的数十亿美元的资金池可以让我们渡过难关。但即便如此，在可预见的未来，现有城市可能仍将是大多数人居住的地方，现有城市也可以使用这些想法。

无论是对于更渐进的想法还是更激进的想法，区块链可能都

---

[1] 太阳朋克（solarpunk）是21世纪初兴起的一种科幻美学，这种新兴艺术类型主要想象人类通过科技成功解决了气候变化与污染等当代环境问题，并达成了与自然永续共存后的未来世界。——译者注

非常有用，即使城市政府本质上是"可信任的"。在链上运行任何新的或现有的机制，都可以让公众轻松地验证一切是否符合规则。公链是更好的：现有基础设施对用户独立验证正在发生之事的好处远远超过交易费用造成的损失，并且随着rollup扩容和分片，交易费用预计会迅速减少。如果需要强大的隐私，区块链可以与零知识加密结合使用，从而同时提供隐私和安全。

政府应该避免的主要陷阱是过于迅速地牺牲选择性。相比于采取更慢的行动和推出一种好的代币，现有城市可能因为它推出一种坏的城市代币而落入这个陷阱。一个新城市可能会因出售过多土地而落入陷阱，这会将全部优势拱手让给一小群早期采用者。最理想的办法是从可控实验开始，慢慢采取真正不可逆转的行动。但同时，抓住机遇也很重要。城市有很多可以而且应该改进的地方，还有很多机会；尽管面临挑战，但加密城市的时代已经到来。

特别感谢傻瓜先生和甄天虹对帖子的早期反馈，并感谢一长串讨论这些想法的人。

灵魂绑定

玩家的第二天性是《魔兽世界》的一大特点，这个在游戏圈外没什么人讨论的概念体现了一种灵魂绑定物品的概念。灵魂绑定物品一旦被拾取，就不能转让或出售给其他玩家。

游戏中大多数的强力道具都是灵魂绑定的，通常需要完成复杂的任务或杀死非常强大的怪物才能得到，还经常需要4~39名其他玩家的帮助。因此，为了让你的角色拥有近乎最好的武器和盔甲，你别无选择，只能自己动手，杀死一些极其难打的怪物（见下图）。

```
卡莉希的项链
灵魂绑定
颈部
+8耐力
+7智力
+7精神
需要等级：38
```

这个机制的目的相当明确：通过要求玩家只有真正完成艰难的任务，并弄清楚如何杀死恶龙才能获得最好的装备，它让游戏

---

* 原文发布在2022年1月26日的vitalik.ca上。

保持了挑战性和趣味性。你不能花上一年时间，每天都用十个小时来杀野猪，然后拿着换来的几千金币从屠龙玩家手里购买史诗级的魔法装备。

当然，这个系统并不完美：你可以花钱请一队专业的人陪你杀龙，然后让你收集战利品，甚至直接在二级市场上购买一个角色，你可以用游戏之外的美元来完成这一切，所以你甚至不必杀野猪。但即便如此，有灵魂绑定的游戏还是要比对每件物品都明码标价的游戏好得多。

如果 NFT 可以被灵魂绑定会怎么样？

当前形式的 NFT 与大型多人在线游戏中的稀有物品和史诗物品有许多相同之处。它们都有社交信号价值：拥有它们的人可以炫耀它们，并且有越来越多的工具可以帮助用户做到这一点。最近，推特开始推出一项集成功能，允许用户在他们的图片资料中展示他们的 NFT。

但这些 NFT 传递的信号究竟是什么呢？当然，答案的一部分是获取 NFT 和知道要获取哪些 NFT 的某种技能。但由于 NFT 是可交易的物品，答案的另一大部分不可避免地变成：NFT 是关于财富的信号（见下页图）。

如果有人向你展示他们有一个可以通过做 X 获得的 NFT，你无法判断他们是自己做了 X 还是他们只是付钱给别人做 X。有时这不是问题：对用于支持慈善事业的 NFT 来说，有人在二级市场

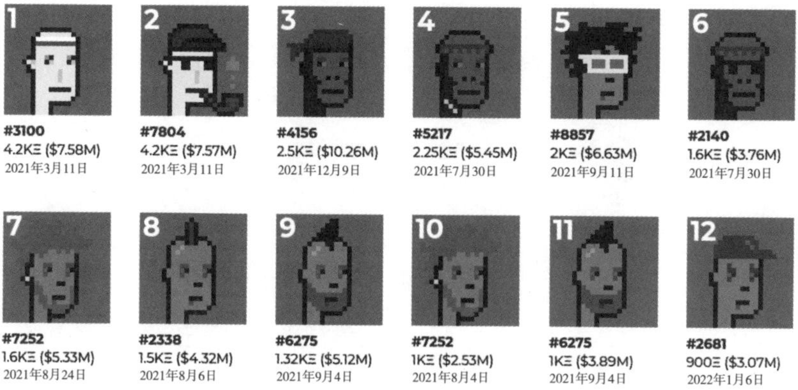

1 #3100 4.2KΞ ($7.58M) 2021年3月11日	2 #7804 4.2KΞ ($7.57M) 2021年3月11日	3 #4156 2.5KΞ ($10.26M) 2021年12月9日	4 #5217 2.25KΞ ($5.45M) 2021年7月30日	5 #8857 2KΞ ($6.63M) 2021年9月11日	6 #2140 1.6KΞ ($3.76M) 2021年7月30日
7 #7252 1.6KΞ ($5.33M) 2021年8月24日	8 #2338 1.5KΞ ($4.32M) 2021年8月6日	9 #6275 1.32KΞ ($5.12M) 2021年9月4日	10 #7252 1KΞ ($2.53M) 2021年8月4日	11 #6275 1KΞ ($3.89M) 2021年9月4日	12 #2681 900Ξ ($3.07M) 2022年1月6日

CryptoPunks 现在常以数百万美元的价格出售，它们甚至不是现在最贵的 NFT。

上购买 NFT 就是在为慈善事业捐献自己的资金，他们通过为他人提供购买 NFT 的激励来帮助慈善机构，因此我们没有理由歧视他们。事实上，仅慈善 NFT 就可以带来很多好处。但是，如果我们想要创建的 NFT 不仅仅是关于谁拥有最多的钱，而且还试图发出其他信号呢？

尝试这样做的项目的最佳示例可能是 POAP，即"参与证明协议"。POAP 是一个标准，项目可以通过该标准发送 NFT，代表接收者个人参与了某些事件的想法。

POAP 是 NFT 的一个很好的例子，如果它可以被灵魂绑定，将更好地发挥作用。当有人正在查看你的 POAP 时，他们感兴趣的不是你是否支付了参加某些活动的费用，而是你对亲自参加该活动是否感兴趣（见下页图）。将证书（例如驾照、大学学位、年龄证明）上链的提议面临着类似的问题：如果不符合条件的人可以直接从符合条件的人那里购买证书，那么证书的价值就会大大降低。

灵魂绑定

我自己收藏的一部分POAP，其中大部分来自我多年来参加的活动。

可转让的 NFT 固然有自己的地位，并且对支持艺术家和慈善机构而言非常有价值，而对于不可转让的NFT的前景，则存在一个未被充分探索的巨大设计空间。

如果治理权是灵魂绑定的会怎么样？

这个主题我已经写到厌烦了，但它仍然值得重复：如果治理权很容易转移，那治理机制就很容易发生非常糟糕的事情。之所以如此，主要有两个原因：

● 如果目标是广泛分配治理权，那么可转移性的存在就会适得其反，因为集中的利益集团将更有可能从其他人那里购买治理权。

● 如果目标是将治理权交给有能力的人，那么可转移性的存在也会导致事与愿违，因为没有什么能阻止治理权被有决心但无才能的人收购。

如果你认真对待"最想统治的人是最不适合的人"[1]这句谚语，那么你应该对可转移性持怀疑态度，正是因为可转移性的存在，才让治理权从那些最有可能提供有价值的投入但性情温顺的人手中，转移到那些最有可能引起问题但又权力欲旺盛的人手中。

那么，如果我们试图让治理权不可转移呢？设想我们尝试创建一个CityDAO，让实际居住在城市中的人拥有更多投票权，或者至少建立可靠的民主，避免因"巨鲸"囤积大量公民的NFT而产生不良影响，那会怎么样？如果区块链协议的DAO治理能够以某种方式使治理权力以参与为条件，那又会怎么样？再一次，一个富有成果的广阔设计空间打开了，尽管今天它还难以进入。

在实践中执行不可转移性

POAP已经做出了技术决定，不会阻止其本身的可转移性。这有充分的理由：用户可能有充分理由希望将其所有资产从一个钱包迁移到另一个钱包（例如，出于安全考虑），而且如果"简单"地执行不可转移性，则无论如何都不会有很强的安全性，因为用户可以创建一个包含NFT的包装器账户，然后出售其所有权。

事实上，有不少案例表明，POAP被频繁地买进和卖出是有其

---

[1] 这句谚语出自道格拉斯·亚当斯的"银河系漫游指南"系列的第二部《宇宙尽头的餐馆》。——译者注

经济理由的。阿迪达斯最近向他们的粉丝免费发布了一个 POAP，用户可以凭借它在商品销售中获得优先访问权。后面发生了什么？好吧，很显然，许多 POAP 很快就被转让给了出价最高的人。

◀ 前一个　　　　事件编号 #14195　　　　下一个 ▶

阿迪达斯原生：我们的未来从此开始

2021年11月17日　虚拟事件

那些正在寻找具有无限可能的新游乐场的人，我们诚邀你们加入，一起探索元宇宙。这个数字藏品是我们对你的奖励。

https://confirmed.onelink.me/mzYA/589f9ddf

供应 3475　　充能 11030　　转移 4204

转移次数多于物品数量。这并非个例。

为了解决这个问题，POAP 团队建议那些关注不可转移性执行情况（non-transferablity implement）的开发者自行检查：他们可以在链上查看当前所有者与原始所有者的地址是否相同，如果有必要，还可以在以后添加更复杂的检查。就目前而言，这是一种更具前瞻性的方法。

人类证明也许是当今最稳健的一类不可转让 NFT。从理论上讲，任何人都可以使用具有可转让所有权的智能合约账户来创建人类证明档案，然后出售该账户。但人类证明协议具有撤销功能，允许原始所有者通过制作一个视频来要求删除个人资料，Kleros[①]

---

① Kleros 是一个区块链争议裁决协议，它应用区块链和博弈论，提供快速、安全和低成本的争议裁决方案。——译者注

法院会裁定视频是否来自与原始创作者相同的人。成功删除个人资料后，他们可以重新申请制作新的个人资料。因此，如果你购买他人的证明文件，你的财产可能会很快被夺走，从而使所有权转移变得不可行。人类证明档案实际上是灵魂绑定的，建立在它们之上的基础设施可以允许链上物品与特定的人绑定。

我们是否可以限制可转移性，而不是一路不回头，把一切都建立在人类证明的基础上呢？它已经变得越来越难，但是对于某些用例来说，一些中等强度的方法可能已经足够好了。将 NFT 绑定 ENS 名称是一种简单的选择，如果我们假设用户足够关心他们的 ENS 名称，那么用户将不愿意转移它们。目前，我们可能会看到一系列限制可转移性的方法，不同的项目在安全性和便利性之间选择不同的权衡。

不可转移性和隐私

可转移资产在密码学意义上的强隐私性相当容易理解：你拿走你的代币，将它们存入 tornado.cash[①] 或类似平台，然后再将它们提取到一个新账户中。但是，如果你不能将它们转移到新账户甚至智能合约中，我们如何为灵魂绑定物品添加隐私呢？如果人类证明开始得到更多采用，隐私就变得更加重要，因为另一种选择是我们的所有活动都直接从链上映射到人脸。

---

① 通常，像以太坊这样的区块链会发布所有交易的发送方和接收方，而 Tornado Cash 是一种通过屏蔽发送方和接收方之间的链接来实现私人交易的协议。

幸运的是，目前已经有了一些相当简单的可行技术选项。

● 将项目存储在一个地址，该地址是（i）索引、（ii）接收人地址和（iii）属于收件人的秘密的哈希值。你可以将你的秘密透露给一个界面，然后该界面将扫描所有可能属于你的物品，但不知道你秘密的人将无法看到哪些物品是你的。

● 发布一堆项目的哈希值，并向每个收件人发送他们的默克尔[①]分支。

● 如果智能合约需要检查你是否拥有某种类型的物品，你可以提供 ZK-SNARK。[②]

转账可以在链上进行；最简单的技术可能只是调用一份工厂合约[③]，让旧项目无效，而让新项目生效，并使用 ZK-SNARK 证明这个操作是有效的。

隐私是让这种生态系统有效运行的重要组成部分。在某些情况下，该项目代表的基础事物已经是公开的，因此尝试添加隐私是没有意义的。但在许多其他情况下，用户不想透露他们拥有的一切。如果在未来的某一天，接种疫苗成为 POAP，那我们能做的最糟糕的事情之一就是创建一个系统，在该系统中 POAP 会自动地发布给每个人，让大家都看到，这样每个人就会别无选择，

---

① 默克尔树是一种加密技术，它是以太坊设计的核心，用于验证一组数据是否被篡改。默克尔分支就是这样一棵树的一部分。
② ZK-SNARK 指的是"零知识简洁非交互式知识证明"。这是一种提供密码证据，以证明一方持有某些信息，而不透露该信息是什么的技术。
③ 工厂合约是用于创造其他智能合约的智能合约。——译者注

被迫让他们的医疗决定受到其特定社交圈中的流行观念的影响。作为设计的核心部分，隐私可以避免这些不良结果，并增加我们创造伟大事物的机会。

由此及彼

对当今"web3.0"空间的一个普遍批评是，一切以金钱为导向。人们沉浸在对巨额财富的占有和恣意挥霍中，这限制了围绕这些数字收藏品出现的文化吸引力和长期可持续性。当然，即使金融化的NFT也有一些重要的好处，例如它可以用于资助艺术家和慈善机构等过去被忽视的受助群体。但是，这种方法也有其局限性，并且在金融之外存在许多未被充分开发的机会。在加密空间中制造更多灵魂绑定的物品可能是通往替代方案的一条途径，在这种替代方案中，NFT可以更多地用于表示你是谁，而不仅仅是你能买得起什么。

然而，这样做存在技术挑战。在限制或阻止转移的愿望与区块链生态系统之间，存在一个令人不安的"界面"，到目前为止，所有标准都是围绕最大化可转移性而设计的。将项目附加到用户无法（当使用人类证明时）或不愿（当使用ENS名称时）交换的"身份对象"上，似乎是最有希望的途径。不过，要让这种方法便于使用，并且私密、安全，还存在着很大的挑战。我们需要更加努力地思考和应对这些挑战。如果这些能够实现，就可以为区块链打开一扇更大的门，使之成为协作和有趣的生态系统的中心，而不仅仅是金钱的工具。

附录

以太坊白皮书：
下一代智能合约和去中心化应用平台

中本聪 2009 年开发的比特币常被誉为货币和通货的一次革命性发展，作为数字资产的首个实例，它同时具有以下特点：没有实物或"内在价值"支撑，也没有一个中心化的发行机构或控制者。然而，比特币实验有另一个可以说是更重要的部分，即作为分布式共识工具的底层区块链技术，并且人们的注意力正迅速地开始向比特币的这个方面转移。经常被提到的其他区块链技术应用包括：使用链上数字资产表示自定义货币和金融工具（"染色币"）；底层物理设备的所有权（"智能资产"）；非同质化资产，例如域名（"域名币"）；以及一些更复杂的应用，例如让数字资产由一段实现任意规则的代码（"智能合约"）直接控制，甚至由基于区块链的 DAO 直接控制。以太坊打算提供一种区块链，它内置了完全成熟的图灵完备编程语言，这种语言可用来创建"合约"，而合约可用于编码任意状态的转换函数，让用户只需用几行代码编写出想实现的逻辑，就可以创建上述任何系统以及我们尚未想象到的许多其他内容。

比特币及现有概念简介

历史

去中心化数字货币的概念以及财产登记等其他应用已经存在了几十年。20世纪80年代和90年代的匿名电子现金协议主要依赖于被称为乔姆盲签名（Chaumian blinding）的密码学原语，提供了一种具有高度隐私的货币，但这些协议基本上未能获得关注，因为它们依赖于中心化中介。1998年，戴伟[①]的b-money成为第一个提出通过解决计算难题来创造货币及去中心化共识等想法的协议，但该协议缺乏关于如何实际执行去中心化共识的细节。2005年，哈尔·芬尼（Hal Finney）引入了"可重复使用的工作量证明"这一概念，该系统将b-money的想法与亚当·贝克（Adam Back）的有计算难度的哈希现金难题相结合，创建了加密货币的概念，但由于依赖可信计算作为后端，它也未能尽如人意。2009年，中本聪将通过公钥密码学管理所有权的成熟原语与用于跟踪货币所有者的共识算法（这被称为"工作量证明"）相结合，首次真正意义上实现了一种去中心化货币。

工作量证明机制是该领域的一项突破，因为它同时解决了两个问题：首先，它提供了一种简单且比较有效的共识算法，让网

[①] 戴伟（Wei Dai），毕业于美国华盛顿大学计算机专业，辅修数学，曾在微软的加密研究小组工作，参与了专用应用密码系统的研究、设计与实现工作。1998年，戴伟提出了匿名的分布式电子加密货币系统b-money。参见https://zhidao.baidu.com/question/1119481356420843659.html。——译者注

络中的全部节点能够对比特币账本状态的一组规范更新达成一致。其次，它提供了一种允许自由进入共识过程的机制，解决了决定由谁来影响共识的政治问题，同时防止了女巫攻击。为此，在工作量证明中，将正式的参与壁垒（例如要求在特定清单上注册成为唯一实体）替换成了经济壁垒，即共识投票过程中单个节点的权重与该节点的算力成正比。此后，还出现了另一种被称为权益证明的方法，这种方法规定节点权重与其货币持有量而非计算资源成正比。针对这两种方法相对优点的讨论不在本文范围内，但应该注意，这两种方法都可以作为加密货币的支柱。

作为状态转换系统的比特币

从技术角度讲，诸如比特币等加密货币账本可被视为一种状态转换系统（见下图），该系统有一个"状态"，由全部现存比特币的所有权状态和一个"状态转换函数"组成，状态转换函数以状态和交易为输入并输出新状态作为结果。例如，在标准的银行

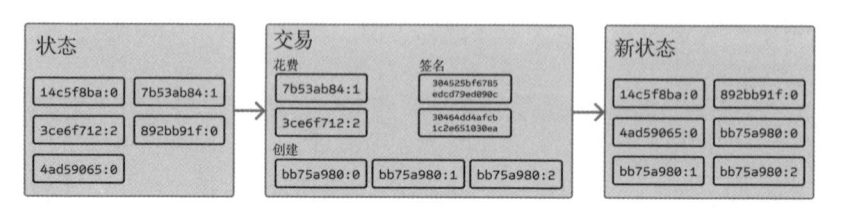

状态		交易			新状态	
		花费	签名			
14c5f8ba:0	7b53ab84:1	7b53ab84:1	304525bf6785 edcd79ed090c		14c5f8ba:0	892bb91f:0
3ce6f712:0	892bb91f:0	3ce6f712:2	30464dd4afcb 1c2e651030ea		4ad59065:0	bb75a980:0
4ad59065:0		创建			bb75a980:1	bb75a980:2
		bb75a980:0	bb75a980:1	bb75a980:2		

系统中，状态就是一份资产负债表，一笔交易就是一个从A账户向B账户转账X美元的请求，状态转换函数将从A账户中减去X美元，向B账户增加X美元。如果A账户的余额在第一步中小于X美元，状态转换函数就会返回错误提示。所以，可以将其定义如下：

```
APPLY(S,TX) -> S' or ERROR
```

在上面提到的银行系统中，状态转换函数如下：

```
APPLY({ Alice: $50, Bob: $50 },"send $20 from Alice
to Bob") = { Alice: $30, Bob: $70 }
```

但是：

```
APPLY({ Alice: $50, Bob: $50 },"send $70 from Alice
to Bob") = ERROR
```

比特币中的"状态"是指所有已创建但尚未使用的货币（技术上称为"未使用的交易输出"或 UTXO）的集合，每个 UTXO 都有面额和所有者（由一个 20 字节的地址定义，本质上是一个加密公钥[①]）。一笔交易包括一个或多个输入以及一个或多个输出，每个输入都包含对现有 UTXO 的引用以及由与所有者地址相关的私钥创建的加密签名；每个输出都包含一个要添加到状态中的新 UTXO。

状态转换函数 APPLY(S,TX) -> S' 的定义大体如下：

1. 对于 TX 中的每个输入：

- 如果引用的 UTXO 不在 S 的范围内，则返回错误。

[①] 有经验的读者可能会注意到，事实上比特币地址是椭圆曲线公钥的哈希值，而非公钥本身。然而事实上从密码学术语角度把公钥哈希值称为公钥完全合理。这是因为比特币密码学可以被视为一种定制的数字签名算法。在数字签名算法中，公钥由 ECC（椭圆曲线加密算法）公钥的哈希值组成，签名由连接了 ECC 签名的 ECC 公钥组成。而验证算法涉及用 ECC 公钥哈希值（作为公钥提供）来检查签名中的 ECC 公钥，然后用 ECC 公钥验证 ECC 签名。

- 如果提供的签名与UTXO的所有者不符，则返回错误。

2. 如果所有输入 UTXO 面值总额小于所有输出 UTXO 面值总额，则返回错误。

3. 在移除所有输入 UTXO 且添加所有输出 UTXO 后，返回 S。

第一步的第一部分防止交易发送者花费不存在的比特币，第二部分防止交易发送者花费其他人的比特币，第二步确保价值守恒。为了用于支付，比特币协议如下。假设爱丽丝想给鲍勃发送 11.7 个比特币。首先，爱丽丝将寻找她拥有的一组总数至少为 11.7 个比特币的可用 UTXO。事实上，爱丽丝不太可能正好有 11.7 个比特币；假设她能得到的最小数额是 6+4+2=12 个。所以，她可以创建一笔有三个输入和两个输出的交易。第一个输出为 11.7 个比特币，所有者是鲍勃的地址，第二个输出为剩下的 0.3 个比特币"找头"，所有者是爱丽丝自己。

挖矿

如果我们拥有可信任的中心化服务机构，状态转换系统就可以很容易地实现（见下图）：可以简单地将上述功能准确编码，使用中心化服务器的硬盘来记录状态。然而，我们想把比特币构建成

第5624号区块	第5625号区块	第5626号区块
时间: 135762214	时间: 135762858	时间: 135763321
Nonce值: 581512551	Nonce值: 653312362	Nonce值: 2092352335
前一区块哈希值: 0fc8125b6ed4	前一区块哈希值: 85cb1976e171	前一区块哈希值: 8ef2752b7bc3
< Transactions >	< Transactions >	< Transactions >

去中心化货币系统，为了确保每个人都同意交易的顺序，我们需要将状态转换系统与一个共识系统结合起来。比特币的去中心化共识进程要求网络中的节点不断尝试将交易打包成"区块"。网络大约每十分钟产生一个区块，每个区块包含一个时间戳、一个随机数（nonce）[1]、一个对上一个区块的引用（即哈希值）和上一个区块生成以来发生的所有交易列表。随着时间推移就创建出了一个持续增长的"区块链"，它不断地更新，从而能够代表比特币账本的最新状态。

检查一个区块是否有效的算法，如以下范式所示：

1. 检查该区块引用的上一个区块是否存在且有效。

2. 检查该区块的时间戳是否大于上一个区块[2]的时间戳，并且在将来 2 小时以内。

3. 检查区块上的工作量证明是否有效。

4. 令前一个区块末尾的状态为 S[0]。

5. 假设 TX 是该区块的交易列表，其中包含 n 个交易。对于从 0 至 n-1 中的所有 i，请设置 S[i+1] = APPLY (S[i], TX[i])，如果有任何应用程序返回错误，则退出并返回"false"。

6. 返回"true"，并将 S[n] 登记为该区块末尾的状态。

本质上，区块中的每笔交易都必须提供一个有效的状态转换，从交易执行前的规范状态转换到某个新状态。注意，状态并未编码到区块。它纯粹只是由校验节点记忆的抽象概念，只能被任意

---

[1] nonce 是 number once 的缩写，在密码学中，nonce 是一个只被使用一次的任意或非重复的随机数值。——译者注

[2] 从技术上来说，是前 11 个区块的中位数。

区块从创世状态开始，按顺序加上每一个区块的每一笔交易，（安全地）计算出当前状态。另外，需要注意矿工将交易收录进区块的顺序。如果一个区块中有 A、B 两笔交易，B 花费的是 A 创建的 UTXO，如果 A 在 B 之前，这个区块是有效的，否则，这个区块就是无效的。

在上面的列表中出现，而其他系统则没有的一个验证条件是对工作量证明的要求。具体验证方法为，对每个区块进行两次 SHA256 哈希处理，得到一个 256 位的数值，该数值必须小于不断动态调整的目标数值，本文写作时目标数值大约是 2^{187}。工作量证明的目的是使创建区块在算力上变得困难，从而阻止女巫攻击者恶意重新生成区块链。因为 SHA256 是完全不可预测的伪随机函数，创建有效区块的唯一方法就是简单地不断试错，不断地增加随机数的数值，查看新的哈希数是否小于目标值。

当前的目标数值是 2^{187}，网络必须平均尝试 2^{69} 次才能生成有效的区块。一般而言，比特币网络每隔 2 016 个区块就重新设定目标数值，从而保证网络中的节点平均每十分钟生成一个区块。为了激励矿工的计算工作，每一个成功生成区块的矿工有权在区块中包含一笔凭空发给自己 12.5 个比特币的交易。另外，如果交易的输入额大于输出额，差额部分就作为"交易费"支付给矿工。顺便提一下，这也是比特币发行的唯一机制，创世状态中并没有比特币。

为了更好地理解挖矿的目的，让我们分析比特币网络出现恶意攻击者时会发生什么。因为比特币的密码学基础是非常安全的，所以攻击者会选择攻击没有被密码学直接保护的部分：交易顺序。

攻击者的策略非常简单：

1. 向商家发送 100 个比特币以换取某种产品（最好是快速交付的数字商品）。

2. 等待商品交付。

3. 创建另一笔交易，将这 100 个比特币发送给自己。

4. 试图让网络相信他对自己的交易是先发生的。

一旦步骤1发生，几分钟后矿工将这笔交易收录到区块中，假设是编号为 270 000 的区块。大约一小时后，此区块后面将会有五个区块，每个区块间接地指向这笔交易，从而确认这笔交易。这时卖家收到货款，并向买家发货。因为我们假设这是数字商品，交付将瞬间完成。现在，攻击者创建另一笔交易，将相同的 100 个比特币发送到自己的账户。如果攻击者只是单纯地向全网广播这一消息，该笔交易不会被处理；矿工将运行状态转换函数 APPLY (S, TX)，发现这笔交易要花费已经不在这一状态中的 UTXO。所以，攻击者会对区块链进行分叉，将第 269 999 个区块作为父区块重新生成第 270 000 个区块，在此区块中用新交易取代旧交易。因为区块数据是不同的，这要求重新进行工作量证明。另外，攻击者的新版 270 000 区块有不同的哈希，原来的 270 001 到 270 005 区块不指向它，所以原链和攻击者的新链是完全分离的。规定在发生区块链分叉时，最长链被认为是诚实的区块链，合法的矿工将会沿着原有的 270 005 区块挖矿，只有攻击者一人在新的 270 000 区块挖矿。攻击者为了使其区块链最长，他拥有的算力必须比除他以外的全网算力更多，以便追赶（即 "51% 的攻击"）。

默克尔树

比特币的一个重要的可扩展性是：它的区块存储在多层次数据结构中。一个区块的哈希值实际上只是区块头的哈希值，区块头是一段约 200 字节的数据，包含时间戳、随机数、上个区块的哈希值和默克尔树根的哈希值，而默克尔树是一个存储了该区块所有交易的数据结构。默克尔树是一种二叉树（见下图），由一组叶节点、一组中间节点和一个根节点构成。最下面是大量包含基础数据的叶节点，每个中间节点是其两个子节点的哈希值，顶部的根节点也是其两个子节点的哈希值。默克尔树的目的是允许区块数据可以零散地传送：节点可以从一个来源下载区块头，从其他来源下载相关树的一小部分，而依然能够确认所有的数据都是

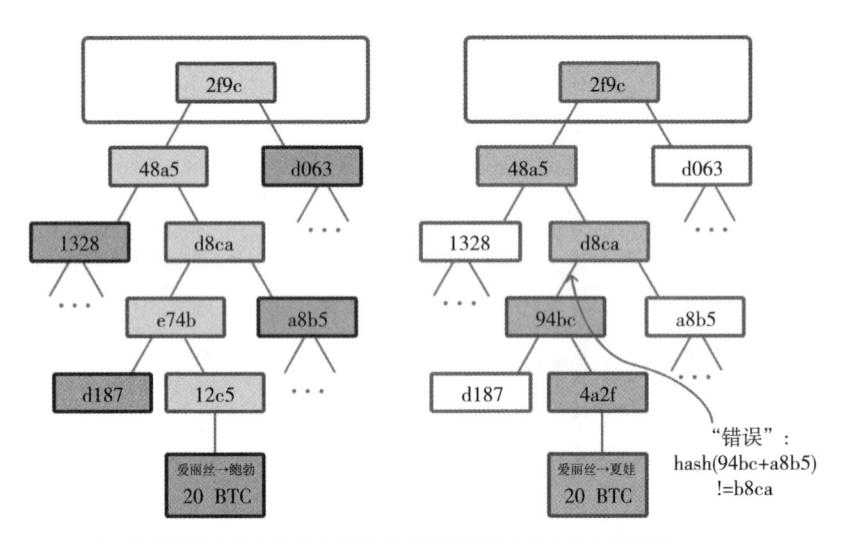

左：仅提供默克尔树上的少量节点已经足够给出分支的合法证明。
右：对默克尔树任意部分进行改变的尝试最终都会导致链上某处不一致。

正确的。之所以如此，是因为哈希值向上传播：如果一个恶意用户尝试将一个伪造的交易替换到树的底部，此改动将导致树的上层节点的改动，以及更上层节点的改动，最终导致根节点的改动以及区块哈希值的改动，这样协议就会将其记录为一个完全不同的区块（几乎可以肯定是带着无效的工作量证明）。

默克尔树协议可以说是比特币长期持续性的基础。比特币网络中的一个全节点，即存储和处理所有区块全部数据的节点，在2014年4月时需要占用比特币网络15GB的磁盘空间，而且还以每个月超过1GB的速度增长。目前，对台式计算机来说尚可接受，但是手机已经负载不了如此巨大的数据了，未来只有商业机构和爱好者才会充当全节点。简化支付验证（SPV）协议允许另一种节点存在，这样的节点被称为"轻节点"，它下载区块头，使用区块头确认工作量证明，然后只下载与其交易相关的默克尔树分支。这使得轻节点只要下载整个区块链的一小部分，就可以安全地确定任何一笔比特币交易的状态和账户的当前余额。

其他的区块链应用

将区块链思想应用到其他领域的想法早就出现了。2005年，尼克·萨博提出了"利用所有者权限确保财产权"这一概念，该文件描述了"复制数据库技术的新进展"将如何允许基于区块链的系统存储谁拥有哪些土地的登记表，并创建了一个包括宅基地、违法占有和佐治亚州土地税等概念的复杂框架。但不幸的是，那时还没有实用的复制数据库系统，所以这个协议没有被付诸实践。不过，自2009年比特币的去中心化共识开发成功以来，大量区块链的其他应用开始快速出现。

● 域名币（Namecoin）：域名币创建于2010年，将它描述成去中心化的名称注册数据库是最为恰当的。在Tor、比特币和比特信等去中心化协议中，都需要通过某种方式来识别账户，以便其他人可以与账户交互。但在所有现有的解决方案中，唯一可用的标识符是伪随机哈希值，如1LW79wp5ZBqaHW1jL5TCiBCrhQYtHagUWy。理想情况下，人们希望能够拥有如名为"george"的账户。但问题在于，如果一个人可以创建名为"george"的账户，那么其他人也可以按相同流程为自己注册"george"来冒充。唯一的解决方案是"先到先得"原则，即第一个注册者注册成功后，第二个注册者将不能注册，这个问题非常适合比特币共识协议。域名币是最早应用这种想法，并且执行最成功的名称注册系统。

● 染色币（Colored coins）：染色币的作用是充当一种协议，让人们在比特币区块链上创建自己的数字货币，或者在货币只有一个单位这种重要但琐碎的情况下，创建数字通证。在染色币协议中，通过公开为特定的比特币UTXO分配一种颜色来"发行"新货币，并且该协议以递归方式将其他UTXO的颜色定义为与创建它们的交易所花费输入的颜色相同（一些特殊规则适用于混合颜色输入的情况）。这样，用户可以维护仅包含特定颜色UTXO的钱包，像发送普通比特币一样发送它们，并通过区块链回溯以确定用户收到的任何UTXO的颜色。

- 元币（Metacoins）：元币背后的思想是拥有一份基于比特币的协议，并使用比特币交易来存储元币交易，但具有不同的状态转换函数 APPLY'。因为元币协议无法阻止无效元币交易出现在比特币区块链中，所以增加了一条规则，如果 APPLY'(S, TX) 返回错误，则该协议默认为 APPLY'(S, TX) = S。这为创建任意加密货币协议提供了一种简单的机制，它可能拥有在比特币内部无法实现的高级功能，但开发成本非常低，因为比特币协议已经处理了挖矿和网络的复杂性。元币已被用于执行某些类别的金融合约、名称注册和去中心化交易所。

因此，一般而言，建立共识协议有两种方法：建立一个独立网络或把协议建立在比特币网络上。前一种方法在域名币这样的应用中相当成功，但是该方法的实施非常困难，每个应用都要创建独立的区块链，建立并测试所有必需的状态转换函数和网络代码。另外，我们预测去中心化共识技术应用将会服从幂律分布，大多数的应用太小，不足以保证自身的安全，我们还注意到大量的去中心化应用，尤其是 DAO 需要进行应用之间的交互。

另一方面，基于比特币的方法存在缺点，它没有继承比特币简化支付验证的特性。比特币可以实现简化支付验证，因为比特币可以用区块链的深度作为有效性的代理变量；在某个点上，当一笔交易的祖先距离现在足够远时，就可以安全地认为它们是合法状态的一部分。与之相反，基于比特币区块链的元币协议不能强迫区块链剔除违反元币协议的交易。因此，完全安全的元币协议的简化支付验证需要后向扫描所有区块，直到比特币区块链的初始点，以确认某一交易是否有效。目前，所有基于比特币的元币协议的"轻"执行都依赖可信任的服务器提供数据，当加密货币的主要目的之一是消除信任需要时，这可能是一个相当次优的结果。

脚本

即使不对比特币协议进行扩展，它也能在一定程度上执行"智能合约"。比特币的 UTXO 并非只能被公钥拥有，它也可以被运用基于堆栈的编程语言而编写的更加复杂的脚本拥有。在这一模式下，花费这样的 UTXO，必须提供满足脚本的数据。事实上，甚至基本的公钥所有权机制也是通过脚本实现的：脚本将椭圆曲线签名作为输入，验证该交易和拥有该 UTXO 的地址，如果验证成功则返回 1，否则返回 0。其他更复杂的脚本用于各种不同的应用情况。例如，人们可以创建要求集齐三个私钥签名中的两个才能确认交易的脚本（多重签名），对公司账户、安全储蓄账户和某些商业保管服务（merchant escrow）来说，这种脚本是非常有用的。脚本也能用来支付解决计算问题的奖励，人们甚至可以创建这样的脚本："如果你能够提供简化支付验证，证明你已经发送一定数额的狗狗币给我，那这个比特币 UTXO 就是你的了。"本质上，比特币系统允许不同的加密货币进行去中心化交易。

然而，比特币系统的脚本语言存在一些严重的局限。

● 缺乏图灵完备性。也就是说，虽然比特币脚本语言支持一个很大的计算子集，但它并不能支持所有计算。缺少的主要类别是循环。这样做是为了避免交易验证期间出现无限循环；理论上，对脚本程序员来说循环是一个可以克服的障碍，因为任何循环都可以通过简单地使用 if 语句多次重复执行底层代码来模拟，但这确实会导致脚本的空间效率非常低下。例如，实现另一种椭圆曲线签名算法可能需要 256 次重复的乘法，而每次都需要单独写在代码里。

- 价值盲（Value-Blindness）。UTXO 脚本无法精细地控制可提取金额。例如，预言机合约的一个强有力的用例是对冲合约，其中 A 和 B 存入价值 1 000 美元的比特币，30 天后脚本将价值 1 000 美元的比特币发送给 A，其余的发送给 B。这需要预言机来确定 1 个比特币的美元价值，但即便如此，与现有完全中心化的解决方案相比，这在信任和基础设施要求方面仍是一个巨大的进步。然而，由于 UTXO 要么是全部要么是零，要实现这一目标，只能使用非常低效的破解方法，即持有许多不同面额的 UTXO（例如，面额为 2k 的 UTXO，每个 k 值都可以达到 30）和让预言机选择发送给 A 和发送给 B 的 UTXO。

- 状态缺乏。UTXO 可以是已使用或未使用的；用于保存任何其他内部状态的多阶段合约或脚本是没有机会出现的。这使得多阶段期权合约、去中心化交易报价或两阶段加密承诺协议（这是安全计算赏金所必需的）难以创建。这也意味着 UTXO 只能用于构建简单的一次性合约，而不是去中心化组织等更复杂的"有状态"合约，从而使元协议难以实现。二进制状态加之价值盲也意味着另一个重要应用，即提款限制是不可能实现的。

- 区块链盲（Blockchain-Blindness）：UTXO 看不到区块链的数

据，例如随机数、时间戳和上一个区块的哈希值。由于该脚本语言无法通过随机性来创造可能的价值，它在博彩和其他几个类别的应用受到了严重限制。

至此，我们已经考察了在加密货币上建立高级应用的三种方法：建立一个新的区块链、在比特币区块链上使用脚本、在比特币区块链上建立元币协议。建立新区块链的方法可以自由地实现任意特性，但要付出开发时间、引导工作和安全性的代价。使用脚本的方法容易实施和标准化，但是它的功能有限。元币协议尽管非常容易实现，但是存在扩展性差的缺陷。在以太坊系统中，我们打算建立一个替代框架，使得开发更便捷、轻客户端性能更强大，同时允许应用程序共享经济环境和区块链安全性。

以太坊

以太坊的目的是创建一个用于建立去中心化应用的替代协议，我们认为提供一套不同的折中方案对大量去中心化应用非常有用，尤其是关注那些强调快速开发、小型和不常用应用的安全性，以及应用间能够高效交互的情况。以太坊通过构建本质上是最终的抽象基础层来实现这一点：一种内置了图灵完备编程语言的区块链，允许任何人编写智能合约和去中心化应用，并在其中设立他们自由定义的所有权规则、交易方式和状态转换函数。域名币的主体框架只需要两行代码就可以实现，诸如货币和信誉系统等其他协议只需要不到20行代码就可以实现。智能合约，即包含价值且只有在满足特定条件时才能解锁的加密"盒子",也可以在平台上构建,并且由于图灵完备性、价值知晓(value-awareness)、区块链知晓(blockchain-awareness)和多状态所增加的力量,它比比特币脚本所能提供的智能合约要强大得多。

以太坊账户

在以太坊中,状态由名为"账户"的对象组成,而每个账户都有一个 20 字节的地址,状态转换是指账户之间价值和信息的直接转移。一个以太坊账户包含四个字段:

- nonce,用于确保每笔交易只能处理一次的计数器;
- 账户当前的以太币余额;
- 账户的合约代码(若有);
- 账户的存储(默认为空)。

以太币是以太坊内部的主要加密燃料,用于支付交易费用。通常,账户分为两类:由私钥控制的外部账户以及由其合约代码控制的合约账户。外部账户没有代码,持有者可以通过创建和签署交易从外部账户发送消息;而在合约账户中,每次合约账户收到消息时,其代码都会被激活,允许该账户读取和写入内部存储,继而发送其他消息或创建合约。

注意,以太坊中的"合约"不应被视为要"履行"或"遵守"的东西;相反,合约更像是存在于以太坊执行环境中的"自治主体"。当被交易或消息"触发"时,合约总是执行特定的代码段,并直接控制自己的以太币余额和键/值存储（key/value store），以跟踪永久变量。

消息和交易

在以太坊中，术语"交易"用来指代已签名的数据包，数据包存储着将要从外部账户发送的消息。交易包含：
- 消息接收者；
- 用于识别发送者身份的签名；
- 从发送者转账到接收者的以太币金额；
- 一个可选数据字段；
- STARTGAS 值，表示允许交易运行的最大计算步骤数；
- GASPRICE 值，表示发送者每个计算步骤支付的费用。

前三个是任何加密货币都有的标准字段。默认情况下，数据字段没有函数，但虚拟机有一个操作码，合约可以使用该操作码访问数据；以如下用例为例：如果一份合约作为区块链上的域名注册服务，那么它可能希望将传送给它的数据解释为包含两个"字段"，第一个字段是要注册的域名，第二个字段将域名注册到IP地址。合约将从消息数据中读取这些值，并将其适当地存储。

STARTGAS 和 GASPRICE 字段对于以太坊的反拒绝服务模型至关重要。为了防止代码中出现无意或恶意的无限循环或其他计算浪费，要求每笔交易限制代码可以执行的计算步骤。计算的基本单位是燃料；通常，一个计算步骤消耗 1 单位燃料，但某些操作会消耗更多燃料，因为它们在计算上更加昂贵或者增加了必须存储到状态中的数据量。交易数据中的每个字节还需支付的费用为 5 单位燃料。收费系统的意图是要求攻击者相应支付他们消耗的每一种资源，包括计算、带宽和存储；因此，任何导致网络消耗更多这些资源的交易，都必须支付大致与增加量成比例的燃料费用。

消息

合约能够向其他合约发送"消息"。消息是从未序列化的，且只存在于以太坊执行环境中的虚拟对象。一个消息包括：

- 消息发送者（隐含的）；
- 消息接收者；
- 随消息一起转账的以太币金额；
- 一个可选数据字段。

STARTGAS 值

本质上消息类似于交易，只是消息是由合约而非外部参与者产生的。当前正在运行代码的合约执行 CALL 操作码时会产生一条消息，该操作码就是用于产生并执行消息。像交易一样，消息导致接收者账户运行其代码。因此，合约之间可以建立关系，其方式完全与外部参与者之间建立关系相同。

请注意，为交易或合约分配的燃料配额适用于该交易和所有子执行（sub-execution）消耗的总燃料量。例如，如果外部参与者 A 向 B 发送一笔配额为 1 000 单位燃料的交易，B 向 C 发送消息需要消耗 600 单位燃料，而 C 在内部执行需要消耗 300 单位燃料才能返回结果，那么 B 再发送 100 单位燃料就会将燃料全部消耗完。

以太坊状态转换函数

以太坊状态转换函数 APPLY (S, TX) ->S'（见下图）可定义如下：

1. 检查交易格式是否正确（即具有正确数量的值）、签名是否有效以及随机数是否与发送者账户中的随机数匹配。否则，返回错误。

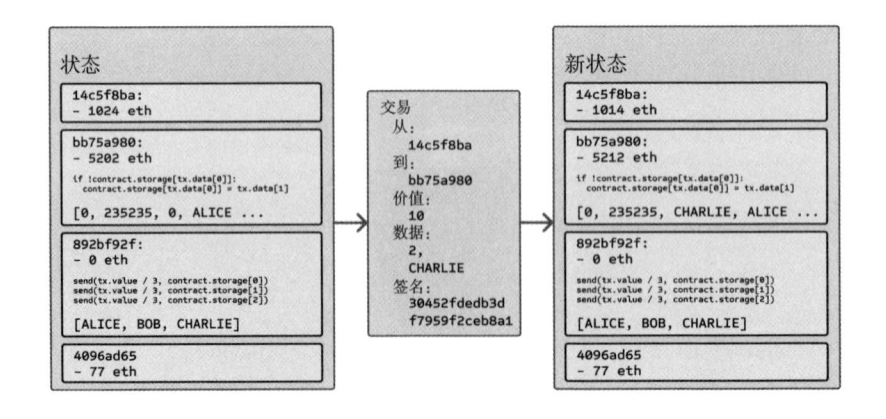

状态	交易	新状态

14c5f8ba:
- 1024 eth
 	
bb75a980:
- 5202 eth
if !contract.storage[tx.data[0]]:
    contract.storage[tx.data[0]] = tx.data[1]
[0, 235235, 0, ALICE ...
 	
892bf92f:
- 0 eth
send(tx.value / 3, contract.storage[0])
send(tx.value / 3, contract.storage[1])
send(tx.value / 3, contract.storage[2])
[ALICE, BOB, CHARLIE]
 	
4096ad65
- 77 eth
	从：
	14c5f8ba
	到：
	bb75a980
	价值：
	10
	数据：
	2,
	CHARLIE
	签名：
	30452fdedb3d
	f7959f2ceb8a1
		14c5f8ba:
		- 1014 eth
		
		bb75a980:
		- 5212 eth
		if !contract.storage[tx.data[0]]:
		    contract.storage[tx.data[0]] = tx.data[1]
		[0, 235235, CHARLIE, ALICE ...
		
		892bf92f:
		- 0 eth
		send(tx.value / 3, contract.storage[0])
		send(tx.value / 3, contract.storage[1])
		send(tx.value / 3, contract.storage[2])
		[ALICE, BOB, CHARLIE]
		
		4096ad65
		- 77 eth

2. 通过 STARTGAS * GASPRICE 计算出交易费用，并从签名中确定发送地址。从发送者的账户余额中减去费用，并增加发送者的随机数。如果账户余额不足，则返回错误。

3. 初始化 GAS = STARTGAS，并根据交易中的字节数量为每个字节扣除相应数量的燃料。

4. 将交易数值从发送者账户转移至接收账户。如果接收账户尚不存在，则创建此账户。如果接收账户是合约，运行该合约的代码，直到代码运行结束或燃料耗尽。

5. 如果由于发送者资金不足或者代码运行耗尽了燃料，而导致转账失败，则回滚除支付费用之外的所有状态变化，并将费用支付给矿工账户。

6. 否则，将所有剩余燃料的费用退还发送者，并将为所消耗燃料而支付的费用发送给矿工。

例如，假设合约的代码如下：

```
if !self.storage[calldataload(0)]:
    self.storage[calldataload(0)] = calldataload(32)
```

注意，合约代码实际上是用低级以太坊虚拟机代码编写的；为了清晰起见，此示例是用我们的一种高级语言 Serpent 编写的，它可以编译为以太坊虚拟机代码。假设合约的存储一开始是空的，发送了一个价值为 10 个以太币的交易，消耗 2 000 单位燃料，燃料价格为 0.001 个以太币，并且数据包含 64 个字节，字节 0~31 代表数字 2，字节 32~63 代表字符串 CHARLIE。[①]在这种情况下，状态转换函数的执行过程如下：

---

① 从内部看，"2" 和 "CHARLIE" 都是数字，后者采用大端序基数（big endian base）256 表示。数字可以至少为 0，最大为 $2^{256}-1$。

1. 检查交易是否有效、格式是否正确。

2. 检查交易发送者是否至少有 2 000 × 0.001 = 2 个以太币。若有，则从发送者账户中扣除 2 个以太币。

3. 初始化燃料 = 2 000 份，假设交易长度为 170 个字节，每字节费用为 5 份燃料，减去 850 份燃料，剩下 1 150 份燃料。

4. 从发送者账户再减去 10 个以太币并增加到合约账户。

5. 运行代码。在本例中，运行比较简单：代码检查是否使用合约的索引 2 处的存储，若未使用，则通知；若使用，代码将索引 2 处的存储设置为值 CHARLIE。假设该运行花费了 187 份燃料，所以余下的燃料数量是 1 150–187 = 963 份燃料。

向发送者账户增加 963 × 0.001 = 0.963 个以太币，同时返回结果状态（resulting state）。

如果交易的接收端没有合约，那么总交易费用就等于提供的 GASPRICE 乘以交易的字节长度，并且与随交易发送的数据无关。

注意，消息在回滚方面与交易相同：如果消息执行耗尽了燃料，那么该消息的执行以及该执行触发的所有其他执行都会回滚，但父执行（parent execution）不需要回滚。这意味着合约调用另一份合约是"安全的"，就好像 A 使用 g 份燃料调用 B，那么可以保证 A 的执行最多损耗 g 份燃料。最后请注意，有一个创建合约的操作码 CREATE；它的执行机制通常类似于 CALL，不同之处在于执行的输出决定了新创建合约的代码。

代码执行

以太坊合约中的代码用一种基于堆栈的低级字节码语言编写，被称为"以太坊虚拟机代码"或"EVM 代码"。该代码由一系列字节组成，每个字节代表一种操作。通常，代码执行是一个无限循环，即重复执行当前程序计数器（从零开始）处的操作，然后将程序计数器增加一，直到代码执行完毕或出现错误，或者检测到 STOP 或 RETURN 指令。操作可以访问三种数据存储空间：

- 堆栈，一种后进先出容器，值可以在其中入栈和出栈；
- 内存，一种可无限扩展的字节数组；
- 合约的长期存储，一个键/值存储。与堆栈和内存会在计算结束后重置不同，存储将长期持续存在。

代码可以访问传入消息的值、发送者信息和数据，可以访问区块头数据，而且代码还可以返回数据字节数组作为输出。

以太坊虚拟机代码的正式执行模型简单得令人吃惊。当以太坊虚拟机运行时，其完整计算状态可以由元组（block_state, transaction, message, code, memory, stack, pc, gas）来定义，其中 block_state 是包含所有账户的全局状态并包括余额和存储。在每一轮执行开始时，可以通过调用 code 的第 pc 个字节［或者如果 pc >= len（code），则调用 0］来找到当前指令，并且每条指令在元组影响方式方面都有自己的定义。例如，ADD 将两个项目出栈并将它们的和入栈，将燃料减少 1 并将 pc 增加 1，SSTORE 将顶部的两个项目出栈并将第二个项目插入合约存储中第一个项目指定的索引处。尽管通过即时编译来优化以太坊虚拟机执行的方法有很多，但只需几百行代码就可以执行以太坊的基本功能。

区块链和挖矿

以太坊区块链在许多方面与比特币区块链相似，但确实存在一些差异。以太坊和比特币在区块链架构方面的主要区别在于，与比特币不同，以太坊区块包含交易列表和最新状态的副本。此外，其他两个值，即区块编号和难度也存储在区块中。以太坊中的基本区块验证算法如下：

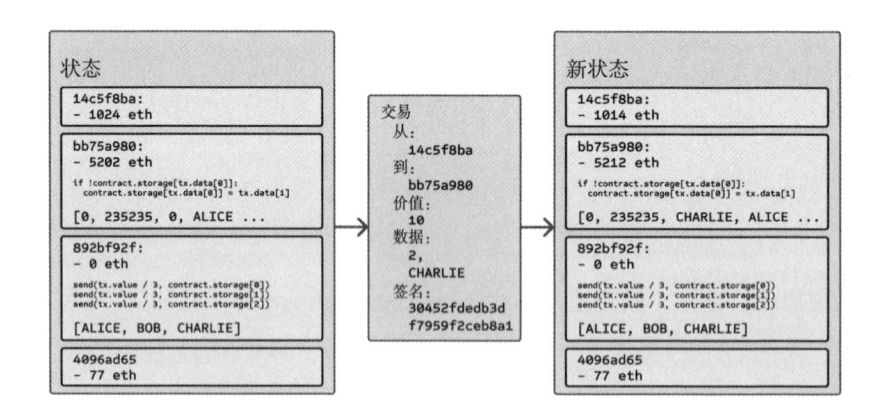

```
状态                                              新状态
14c5f8ba:                                        14c5f8ba:
- 1024 eth                                       - 1014 eth

bb75a980:            交易                        bb75a980:
- 5202 eth           从：                        - 5212 eth
if !contract.storage[tx.data[0]]:    14c5f8ba   if !contract.storage[tx.data[0]]:
  contract.storage[tx.data[0]] = tx.data[1]     contract.storage[tx.data[0]] = tx.data[1]
                     到：
[0, 235235, 0, ALICE ...    bb75a980            [0, 235235, CHARLIE, ALICE ...
                     价值：
892bf92f:              10                       892bf92f:
- 0 eth              数据：                      - 0 eth
                       2,
                     CHARLIE
send(tx.value / 3, contract.storage[0])         send(tx.value / 3, contract.storage[0])
send(tx.value / 3, contract.storage[1])  签名：  send(tx.value / 3, contract.storage[1])
send(tx.value / 3, contract.storage[2])         send(tx.value / 3, contract.storage[2])
                     30452fdedb3d
[ALICE, BOB, CHARLIE]   f7959f2ceb8a1           [ALICE, BOB, CHARLIE]

4096ad65                                         4096ad65
- 77 eth                                         - 77 eth
```

1. 检查被引用的前一个区块是否存在并有效。

2. 检查区块的时间戳是否大于被引用的前一个区块的时间戳，并且在将来 15 分钟以内。

3. 检查区块编号、难度、交易根、叔根和燃料限制（各种以太坊专有的低级概念）是否有效。

4. 检查区块上的工作量证明是否有效。

5. 令前一个区块末尾的状态为 S[0]。

6. 令区块的交易列表为 TX，并包含 n 笔交易。对于从 0 到 n–1 中的所有 i，设置 S[i+1] = APPLY（S[i]，TX[i]）。如果任何应用程序返回错误，或者直到此时区块中消耗的总燃料量超过 GASLIMIT，则返回错误。

7. 令 S_FINAL 为 S[n]，但添加支付给矿工的区块奖励。

8. 检查状态为 S_FINAL 的默克尔树根是否等于区块头中提供的最终状态根。如果等于，则该区块有效；否则该区块无效。

这种方法乍一看似乎效率极低，因为它需要存储每个区块的全部状态，但实际上其效率应该与比特币相当。原因是状态存储在树结构中，而且在添加每个区块后只需要更改树的一小部分。因此一般来说，在两个相邻区块之间，树的绝大部分应该是相同的，因此数据可以用指针（即子树的哈希值）存储一次和引用两次。一种被称为"帕特里夏树"[1]的特殊类型的树用于实现此目的，它包括对默克尔树概念的修改，允许高效地插入和删除节点，而不仅仅是更改。此外，由于所有状态信息都存在于最后一个区块内，因此无须存储整个区块链历史，如果可以应用于比特币，使用这种策略计算可以节省相当大的空间。

一个常见的问题是合约代码在物理硬件的"哪里"执行。该

---

[1] 帕特里夏树（Patricia Tree）是一种数据结构，它会存储每个账户的状态。——译者注

问题有一个简单的答案：合约代码的执行过程是状态转换函数定义的一部分，而该函数是区块验证算法的一部分，因此如果将交易添加到区块 B 中，由该交易产生的代码执行将在现在和将来由所有节点执行，由此下载并验证区块 B。

应用

通常，以太坊上有三种类型的应用。第一类是金融应用，为用户提供更有效的方式来使用资金管理和签订合约，包括子货币、金融衍生品、对冲合约、储蓄钱包、遗嘱，甚至最终包括某些类别的完整雇佣合约。第二类是半金融应用，它们涉及金钱，但很大一部分功能也与金钱无关；一个恰当的示例是为解决计算难题提供自动执行的赏金。最后还有一些应用与金融毫不相关，例如在线投票和去中心化治理。

通证系统

区块链上的通证系统有许多应用，从代表美元或黄金等资产的子货币到公司股票等，单个通证可以代表智能资产、不可伪造的安全优惠券，甚至可代表作为激励积分系统并与传统价值完全无关的系统。系统在以太坊中非常容易实现，让人吃惊。要理解的重点是，从根本上讲，所有货币或系统都是具有这样一种操作的数据库：从 A 中减去 x 个单位，并将 x 个单位添加给 B，条件是

（1）A在交易之前至少有 x 个单位，并且（2）交易由 A 批准。执行系统需要做的就是将此逻辑执行到合约中。

使用 Serpent 语言实现系统的基本代码如下所示：

```
def send(to, value):
    if self.storage[msg.sender] >= value:
        self.storage[msg.sender] = self.storage[msg.sender] - value
        self.storage[to] = self.storage[to] + value
```

此代码本质上是本文前面详细描述的"银行系统"状态转换函数的字面实现。需要额外添加几行代码来规定在最初以及其他一些特殊情况下分配货币单位的初始步骤，理想情况下，应该添加一个函数，以便让其他合约查询地址的余额。但这就足够了。理论上，基于以太坊的系统在作为子货币时可能具有另一个重要特征，该特征是基于比特币的链上元货币所缺乏的，那就是直接以该货币支付交易费用的能力。实现这一点的方式是：合约会保持一定数量的以太币余额，用来向发送者退还用于支付费用的以太币；合约也会通过收取费用来收集内部货币，并在持续不断的拍卖中转售货币，以此补充以太币余额。因此，用户需要用以太币"激活"他们的账户，但一旦账户中有以太币，就可以重复使用，因为合约每次都会向账户退还资金。

金融衍生品和价值稳定的货币

金融衍生品是"智能合约"最常见的应用，也是通过代码实现的最简单的应用之一。实现金融合约的主要挑战在于，其中大多数合约都需要引用外部价格自动收报机。例如，一个非常理想的应用是对冲以太币（或其他加密货币）相对于美元波动的智能合约，但对冲要求合约知道以太币/美元的价值。要实现这一点，最简单的方法是借助由特定方（例如纳斯达克）维护的"数据馈送"合约，这种合约的设计使特定方能够根据需要更新合约并提供一个接口，允许其他合约向该合约发送消息，并返回包含价格的响应。

鉴于这一关键因素，对冲合约将如下所示：

1. 等待 A 方输入 1 000 个以太币。

2. 等待 B 方输入 1 000 个以太币。

3. 在存储中记录 1 000 个以太币的美元价值（通过查询数据馈送合约计算得出），假设价值是 x 美元。

4. 30 天后，允许 A 或 B "重新激活"该合约，以便将价值 x 美元的以太币（通过再次查询数据馈送合约获取新价格并且计算得出）发送给 A，剩余以太币发送给 B。

这种合约在加密货币交易中潜力巨大。加密货币的主要问题之一是它的波动性。尽管许多用户和商家可能希望获得加密资产处理的安全性和便利性，但他们中许多人不希望面临在一天内资金价值损失 23% 的情景。迄今为止，最常见的解决方案是发行人支持的资产；其想法是发行人创建一种子货币，他们有权发行和撤销这种子货币单位，并且发行人可以向给他们（离线）提供一个单位指定基础资产（例如黄金、美元）的任何人提供一个单位的货币。然后，发行人承诺向返还一个单位加密资产的任何人提供一个单位基础资产。这种机制使得任何非加密资产"升级"为加密资产，前提是发行人是可信的。

但实际上，发行人并不总是值得信赖的，在某些情况下，银行基础设施过于薄弱或过于不友好，以至于无法提供此类服务。金融衍生品提供了一种替代方案。在这种方案中，不是由单个发行人提供资金来支持资产，而是由一个去中心化的投机者市场承担这一角色，他们押注加密参考资产（例如以太币）的价格会上涨。与发行人不同，投机者无法在交易中违约，因为对冲合约托管着他们的资金。请注意，这种方法不是完全去中心化的，因为仍然需要一个可信来源提供价格自动收报机，但可以说在降低基础设施要求（与成为发行者不同，发布价格馈送不需要许可证，并且可能被归类为自由言论）以及减少欺诈的可能性方面，这仍是一次巨大的改进。

身份和声誉系统

最早的替代加密货币是域名币，它尝试使用类似比特币的区块链提供一种名称注册系统，通过该系统，用户可以在公共数据库中注册他们的姓名和其他数据。主要用例是 DNS 系统，它将诸如"bitcoin.org"等域名（在域名币的情况下为"bitcoin.bit"）映射到一个 IP 地址。其他用例包括电子邮件身份验证系统和可能更为先进的声誉系统。下面是一份基础合约，它在以太坊中提供与域名币类似的名称注册系统：

```
def register(name, value):
    if !self.storage[name]:
        self.storage[name] = value
```

该合约非常简单，它完全是以太坊网络中的一个数据库，可以向其中添加但不能修改或移除。任何人都可以把名称注册为一个值，该注册将永久保存。更复杂的名称注册合约还包含一个"函数子句"以及一种机制，前者允许其他合约查询它，后者允许名称的"所有者"（即第一个注册者）更改数据或转让所有权。甚至可以在该合约上添加声誉和信任网络的功能。

去中心化文件存储

过去几年，大批受欢迎的在线文件存储初创公司不断涌现，其中最著名的是 Dropbox。Dropbox 想让用户可以上传硬盘备份、提供备份存储服务，并允许用户访问备份，而用户需按月付费。然而，在这一点上，文件存储市场有时效率相对较低。在粗略了解各种现有解决方案后会发现，主流文件存储的每月价格比整个硬盘驱动器的成本还要高，特别是在被称为"恐怖谷"的 20～200 GB 级别，既没有免费额度也没有企业级折扣。以太坊合约让去中心化文件存储生态系统得以发展，个人用户可以在该系统中将自己的硬盘租出去以获得少量收益，而未使用的空间可用来进一步降低文件存储的成本。

该系统的基础性构件就是我们所谓的"去中心化 Dropbox 合

约"。该合约的工作原理如下。首先，用户将需要存储的数据拆分成几个区块，并对每个区块加密以保护隐私，再以此构建一个默克尔树。然后创建一个含有以下规则的合约，对于每n个区块，合约将从默克尔树中选择一个随机索引（使用能够被合约代码访问的上一个区块的哈希值作为随机性来源），然后给予第一个实体 x 个以太币，以提供具有简化支付验证（例如证明树中特定索引处区块的所有权）的交易。当用户想重新下载他们的文件时，可以使用微支付通道协议（例如每 32 KB 支付 1 个 szabo）收回文件；最节省费用的方法是支付者不到最后不发布交易，而不是每 32 KB 之后，用一个更划算的具有相同随机数的交易取代原来的交易。

该协议的一个重要特点是，虽然似乎用户相信许多随机节点不会丢失文件，但可以通过以下方法将这种风险降低到接近于零：通过私钥共享将文件拆分成许多部分，并通过监控合约确定每一部分仍在某个节点中。如果合约仍在支付款项，则提供了一个加密证明，证明有人仍在存储该文件。

DAO

通常意义上，DAO是指拥有一定数量成员或股东的虚拟实体，他们大概拥有 67% 的大多数股权，有权使用实体的资金并修改其代码。成员集体决定DAO的资金分配方式。DAO的资金分配方式可以是奖金、薪资或者更奇特的机制等，比如用内部货币去奖励工作。这在本质上复制了传统公司或者非营利组织的合法手段，但仅使用加密区块链技术进行了加强。目前为止，许多关于DAO的讨论都围绕着去中心化自治公司的"资本家"模式，其中有可获得红利的股东和可交易的股份；作为替代方案，有一种可能被称为"去中心化自治社区"的实体将使所有成员在决策时拥有同等权利，并在增减成员时要求67%的多数现有成员同意。由于每个人只能拥有一个成员资格，所以需要群体来集体执行。

下面概括了如何用代码执行DAO。最简单的设计就是一段自动修改的代码，如果三分之二的成员同意更改，该代码就更改。理论上代码是不可更改的，然而通过把代码片段放入不同的合约，并将合约调用的地址存储在可更改的存储中，用户可以轻易解决这一问题，使代码事实上变得可更改。在这种DAO合约的简单实现中，有三种交易类型，可通过交易中提供的数据进行区分：

- [0, i, K, V] 在索引i处注册提案，以便将存储索引K的地址更改为值V；
- [1, i] 注册一张赞成提案i的投票；
- [2, i] 如果投票有足够票数，则确认提案i。

合约为每一种交易都提供子句（clause）。它将维护所有开放性存储更改（open-storage changes）的记录以及投票支持者的列表。合约还包括所有成员的列表。当任何存储更改获得三分之二成员投票赞成时，一笔确认交易将执行这项更改。更复杂的框架可能还有针对如发送交易、增减成员等功能的内置投票功能，甚至可以提供委任式民主投票委托（即任何人都可以委托另外一个人代表自己投票，而且这种委托关系是可以传递的，如果 A 委托了 B，然后 B 委托了 C，那么 C 将决定 A 的投票）。这种设计将使DAO作为一个去中心化社区有机地成长，允许人们最终将筛选成员的任务委派给专家。但与"现有系统"不同，随着时间的推移，当个别社区成员改变他们的阵营时，专家可以很容易地加入或退出。

另一个模型是去中心化公司，其中任何账户都可以拥有零份或多份股份，决策需要持有三分之二多数股份。完整框架将包括资产管理功能，即能够出价购买或出售股份，并且能够接受报价（最好是合约里有订单匹配机制）。委托也可以采取委任制民主形式，从而扩展了"董事会"的概念。

更多应用

1. 储蓄钱包。假设爱丽丝想安全地保管她的资金，但她担心自己的私钥丢失或被破解。她把以太币放到与鲍勃（即银行）签订的一份合约里，如下所示：
- 爱丽丝每天最多可以单独提取 1% 的资金。
- 鲍勃每天最多可以单独提取 1% 的资金，但爱丽丝可以用她的密钥创建一笔交易来取消鲍勃的提取权限。
- 爱丽丝和鲍勃一起可以任意提取资金。

通常，每天1%的额度对于爱丽丝来说足够了，如果爱丽丝想提取更多资金，她可以联系鲍勃寻求帮助。如果爱丽丝的密钥被破解，她可以立即找到鲍勃，帮她将资金转移到一份新合约里。如果爱丽丝丢失了密钥，鲍勃最终会取出资金。如果最终发现鲍勃是恶意的，那么爱丽丝可以取消他的提取权限。

2. 作物保险。用户可以轻松地制定金融衍生品合约，但使用的是天气而不是任何价格指数的数据馈送。如果艾奥瓦州的一位农民购买了一款金融衍生品，该产品基于艾奥瓦州的降雨情况进行反向赔付，那么如果遇到干旱，该农民将自动收到赔付资金，而且如果降雨充沛，他会很开心，因为他的作物收成会很好。通常，这种保险可以扩展到自然灾害保险。

3. 去中心化数据馈送。对于金融差价合约，实际上有可能通过一种名为"谢林币"的协议将数据馈送去中心化。谢林币的基本工作原理如下。n个相关方都向系统输入给定数据的值（以太币/美元价格），并对这些值进行排序，在第 25 和第 75 百分位之间的每个人都会得到一个谢林币作为奖励。每个人都有动力提供其他人都会提供的答案，而唯一能让众多参与者实际达成一致的值是显而易见的：真相。这样就创建了一种去中心化的协议，它理论上可以提供任何数量的值，包括以太币/美元的价格、柏林的温度，甚至某个硬计算的结果。

4. 智能多重签名托管。比特币允许多重签名交易合约，例如，提供了给定五个密钥中的三个便可以使用资金。以太坊允许更精细的控制；例如，提供五个密钥中的四个可以使用任意数额的资金，提供五个密钥中的三个可以每天最多使用 10% 的资金，提供五个密钥中的两个可以每天最多使用 0.5% 的资金。此外，以太坊的多重签名是异步的，也就是说，双方可以在不同时间在区块链上注册他们的签名，最后一个签名将自动发送交易。

5. 云计算。以太坊虚拟机技术还可以用来创建一个可验证的计算环境，让用户可以要求他人执行计算，然后有选择地索要证明，证实计算在某些随机选定的检查点处正确完成。这就可以创建一个云计算市场，任何用户都可以用他们的台式机、笔记本电脑或专用服务器来参与，而且抽查与保证金双管齐下以确保系统是值得信赖的（即节点不能通过欺骗获利）。但是，这样的系统可能并不适合所有任务；例如，需要进行大量进程间通信（inter-process communication）的任务无法在大型节点云上轻易实现。然而，其他任务则更容易实现并行；例如 SETI@home[1]、folding@home[2]和遗传算法等项目可以方便地在这类平台上实现。

6. 点对点赌博。任意数量的点对点赌博协议都可以在以太坊区块链上实现，例如弗兰克·斯塔亚诺（Frank Stajano）和理查德·克莱顿（Richard Clayton）的赛博骰子（CyberDice）。[3]最简单

---

[1] SETI@home 是一项利用全球联网的计算机共同搜寻地外文明的科学实验计划，由美国加州大学伯克利分校的大卫·安德森（David P. Anderson）创立。中心平台设立在伯克利空间科学实验室（Space Sciences Laboratory，SSL），志愿者可以通过运行一个免费程序下载并分析从射电望远镜传来的数据来加入这个项目。——译者注

[2] Folding@home是一个研究蛋白质折叠、误折、聚合及由此引起的相关疾病的分布式计算工程。——译者注

[3] Stajano, F., and Clayton, R., 2008, Cyberdice: peer-to-peer gambling in the presence of cheaters, https://www.cl.cam.ac.uk/~fms27/papers/2008-StajanoCla-cyberdice.pdf.——译者注

的赌博协议实际上只是一种关于下一个区块哈希值的差价合约，并且可以在其基础上创建更高级的协议，创建接近零费用且无法作弊的赌博服务。

7. 预测市场。如果有预言机或谢林币，预测市场也很容易实现，预测市场与谢林币一起有可能被证明是 Futarchy 的第一个主流应用，作为去中心化组织的治理协议。

8. 链上去中心化市场，基于身份和声誉系统。

其他事项和关注点

改进版 GHOST 协议的实现

"贪婪最重可观察子树"（GHOST）协议是由尤纳坦·苏姆波林斯基和阿维夫·佐哈尔在 2013 年 12 月首次提出的一项创新。提出 GHOST 的动机是，可快速确认的区块链目前由于过时率高而安全性降低，因为区块需要一定的时间才能通过网络传播，如果矿工 A 开采了一个区块，然后矿工 B 碰巧在矿工 A 的区块传播到 B 之前开采了另一个区块，那么矿工 B 的区块最终会被作废，不会增加网络安全。此外，还有一个中心化问题：如果矿工 A 是一个拥有 30% 算力的矿池，而 B 拥有 10% 算力，那么 A 将面临用 70% 的时间生产废区块（stale block）的风险（因为在其他 30% 的时间 A 产生了最后一个区块，所以会立即获得挖矿数据），而 B 将面临用 90% 的时间生产废区块的风险。因此，如果区块间隔短到足以使过时率较高，则 A 将仅仅凭借其规模而显著提高效率。

结合这两种影响，快速开采区块的区块链很可能造就一个拥有足够高比例网络算力的矿池，从而对挖矿过程拥有事实上的控制权。

正如苏姆波林斯基和佐哈尔描述的，GHOST 通过将废区块包含在对哪条链"最长"的计算中，解决了第一个问题，即网络安全降低；也就是说，在计算哪个区块具有最大的总工作量证明支持它时，不仅该区块的父区块和更远的祖先区块，而且祖先区块（在以太坊术语中为"叔区块"）的废子代区块也都被添加到计算中。为了解决第二个问题，即中心化偏差，我们跳出了苏姆波林斯基和佐哈尔描述的协议范畴，并且还为废区块提供奖励：废区块获得其基础奖励的 87.5%，而包含废区块的侄区块获得剩余的 12.5%。不过，交易费用不奖励给叔区块。

以太坊实现了一个简化版的 GHOST 协议，它仅仅深入 7 个层级。具体而言，它的定义如下：

◎ 一个区块必须指定一个父区块，并且必须指定零个或多个叔区块。

◎ 包含在区块 B 中的叔区块必须具有以下属性：

- 它必须是区块 B 的第 k 代祖先区块的直系子代，其中 $2 \leq k \leq 7$。
- 它不能是 B 的祖先区块。
- 叔区块必须是有效的区块头，但不需要是之前验证过的甚至是有效的区块。
- 叔区块必须不同于前面区块中包含的所有叔区块，并且不同于同一区块中包含的所有其他叔区块（非双重包含）。

◎ 对于区块 B 中的每个叔区块 U，区块 B 的矿工获得额外 3.125% 的铸币奖励，而叔区块 U 的矿工获得 93.75% 的标准铸币奖励。

这种限制版的 GHOST 协议，最多只能包含 7 代叔区块，采用它有两个原因。首先，无限制 GHOST 协议使计算给定区块的哪些叔区块有效时过于复杂。其次，无限制 GHOST 协议采用了以太坊中使用的补偿，取消了促使矿工在主链而不是公共攻击者的链上挖矿的激励措施。

费用

由于发布到区块链中的每笔交易都会给网络带来下载和验证成本，因此需要一些监管机制（通常涉及交易费用）以防滥用。比特币中使用的默认方法是收取完全自愿性质的费用，依靠矿工充当守门人并设置动态最低费用。这种方法在比特币社区中非常受欢迎，尤其因为它是"基于市场的"，允许由矿工和交易发送者之间的供需决定价格。然而，这种思路的问题在于，交易处理并不符合市场规律。尽管将交易处理解释为矿工向发送者提供的服务直观上很有吸引力，但实际上矿工收录的每笔交易都需要由网络中的每个节点处理，因此绝大部分交易处理成本由第三方承担，而不是由决定是否收录交易的矿工承担。因此，很可能发生公地悲剧的问题。

然而结果是，基于市场机制的这个缺陷，在给出一个不准确的特定简化假设时，会神奇地自我抵消。论证如下。假设：

1. 交易导致 k 个操作，将提供奖励 kR 给收录它的任何矿工，其中 R 由发送者设置，k 和 R 事先（大体上）对矿工可见。

2. 操作在任何节点的处理成本均为 C（即所有节点效率相同）。

3. 有 N 个挖矿节点，每个节点的处理能力完全相同（即为总处理能力的 1/N）。

4. 没有不挖矿的全节点。

如果预期奖励大于成本，矿工将愿意处理交易。因此，预期奖励是 kR/N，因为矿工有 1/N 的概率处理下一个区块，而矿工的处理成本仅仅是 kC。所以，当 kR/N > kC 或者 R > NC 时，矿工将会收录交易。请注意，R 是发送者提供的每个操作的费用，因此是发送者从交易中获得的收益下限，NC 是整个网络共同处理一个操作的成本。因此，矿工有动力仅收录那些总实际收益超过成本的交易。

然而，现实中这些假设会存在几个重要偏差：

1. 与其他验证节点相比，矿工处理交易的成本确实更高，因为额外的验证时间会延迟区块传播，因而增加区块变废的概率。

2. 确实存在不挖矿的全节点。

3. 实际中挖矿能力的分配最终可能极端不平等。

4. 热衷于破坏网络的投机者、政敌和疯子确实存在，他们可以巧妙地设置合约，使成本远低于其他验证节点支付的成本。

第 1 条让矿工趋于收录更少的交易，并且第 2 条增加 NC；因此，这两种作用会相互抵消一部分。如何抵消？第 3 条和第 4 条是主要问题，为了解决它们，我们简单地设定了一个浮动上限：没有区块能够包含比 BLK_LIMIT_FACTOR 乘以长期指数移动平均值更多的操作数。具体如下：

```
blk.oplimit = floor((blk.parent.oplimit \* (EMAFACTOR
- 1) +
floor(parent.opcount \* BLK\_LIMIT\_FACTOR)) / EMA\_
FACTOR)
```

BLK_LIMIT_FACTOR 和 EMA_FACTOR 是常量，暂时设置为 65536 和 1.5，但可能会在进一步分析后更改。

还有一个因素会抑制比特币中的大区块大小：大区块需要更长时间来传播，因此作废的概率更高。在以太坊中，燃料消耗量高的区块也可能需要更长的传播时间，因为它们的物理大小更大，而且因为它们需要更长时间来处理交易状态转换以进行验证。这种延迟抑制因素在比特币中是一个重要的考虑因素，但在以太坊中由于 GHOST 协议而较少考虑；因此，依靠受监管的区块限制可以提供更稳定的基线。

计算和图灵完备

重要的一点是，以太坊虚拟机（EVM）是图灵完备的；这意味着以太坊虚拟机代码可以对任何设想可执行的计算进行编码，包括无限循环。以太坊虚拟机代码以两种方式实现循环。首先，使用一个 JUMP 指令，允许程序跳回至代码中的前一个位置，同时使用一个 JUMPI 指令进行条件跳转，允许诸如 while x < 27: x = x * 2

之类的语句。其次，合约可以调用其他合约，有可能通过递归进行循环。这很自然地导致了一个问题：恶意用户能够迫使矿工和全节点进入无限循环从而使他们停止运行吗？这个问题的出现源于计算机科学中的一个难题，称为停机问题：在一般情况下，没有办法知道一个特定的程序是否会停止运行。

正如状态转换部分所述，我们的解决方案要求交易设置一个允许执行的最大计算步骤数，如果超过执行时间，计算就会被回滚，但仍要支付费用。消息的工作原理相同。为显示我们解决方案背后的动机，请看下面的示例。

- 攻击者创建一个运行无限循环的合约，然后向矿工发送激活该循环的交易。矿工将处理该交易，运行无限循环直到燃料耗尽。即使执行耗尽了燃料并中途停止，交易仍然有效，矿工仍然向攻击者索取每个计算步骤的费用。

- 攻击者创建一个非常长的无限循环，目的是迫使矿工持续计算很长时间，以至于计算结束时，将有更多区块被开采出来，这样矿工就不可能通过收录该交易来索取费用。然而，攻击者需要为 STARTGAS 提交一个值，限制可执行的计算步骤数，因此矿工将提前知道该计算将进行相当多的步骤数。

- 攻击者看到一份合约，其中的代码形式为 send(A,contract.storage[A]); contract.storage[A]=0，然后发送一个交易，但燃料只够运行第一步而不足以运行第二步（即进行提款但不让余额减少）。合约签订者无须担心防卫此类攻击，因为如果执行中途停止，更改会被回滚。

- 金融合约使用九个专有数据馈送的中位数，以便最大限度地降低风险。攻击者接管其中一个数据馈送（根据DAO那一小节描述的变量—地址—调用机制，数据馈送是可以修改的），并将其转换为运行无限循环，从而强制任何从金融合约索取资金的尝试都因燃料耗尽而中止。但是金融合约可以为消息设置燃料限制，以防止这个问题发生。

图灵完备的替代方案是图灵不完备，其中 JUMP 和 JUMPI 不存在，并且在任何给定时间内，每份合约只允许有一个副本存在于调用堆栈内。在这样的系统里，也许不需要上述收费系统，而且与我们的解决方案相关的效果不确定性可能也不是必然的，因为执行一个合约的成本将由它的大小决定。此外，图灵不完备甚至不是一个很大的缺陷；在我们内部构想的所有合约示例中，到目前为止只有一个需要循环，甚至那个循环也可以通过将一行代码重复 26 次来消除。考虑到图灵完备带来的严重影响和有限的益处，为什么不简单地使用一种图灵不完备的语言呢？然而，在现实中，图灵不完备还远远不能有效地解决问题。要想知道原因，请思考以下合约：

```
C0: call(C1); call(C1);
C1: call(C2); call(C2);
C2: call(C3); call(C3);
...
C49: call(C50); call(C50);
C50: (run one step of a program and record the change in storage)
```

现在，向 A 发送一笔交易。这样，在 51 笔交易中，我们有一个合约需要进行多达 2^{50} 个计算步骤。矿工可以尝试提前检测这种逻辑炸弹，方法是为每份合约维护一个值，规定合约需要的最大计算步骤数，然后对递归调用其他合约的合约进行计算，但是这需要矿工禁止创建其他合约的合约（因为上面 26 个合约的创建和执行可以很容易地汇集到一份单独合约内）。另一个问题是，消息的地址字段是一个变量，所以在一般情况下，甚至不可能提前知道某合约将调用哪些其他合约。于是，最终我们有了一个惊人的结论：图灵完备的管理惊人地容易，而在缺乏同样的控制时，图灵不完备的管理惊人地困难，那为什么不直接让协议图灵完备呢？

货币和发行

以太坊网络包括自己的内置货币以太币，以太币扮演双重角色：提供一个主要流动资金层，以实现各种数字资产之间的高效交易；更重要的是，提供一种支付交易费的机制。为了方便起见并避免将来出现争议（参考比特币当前的 mBTC、uBTC、聪争论），不同面值的名称将提前设置如下：

- 1：wei（戴伟）
- 10^{12}：szabo（萨博）
- 10^{15}：finney（芬尼）
- 10^{18}：ETH（以太币）

这应该被视为"美元"和"美分"或"比特币"和"聪"概

念的扩展版本。在不久的将来，我们期望"以太币"用于普通交易，"芬尼"用于微型交易，"萨博"和"戴伟"可以在围绕费用和协议实现的技术讨论中使用；其余的面额可能会在以后变得有用，但目前不应包含在客户端中。

发行模型如下：

- 以太币将以货币销售的形式发行，价格为一个比特币可购买 1 000 ~ 2 000 个以太币，这种机制旨在为以太坊组织（Ethereum organization）筹资和支付开发费用，且已被其他平台（如 Mastercoin 和 NXT）成功应用。早期的购买者将从较大的折扣中获益。发售所得的比特币将全部用来支付开发者的薪资和奖金，并用来投资以太坊和加密货币生态系统中的各种营利和非营利项目。

- 0.099 倍的发售总量（60 102 216 个以太币）将分配给以太坊组织，以补偿早期贡献者，并用以太币计价的方式支付创世区块诞生前的开销。

- 0.099 倍的发售总量将作为长期储备金保留。

- 发售后，将永久性地每年为矿工分配 0.26 倍的发售总量。

上述模型提供了两个主要选项：（1）捐赠池的存在和规模，以及（2）永久增长的线性供应，而比特币采用了限制供应的方法。捐赠池存在的理由如下。如果捐赠池不存在，并且线性发行量减少到总发售量的 0.217 倍以实现相同的通货膨胀率，那么以太币总量将减少 16.5%，而每个单位的价值将增加 19.8%。因此为了均衡，将会多发售 19.8% 的以太币，所以每个单位的以太币价值将再次与以前完全一样。之后，以太坊组织还将拥有 1.198

倍的比特币，可以考虑将其分成两部分：原有的比特币和增加的 0.198 倍比特币。因此，这种情况完全等同于捐赠，但有一个重要区别：以太坊组织仅持有比特币，因而没有激励抬升单位以太币的价值（见下表）。

分组	启动时	1年后	5年后
货币单位	1.198X	1.458X	2.498X
购买者	83.50%	68.60%	40.00%
已使用的预售准备金	8.26%	6.79%	3.96%
已使用的售后准备金	8.26%	6.79%	3.96%
矿工	0.00%	17.80%	52.00%

永久性线性供应增长模型降低了人们在比特币中看到的财富过度集中的风险，并为生活在当前和未来的人提供了获取货币单位的公平机会，同时又保留了让人们获取并持有以太币的强效激励措施，因为长期来看，用百分比表示的"供应增长率"将趋于零（见下图）。我们还推测，由于加密货币总是会因为不小心、死亡等原因而丢失，而加密货币的损失可以被模拟为每年总供应量的百分

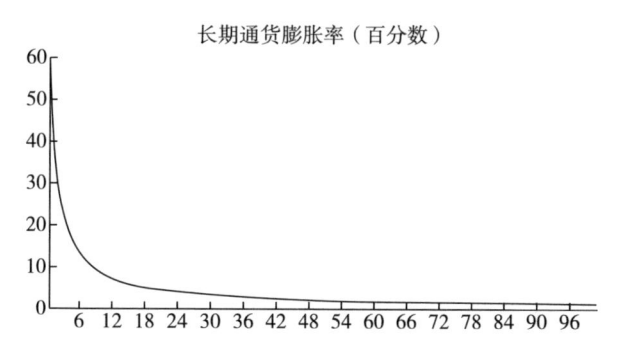

长期通货膨胀率（百分数）

尽管采用了线性发行方式，然而和比特币一样，以太币的长期供应增长率也趋于零。

比，因此流通中的货币总供应量实际上最终会稳定在一个等于每年发行量除以损失率的数值上（例如，在损失率为 1% 时，一旦供应量达到 26 倍，那么每年将有 0.26 倍被开采，0.26 倍丢失，形成一个平衡点）。

注意，未来以太坊可能过渡到权益证明模型以确保安全，将每年的发行量降低到 0 ~ 0.05 倍。如果以太坊组织失去资助或出于任何其他原因而消失，我们将开放一份"社区合约"：任何人都有权创建未来的以太坊候选版本，唯一的条件是以太币数量必须最多为 $60\ 102\ 216 \times (1.198 + 0.26 \times n)$ 个，其中 n 是创世区块产生后的年数。创建者可以自由地通过众筹或其他方式分配由权益证明驱动的供应增加与最大允许供应增加之间的部分或全部差额，以支付开发费用。不符合社区合约的候选版本升级可能被合理地分叉为兼容版本。

挖矿中心化

比特币挖矿算法的原理是，让矿工一次又一次地对区块头稍作修改的版本进行数百万次 SHA256 计算，直到最终某个节点所产生的版本的哈希值小于目标值（目前大约为 2^{192}）。然而，这种挖矿算法容易遭受两种形式的中心化攻击。第一种，挖矿生态系统已经被 ASIC（专用集成电路）所支配，这些计算机芯片专门为特定的比特币挖矿任务而设计，因此效率提高了数千倍。这意味着比特币挖矿不再是一种高度去中心化和平等的事业，而是需要巨额资本才能有效参与。第二种，大部分比特币矿工事实上不在本地完成区块验证，而是依赖中心化矿池提供区块头。这个问题可以说更糟：截至本文撰写时，排名前三的矿池间接控制了比特币网络中大约 50% 的处理能力，尽管当矿池或联盟试图进行 51% 攻击时，矿工可以转换到其他矿池这一事实缓解了该问题。

以太坊现在的目的是使用一种挖掘算法，要求矿工从状态中获取随机数据，从区块链的最后 N 个区块中计算一些随机选择的交易，并返回结果的哈希值。这有两个重要好处。首先，以太坊合约可以包含任何类型的计算，因此以太坊 ASIC 本质上是用于一般计算的 ASIC，即更好的 CPU（中央处理器）。其次，挖矿需要访问整个区块链，这迫使矿工存储整个区块链并至少能够验证每笔交易。这样就消除了对中心化矿池的需求；虽然矿池仍然可以起到平衡奖励分配的随机性这一合法作用，但没有中心化控制的点对点矿池同样也可以很好地发挥此功能。

该模型未经测试，当将合约执行作为挖矿算法使用时，在避免某些巧妙优化方面可能会遇到困难。然而，这种算法有一个值得注意的特点，任何人都可以通过将专用于抑制某些 ASIC 的大量合约引入区块链中，在"矿井里下毒"。由于存在经济激励，ASIC 制造商会使用这种方法互相攻击。因此，我们正在开发的解决方案最终是一种适应性的经济人解决方案，而不是纯粹的技术解决方案。

可扩展性

可扩展性问题是以太坊常被关注的一个方面。像比特币一样，以太坊也有缺陷，即网络中的每个节点都需要处理每笔交易。使用比特币，当前区块链的大小约为 15 GB，每小时增长约 1 MB。如果比特币网络像维萨（Visa）一样每秒处理 2 000 笔交易，它将每 3 秒增长 1 MB（每小时 1 GB，每年 8 TB）。以太坊可能也会经历相似甚至更糟的增长模式，因为以太坊区块链之上还有很多应用，不像比特币区块链上只有货币，但以太坊全节点只需存储状态而不是完整的区块链历史，这一事实让情况得到了改善。

大区块链的问题是中心化风险。如果区块链大小增加到 100 TB，可能的情况是只有极少数大型企业能运行完整节点，而所有普通用户将使用轻简化支付验证节点。在这种情况下，可能会出现这样的担忧：全节点合伙欺诈牟利（例如更改区块奖励、给他们自己比特币等）。轻节点无法立即检测到这一点。当然，可能至少存在一个诚实的全节点，几个小时之后有关诈骗的信息会通过 Reddit 这样的渠道泄露，但这时已为时过晚：普通用户将组织起来把指定区块列入黑名单，这种很可能不切实际的大众式协作在规模上无异于发动一次成功的 51% 攻击。就比特币而言，目前这是一个问题，但彼得·托德（Peter Todd）[①]建议对区块链进行修改，以缓解这一问题。

在短期内，以太坊将使用两种其他策略来应对这个问题。首先，因为基于区块链的挖矿算法，至少每个矿工都会被强制成为一个全节点，为全节点的数量创建一个下限。其次，更重要的是，

[①] 彼得·托德，比特币核心开发人员，Bitcoin Core 的重量级开发者和密码技术顾问。——译者注

处理完每笔交易后,我们会把一个中间状态树根收录到区块链中。即使区块验证是中心化的,但只要存在一个诚实的验证节点,就可以通过验证协议规避中心化问题。如果矿工发布了无效区块,该区块必定是格式错误的,或者是状态 S[n] 不正确的。由于已知状态 S[0] 是正确的,因此必然存在第一个不正确的状态 S[i],但状态 S[i-1] 是正确的。验证节点将提供索引 i 以及"无效证明",该证明包括处理 APPLY (S[i-1],TX[i]) -> S[i] 所需的帕特里夏树节点的子集。验证节点可以使用这些帕特里夏树节点来运行该部分计算,并查看生成的 S[i] 与提供的 S[i] 是否匹配。

另一种更复杂的攻击涉及恶意矿工发布不完整的区块,因此甚至不存在完整信息,致使无法确定区块是否有效。解决方案是质询-应答协议:验证节点对目标交易索引发起"质疑",接收到质疑信息的轻节点会对相应的区块取消信任,直到另外的节点(无论是矿工还是另一个验证者)提供一个帕特里夏树节点子集作为有效性证明。

结论

以太坊协议最初被设想为加密货币的升级版本,通过高度通用的编程语言提供高级功能,如区块链托管、提款限制、金融合约、博彩市场等。以太坊协议不会直接"支持"任何应用,但图灵完备编程语言的存在意味着,理论上可以为任何交易类型或应用创建任意合约。然而,关于以太坊更有趣的方面是,以太坊协议远远超出了货币的范畴。围绕去中心化文件存储、去中心化计算和去中心化预测市场的协议以及许多其他这类概念，有可能大大提高计算行业的效率，并首次通过添加经济层来大力促进其他点对点协议的发展。最后，还有大量与金钱完全无关的应用程序。

以太坊协议执行的任意状态转换函数的概念提供了一个具有独特潜力的平台；而不是一种专门针对数据存储、赌博或金融领域内一系列特定应用的封闭式单用途协议，以太坊在设计上是开放式的，我们相信在今后几年中它非常适合作为大量金融和非金融协议的基础层。

术语表

Blockchain（区块链）: 区块链是比特币、以太坊以及类似协议的基础技术。区块链是一个共享数据库，其记录的内容是参与其中的计算机所认同的。它由包含事务、软件代码或其他材料的数据块组成，这些数据块作为一个连续的链条链接在一起。数据一旦被添加，就不能删除或修改。第一个区块链通常被认为是比特币的区块链，其创世区块于2009年1月3日被开采。

Cryptocurrency（加密货币）: 加密货币是基于区块链的通证的统称，这些通证至少具有传统货币的一些（但通常不是全部）特征，例如被用作价值存储或交换媒介。加密货币无须依靠政府的支持，用户对它的接受更多源于对其安全性、隐私性、可用性或未来市场价值的看法。

Cryptoeconomics（加密经济学）: 加密经济学是设计范式，经常用于设计基于区块链的系统，它结合了博弈论、经济激励和密码安全。它用于让参与者能够在缺少相互信任的条件下，围绕共享的任务和产品进行协作。

Cryptography（密码学）: 密码学是数学和计算机科学的一个领域，它试图通过加密数据来设计安全的通信和存储，以便只有授权用户才能访问。加密技术有助于区块链技术的实现。

Cypherpunk（密码朋克）：密码朋克是一场意识形态和政治运动，其核心是使用密码学来增加个人隐私和自由，同时减少政府监督和审查的权力。密码朋克社区运用已成为区块链技术基础的那些想法进行了数十年的实验。

DAO：DAO代表"去中心化自治组织"，这一术语通常指在某种程度上由区块链上的智能合约定义的组织。最早的DAO之一是"The DAO"，这是一个早期的以太坊项目，2016年6月的黑客攻击导致了以太坊区块链的"硬分叉"。

Dapp：Dapp是"去中心化应用程序"的缩写，即在某些重要方面依赖于同区块链上的智能合约交互的面向用户的软件。

Decentralization（去中心化）：去中心化是区块链文化中广泛使用的概念。虽然它有许多可能的含义（见《去中心化的含义》一章），但它通常指用参与者之间分配控制权的系统取代单一实体控制下的系统。

DeFi：DeFi是"去中心化金融"的缩写，即在区块链上使用智能合约创建金融工具和软件的现象，其中包括贷款、生息、稳定货币、价值转移等产品。

ENS：即以太坊域名服务，是以太坊区块链上唯一域名（或钱包地址）的注册商。例如，vitalik.eth就是与作者的以太坊地址之一关联的ENS域。

Forking（分叉）：分叉是复制开源软件代码或数据以进行修改的做法。它可以用于发布并行版本或改进现有版本。例如，许多早期的"山寨币"（altcoin）就是比特币软件的分叉。分叉也指区块链软件中的更新，或者当一个区块链一分为二时，一些用户采用了更新，而其他用户则不采用。

Futarchy：Futarchy是经济学家罗宾·汉森（Robin Hanson）提出的一种治理体系，在这个体系中，用预测市场来决定实现公认目标的最有效对策。

Genesis block（创世区块）：创世区块是指区块链的第一个区块。该术语最初用于比特币，此后一直被以太坊和其他区块链沿用。

Layers 1 and 2（第一层和第二层）：区块链语境中的第一层（Layer 1）和第二层（Layer 2）指的是两种类型的网络基础设施。第一层是底层区块链协议，如以太坊。第二层包括中介服务，如rollups，它使在区块链上运行应用程序更容易、更便宜。

Mining（挖矿）：在使用工作量证明的区块链系统中，挖矿是使用计算能力确认新数据块并获得通证奖励的行为。虽然挖矿可以由个人用户完成，但在许多网络上，挖矿主要由涉及大量专用计算机和消耗大量电力的工业操作所主导。

NFT：非同质化通证，是指基于区块链的旨在成为独一无二的一类通证，它不同于彼此之间可以互换的加密货币。NFT通常用于展示艺术品、数字资产和社区成员的所有权。

On-chain（链上活动）：链上活动是指通过与区块链直接交互而发生的活动，例如使用智能合约的投票过程。相比之下，链下活动则可能包括在社交媒体或公司董事会会议上讨论投票事宜，以决定如何使用公司代币投票。

Oracles（预言机）：预言机是允许智能合约与区块链之外的世界交互的系统。例如，预言机可能会确认某个新闻事件发生了，或者另一个区块链上的某笔交易完成了。

Peer-to-peer（点对点网络）：点对点网络指的是由对等连接的节点组成的一种网络。区块链出现前的点对点网络例子包括Napster和BitTorrent。它与大多数网站和集中式平台使用的客户端-服务器结构形成对比，在后者中，服务器拥有客户端用户所缺乏的特权。以太坊网络等公共区块链允许任何用户同时充当客户端和服务器。其他类型的区块链，被称为"许可"，只允许某些用户充当客户端和服务器。

Prediction markets（预测市场）：预测市场是一种允许参与者对真实世界事件的结果进行下注，并对被证明为准确的下注进行奖励的系统。它们通常比其他形式的众包和预测更准确。

Proof of stake（权益证明）：权益证明是一种向区块链添加数据的方法，它要求网络上的验证计算机"质押"通证，以参与确认接受哪些新数据，以及以何种顺序接受。验证者参与后将获得通证奖励。丢失质押通证的风险阻止了潜在攻击者破坏数据的企图。

Proof of work（工作量证明）：工作量证明是一种向区块链添加数据的方法，它需要计算机执行复杂的密码计算。更强大的处理能力增加了开采区块获得奖励的机会。挖矿所需的能源成本阻止了潜在攻击者破坏数据的企图。

Protocols（协议）：协议是关于计算机如何在共享网络上相

互作用的一组规则。协议支持互联网（TCP/IP）和网络（HTTP）；比特币和以太坊等区块链网络也由协议定义。

Public and private keys（公钥和私钥）：公钥和私钥是构成密码系统基础的字符串。区块链上的任何给定地址（类似于账户）只能使用公钥（类似于用户名）和私钥（类似于密码）访问。

Public goods（公共品）：公共品是经济学中的一个概念，指任何人都可以使用的物品，并且一个人使用这些物品并不排除其他人使用。其例子包括语言、路灯、空气和开源软件。在区块链文化的背景下，公共品通常指的是许多方都依赖的，却没有一方拥有或有足够的激励来开发的软件基础设施。

Quadratic voting（二次方投票）：二次方投票是一种决策技术，用户可以根据其财富或偏好强度分配更多通证来影响投票。然而，对给定用户而言，他的每一个额外通证都会变得更加昂贵，这可以削减少数人轻松压倒多数人的能力。二次方投票的正常运行需要一个可靠的系统来确认用户身份。

Rollups：Rollups是介于用户和底层区块链之间的中介系统，作为第二层生态系统的一部分。它们可能提供比第一层区块链更快的交易速度和更低的成本等功能，同时继承了第一层的安全性。Rollups已成为使以太坊扩展到超出其原始设计容量的重要策略。

Schelling point（谢林点）：谢林点或焦点（focus point）指的是一个结论，即当行为人无法相互沟通时，往往会根据他们对彼此行为的预测而趋于一致。由于谢林点通常与事实相对应，因此该概念在区块链环境下常被用于预言机和预测市场的设计。它得名于冷战时期的博弈理论家托马斯·谢林。

Smart contracts（智能合约）：智能合约是被设计成用于在以太坊等计算型区块链（computational blockchain）上运行的软件。智能合约可被用于执行诸如发行通证、启用复杂交易和规定治理系统等任务。

Tokens（通证）：通证是可以根据给定协议或区块链上的智能合约来定义的价值单位。有些通证可能表现得像货币、股票或所有权契约，这一切都取决于它们的设计方式。

Validators（验证者）：验证者是使用权益证明的网络中的用户，他们可以通过验证交易并向区块链添加区块来获得通证奖励。他们被要求在网络上"质押"通证，如果他们没有正确履行职责，便可能会失去这些通证。

Zero-knowledge proofs（零知识证明）：零知识证明是一种密码技术，它使用户能够证明自己拥有某些信息，而不需要提供该信息本身，从而保护用户的隐私。